21 世纪教学活动设计案例精选丛书

初中语文教学活动设计案例精选

丛书主编　禹　明

本册主编　唐建新

图书在版编目(CIP)数据

初中语文教学活动设计案例精选/禹明丛书主编. —北京:北京大学出版社,2012.3
(21世纪教学活动设计案例精选丛书)
ISBN 978-7-301-20241-8

Ⅰ.①初… Ⅱ.①禹… Ⅲ.①中学语文课－教学设计－初中 Ⅳ.①G633.302

中国版本图书馆 CIP 数据核字(2012)第 021977 号

书　　　名:	初中语文教学活动设计案例精选
著作责任者:	禹　明　丛书主编　唐建新　本册主编
策　　　划:	周雁翎
责 任 编 辑:	李淑方
标 准 书 号:	ISBN 978-7-301-20241-8/G·3340
出 版 发 行:	北京大学出版社
地　　　址:	北京市海淀区成府路 205 号　100871
网　　　址:	http://www.jycb.org　http://www.pup.cn
电 子 信 箱:	zyl@pup.pku.edu.cn
电　　　话:	邮购部 62752015　发行部 62750672　编辑部 62767346　出版部 62754962
印　刷　者:	北京飞达印刷有限责任公司
	787 毫米×1092 毫米　16 开本　13.25 印张　270 千字
	2012 年 3 月第 1 版　2015 年 5 月第 2 次印刷
定　　　价:	32.00 元

未经许可,不得以任何方式复制或抄袭本书之部分或全部内容。
版权所有,侵权必究
举报电话: (010)62752024　电子信箱: fd@pup.pku.edu.cn

序

朱慕菊

当今世界正在发生着深刻的变化。社会的发展决定了教育必须跟上时代的步伐,因此,教育必须朝着适应未来的方向进行深刻的变革。自2001年9月启动我国新一轮基础教育课程改革以来,中小学的课堂里正在发生着质的变化,课程改革的理念已在基础教育改革的实践中得到广泛认同。

课堂教学设计是教学中的一个重要环节,是教学的目的性、过程性、科学性与艺术性的统一,不但需要深厚的教育理论作支撑,而且需要适切运用丰富多样的教学方法和教学技术。本丛书编写者长期以来坚持以新课程的理念为指导,对课堂教学进行了深入的探索,获得了有益的经验。

第一,在教育理论与实践的结合上进行了有益的探索。长期以来,教师们普遍认为系统而复杂的教学理论不易被有效地运用于课堂教学中。而在新课程推进过程中,教师们努力学习新课程所倡导的教学理论,并积极探索与实践的结合,特别注重把教学理论和研究成果运用于实际教学,指导教学工作,同时也注重将教师的教学经验总结上升到理论层面。事实证明,理论必须与实践不断结合才能为教师所掌握和运用;同样,也只有经常性地反观课堂教学实践,对其进行深度思考与梳理,才能使教学认识上升到理性的高度。这套《21世纪教学活动设计案例精选丛书》正是积极探索教育理论与实践相结合的产物。

第二,在教师的专业发展上进行了有益的探索。新课程的推进既向教师提出了巨大的挑战,同时也应看到,它更是教师专业发展的极好机遇。教师工作的性质决定了它不是机械的重复。教师既要坚定不移地贯彻落实党的教育方针,同时作为专业人员还必须遵循少年儿童心理发展的规律,谙熟他们的需求,掌握学科教学的内容与方式。在当今社会快速发展的背景下,教师的专业修养也需要与时俱进。因此,新课程所倡导的学生学习方式的变革、教师教学方式的变革,都需要教师在工作岗位上不断思索,不断进步,实现其专业发展。而本丛书编写者正是深刻理解了教师专业发展对于推进新课程的重要性,他们想方设法促使教师对自己的课堂教学进行自觉的反思与总结,引导教师们在理论与实践之间进行反复的"对话",并将"对话"的结果以课堂教学设计的形式表达出来,帮助教师整理了教学思想,提升了教育理念,促进了教师专业的发展。

第三,在改变课堂教与学的方式上进行了有益的探索。查尔斯·赫梅尔在《今日的教育为了明天的世界》中指出,在百科全书式的知识已经过时、百科全书比老人老得还快的大变革时代里,教师再也不能仅限于传授知识,而需要"唤醒不被知晓或沉睡中的能力,使得每个人都能分享到人们完全能够发挥自己才能的幸福"。因此,改变教与学的方式成为本次课程改革追求的重要目标之一。这套丛书正是以改变教与学的方式为突破口,对课堂教学如何体现学生的主体地位,如何突出知识的建构过程,如何增强学生的情感体验,如何使学生形成正确的价值观等方面的问题作了大量深入的探索。这套丛书中的教学设计虽然侧重活动性,但每一个教学活动的设计都力图向人们反映一种理念:只有将学习任务转化为学生的自我需求,才能真正唤起学生的求知欲望,才能真正激活学生学习的内在动力,才能真正使学生成为学习的主人。

衷心希望这套丛书能够为全国的中小学教育工作者提供借鉴。

2012 年 2 月

(朱慕菊:国家基础教育课程教材专家工作委员会秘书长)

前　言

禹　明

最近，国家九年义务教育课程标准正式公布了。在总结我国十多年来基础教育课程改革经验的基础上，教育部正式公布的国家九年义务教育课程标准在强调德育领先、坚持渗透社会主义核心价值观的同时，特别强调了对学生创新精神和实践能力的培养。而要实现这一点，我们就要继续转变中小学课堂教学方式，在课堂上尊重学生，充分调动学生的积极性和主动精神，培养学生的批判性思维和学生的实践能力。为了学习，落实国家九年义务教育课程标准的精神，帮助中小学教师转变课堂教学方式，北京大学出版社出版了《21世纪教学活动设计案例精选丛书》，以帮助中小学各学科教师更好地在国家九年义务教育课程标准的指导下，研究课堂教学，改进课堂教学，提高基础教育的教育质量。

我们一直强调教学过程的重要性。因为学生知识的获取，能力的提升，情感的变化都是在教学过程中逐步实现的。教学过程要由一个一个教学活动构成。要想实现有效的教学过程，一定要设计好每一个教学活动，使教学活动符合学生的认知发展水平，符合学生的实际生活经历。在设计教学活动时，要考虑在活动中学生学什么？怎样学？学得怎样？要考虑如何让学生主动学习，合作学习，探究学习。一堂课是否有效与课堂教学活动的好坏正相关，学生是否能成为课堂学习的主人也与课堂教学设计的好坏正相关。因此，研究课堂教学活动的设计是课程改革的需要，是落实国家九年义务教育课程标准的需要，也是中小学教师专业发展的需要。

《21世纪教学活动设计案例精选丛书》的编写不以某一版本的教材为依据。它是根据基础教育课程改革的基本理念，依据国家九年义务教育课程标准编写的。这就使本丛书具有普适性，可供使用任何版本教材教学的中小学教师参考使用。本丛书收集的活动设计，有别于教育教学案例，它是课堂教学中的某个教学环节，或是精心设计的导入，或是针对具体学习任务而设计的小游戏。每一个教学活动设计体现了以学生为主体的理念，而且经过了多年教学实践的检验，行之有效。由于丛书提供的活动类型多样，宛如一个课堂教学活动设计的"超市"，各个学科的教师完全可以根据自己教学的实际需要，任意选用或组合，也可以在现有基础上改造与创新。在编写本丛书时，我们并没有强求体例一致，这样，我们可以保存每个教学活动设计的个性与特点，体现教学活动设计的多元化。对于广大的一线中小学教师而言，本丛书是实用的教学参考书，因为本丛书的作者都是来自教学第一线，他们的教学活动设计就是在教学第一线产生的。

《21世纪教学活动设计案例精选丛书》是一套"草根"作品，散发着浓浓的芳草气息，而课程改革的春天不正是弥漫着这股清香味么？愿同行们喜欢它，也期待着你们的指教。

2012年2月
于深圳市教育科学研究院

（禹明：特级教师，教育部教师教育课程资源专家委员会专家，教育部"国培计划"首批教师培训专家，教育部九年义务教育课程标准综合审议专家，教育部外国人子女学校认证专家组专家，深圳大学师范学院兼职教授，教育硕士导师）

编者说明

师范院校的教师职业技能培养的严重缺失,课程改革培训中重理论轻教法的倾向,教师职业技能方面专业引领的不足,这些是导致课程改革中出现诸多问题的重要原因。改变教师的教育理念非常重要,但新的理念不是自然而然地就能转化为新的教学设计和行为的。在这个过程中需要专业技能的支撑,比如如何上好讨论课,如何通过游戏使学生掌握英语的时态,如何使学生通过有趣的活动认识数学的抽象概念,如何让学生通过讨论春游的安排了解人民代表大会的议事程序,等等。新的课程理念只有在这些细节的落实之处才能真正体现出来——这就是我们编写这套《21世纪教学活动设计案例精选丛书》的初衷。

谁是教师职业技能培养的引领者?是那些将自己的热情和智慧奉献给课程改革事业的富有创造性的教师们。南山区的教师们在这方面作出了有益的探索。本套丛书所收集的活动,不同于以往的案例,它是课堂上的一个教学环节,或是一种精心设计的导入,或是一个针对具体的学习任务而设计的小游戏……每一个活动设计都体现了以学生为主体的理念,都已经被教学实践证明是行之有效的好方法。

这套丛书没有依据某一个版本的教材,而是按照课程改革的理念,依据课程标准编写的,这就使得这套丛书具有了普适性,使用任何版本教材教学的教师都可以使用。其中所设计的活动的类型多种多样,宛如一个课堂活动的"超市",教师可以根据自己教学的需要,任意选用和组合。即便是每本书或每个设计,我们也没有强求体例一致,我们想让每个教师鲜明的个性跃然纸上。这套丛书是教师的实用参考书。

当教师们的职业技能逐渐提高的时候,课程改革的事业就会展现出更加绚丽的前景!我们编写本套丛书的目的,是希望为提高教师的职业技能贡献一份力量。我们也期待热心的读者提出宝贵的意见。

目 录

序 …………………………………………………………… 朱慕菊(1)
前言 ………………………………………………………… 禹 明(3)
编者说明 ………………………………………………………… (5)

语 言 文 字

嚼嚼本民族文化里的语言文字 ………………………………… (2)
傻大郎学字词 …………………………………………………… (7)
让头脑风暴激发学生的习字激情 ……………………………… (9)
我用"谎言"引出的真情写作 ………………………………… (14)

古 代 诗 文

《论语》名言千秋传 …………………………………………… (18)
七嘴八舌话孔子 ………………………………………………… (23)
古今异读诸葛亮 ………………………………………………… (26)
朱元璋与对联 …………………………………………………… (29)
古诗苑漫步 ……………………………………………………… (33)
石壕吏夜捉人 …………………………………………………… (37)
智杀两狼 ………………………………………………………… (41)
狼和小羊 ………………………………………………………… (47)
古诗竞猜赛 ……………………………………………………… (51)
家事、国事、天下事 …………………………………………… (55)

中 国 作 品

那一刻,我们俯视人类 ………………………………………… (62)
英子与我们 ……………………………………………………… (67)
爱是宽容 ………………………………………………………… (72)
戏影子 …………………………………………………………… (76)
俗世奇人 ………………………………………………………… (79)

妈妈，我爱你！ ……………………………………………… （84）
羚羊木雕该不该要回来 …………………………………… （87）
神奇的无底洞 ……………………………………………… （91）
当一回吴冠中的弟子 ……………………………………… （95）
聚散两依依 ………………………………………………… （99）

外国作品

走进音乐巨人贝多芬 ……………………………………… （104）
见风使舵的奥楚蔑洛夫 …………………………………… （109）
开发荒岛求生存 …………………………………………… （114）
威尼斯商人 ………………………………………………… （118）
我的叔叔于勒续集 ………………………………………… （122）
皇帝的新装 ………………………………………………… （126）
我们的文学沙龙 …………………………………………… （130）
像海燕一样自由地翱翔 …………………………………… （134）

专题学习

开心端午节 ………………………………………………… （137）
体验南北年俗 ……………………………………………… （142）
铸剑为犁应有日 …………………………………………… （145）
众说纷纭话金钱 …………………………………………… （149）
雨的心曲，雨的诉说 ……………………………………… （153）
走进诗歌天地 ……………………………………………… （157）
到民间采风去 ……………………………………………… （161）
戏曲大观园 ………………………………………………… （165）
带"月"诗句集萃 …………………………………………… （167）
走近酒文化 ………………………………………………… （171）
诗画扇拍卖会 ……………………………………………… （175）
让世界充满爱 ……………………………………………… （178）
青春之约 …………………………………………………… （181）
实话实说谈明星 …………………………………………… （184）
春泥护幼花 ………………………………………………… （187）
"装修"社区 ………………………………………………… （192）
乘着音乐的翅膀飞翔 ……………………………………… （195）

语言文字

嚼嚼本民族文化里的语言文字

【活动目的】
　　1. 引导学生关注民俗，了解民间文化，构建民族文化心理。
　　2. 品味语言文字的韵味，提高提炼语言文字的功力。
【活动准备】
　　借助工具书扫除字词障碍，诵读课文。品味语言，推敲朗读技巧，利用课文语言短小精粹、活泼幽默的特点把"刷子李"、"泥人张"的故事改编成快板或群口相声等曲艺形式进行表演，要忠实于原文。
【活动过程】
　　1. 朗读
　　主持人A：朗读是一门艺术，我们有一批同学非常喜欢这门艺术，并致力于对它的研究。我们小组对本文研究后有一些体会。首先，我们给大家作诵读示范：
　　（1）"有绝活的，吃荤，亮堂，站在大街中央；没能耐的，吃素，发蔫，靠边站着。"
　　（2）"可要是稀松平常，要哪没哪，戏唱砸了，下边一准喝倒彩"；"挺着肚子，架式挺牛，横冲直撞往里走"；"台上嘛样，他捏的嘛样"；"一个泥团儿砍过去"。
　　（3）"他把这泥团往桌上'叭'地一戳，起身去柜台结账。"
　　（4）"在哪儿捏？在袖子里捏？在裤裆里捏吧！"
　　主持人A：其次，听我们说说朗读处理的理由：
　　（1）重音在"亮堂"上。语言极具造型能力，对称、工整，用了对比、比喻、夸张的手法，将天津码头上的世风描写得淋漓尽致。若能配上动作唱读则更好。
　　（2）具有浓郁的天津风味，汲取了方言中的精华。我们提倡讲普通话，但是富有个性魅力的方言也是文化瑰宝，是母语博大精深的体现。如赵本山的《刘老根》就把东北方言推广开去。你们谁能说出正宗的家乡方言？如果说普通话具有书面语的典雅端庄，那么方言就有陈年老酒的纯正韵味。
　　（3）拟声词"叭"掷地有声，动词"戳"传神地写出人物内心的愤怒、鄙夷与不屑，真是无可更易的一个字眼。请大家跟我们再读一遍。
　　（4）语言富有个性特点，活画出一个粗俗、无赖的地痞形象。文中类似这样的语言还有很多，要读出人物的个性。
　　主持人Á：最后，请老师和同学们给予点评。
　　点评汇总：

（1）朗读的风格可以多种多样，赵忠祥的"动物世界"，陈铎、虹云的"话说长江"，濮存昕的"再别康桥"，风格不一，但各具特色。

（2）朗读关键是要情绪饱满，吐字清晰，语调抑扬。

（3）本文语言朴素，具有浓郁的地方风味，幽默传神，极富表现力；语句短小精粹，情趣盎然，富有戏曲的风味。你们的朗读基本体现了这些特点。

2. 表演相声、快板

主持人B：本文不仅语言有特点，情节也富有戏剧性，我们组的同学抓住这两点对课文进行了再创作，创作出了相声和快板。请他们派代表表演一下好吗？其他同学认真听，要看看他们的创作在语言和情节上是否尊重原文。

表演：

相声《两把刷子》

作者：熊婧等

表演者：董行、熊婧

甲：听了老师讲课，我有个喧宾夺主的想法。

乙：干什么？想造反啊？老师讲得很好啊。

甲：哦……我啊，就是要让大家知道我有两把刷子。

乙：你别吹牛，我倒想看看你有什么能耐瞎吵瞎闹？

甲：不是，同学们听了我讲的课，就会有"曾经沧海难为水"的感受——其他老师的课，实在听不下去。

乙：别吹了，您开讲吧，我们洗耳恭听。

甲：同学们，现在由全国著名的××老师为你们代课5分钟。请大家打开第153页。（对乙）哎，我讲课你也不能闲着啊。

乙：那我干嘛？

甲：给我伴奏啊。

乙：好吧。

甲：咳咳……我要开始了。

鼓点这么一响啊，咱要说点嘛——啊。咱要说点嘛——咱要说点嘛——咱要说点嘛——

乙：老师，这句台词我们都会了，您能不能说点别的？

甲：你别急嘛，这不，想起来了。

鼓点这么一响啊，别的咱不夸，咱夸一夸天津卫的手艺人，他刷子李啊。

在这天津卫，生计靠绝活啊，有绝活的，吃荤，亮堂，站在街中央。

这个刷子李啊，手艺真不差，一天刷他一间房啊，赛似天堂；一身黑衣裳啊，不沾一点浆。牛皮要是吹啊，就要吹得响当当。

乙：不对啊，你又没见过！

甲：别打断我嘛。现在我是老师！我不说了，没兴致了。

乙：你现在是个老师啊，怎么还任性？

甲：本老师一言九鼎，说不说就不说了。可是……（思索）也不能搬石头砸了自己的脚啊!

乙:那你怎么办?

甲:我还有金嗓子,地球人都知道,对不对?
咳咳……(唱)刷子李,带着徒弟,去给洋房刷浆。一间屋子四面墙,先刷屋顶后刷墙。刷子李刷墙白又白,平平整整像面墙,刷一面墙啊坐一会,抽袋烟啊喝碗茶啊……

乙:这位自称金嗓子的仁兄啊,你换种方式吧,我们各位的金耳朵受不了了。

甲:那我……用流行歌曲吧。
(唱)刷到最后一面墙,徒弟发现了一白点。师傅猜到了他的想法,稍稍把裤子往上提,咦,白点没有了。刷子李果然名不虚传,曹小三佩服得五体投地。

乙:(对观众)同学们啊,我们要碰上这"两把刷子"——可惨了。

(鞠躬)

天津快板《贱卖"海张五"》

作者:傅碧聪等
表演者:杨文志、张笑天

甲　天津卫里出了个泥人张,
　　捏泥人的手艺响四方。

乙　从来不畏惧官和商,
　　最拿手的活是给别人捏肖像。
　　戏院大观楼,饭馆天庆馆,是他最常去的两个地方。

甲　为什么?

乙　因为那里有各种人的各种样,
　　他好瞧个人来捏肖像。

甲　这天他在天庆馆煮酒、喝酒和往常一个样。
　　从外面进来个大人物,

乙　他就是有名的张五爷,
　　人送外号"海张五"。
　　此人靠着贩盐发了福,
　　成了腰缠万贯的土财主。

甲乙　土财主!

甲　就在喝酒谈天的那个空当,
　　海张五那边谈论起了泥人张。
　　细嗓门说起了泥人张的神:
　　边看戏边捏泥人,
　　台上的嘛样他捏得嘛样。

乙　这话激起了大波浪,

　　　　海张五说他捏泥人的位置在裤裆。
甲　只见人家泥人张，
　　态度不卑也不亢。
　　鞋底下搓了一团泥，
　　左手指头里耍起了花样。
　　捏好了泥人往桌上一戳，
　　转身就去柜台来结账。
乙　嘿！
　　您别说，
　　这泥人捏得可真够像！
甲　瓢似的脑袋小鼓眼，
乙　同海张五一模一个样。
甲乙　一模一个样！
甲　海张五望着走出门的泥人张，
　　说了句："破手艺要赚钱，贱卖也甭想！"

乙　第二天，
　　海张五的泥人像，在天津的杂货铺上摆。
　　旁边还有一条幅，
　　有言道是——
　　（连敲三组快板）
甲乙　贱卖海张五。（鞠躬）

主持人B：谢谢！同学们热烈的掌声让我们像得了满分一样高兴。再次谢谢！

3. 对对联

主持人C：我们祖国的民间文化和语言一样丰富多彩。语文知识对对联，就是富有特色的民间文化。请大家给"刷子李"、"泥人张"两人各写一副对联，让他们的形象家喻户晓，让我们的语言表达得以提升，让这堂课画上句号。

对联常识：字数相等，词性相对，结构相应，节奏相合，平仄相协，意义相关。

师生作品：

"刷子李"论行事，充满自信夸海口；谈做派，一手绝活传真谛。

"泥人张"捏泥人，全凭妙手见功夫；护尊严，一身傲骨视权贵。

　　　　　　　　　　　　——老师

泥人张鞋底抠泥巧戏傻官爷，刷子李头顶粉浆惊呆小徒弟。——曾屹

鬼斧神工泥人张，绝招制敌海张五。——张佳韵

挥洒自如不露一点一滴，袖里乾坤捏出人间百态。——郭思萌

【活动效果】

　　学生在老师的引领下朗读、品味了语言传神的功力，意识到语言文字的价值，并积极地学习与仿效，体验了其中的韵味，创作了较为成功的作品。另外，通过课堂强化，使学生明白了"富有个性魅力的方言也是文化瑰宝，是母语博大精深的体现"，要继承。在

全球化进程中不能放弃对本民族文化的热爱,不能忽视民族文化中保留的那些美好的感情与精神。为拓宽课堂教学的深度和广度作了尝试。

【活动评价】

　　课前准备较为充分,体现了学生学习的积极性、自主性。遗憾的是班级规模大,没有时间让更多的学生展示自己的学习成果。活动的过程缺少评价,若在对联环节中给学生自评、互评,既能提高口头表达能力又能加深对对偶句式的感悟。

【相关链接】

　　1. http://www.booker.com.cn/gb/paper19/1/class001900006/hwz4763.htm

　　奇人奇书——评冯骥才《俗世奇人》

　　2. http://www.booker.com.cn/gb/paper23/53/class002300001/hwz230935.htm

　　冯骥才:冯梦龙"家传"的大杂烩

　　我一直觉得,像冯骥才那样的作家是否称得上现代意义上的小说家乃至真正意义上的小说家,是值得质疑的。他太像他祖上的冯梦龙。当有人问他这层渊源关系时,他颇为得意地说:"然也,我与他皆姓冯,我们这是'家传'。"他还津津乐道了实际影响的三个方面,即传奇、杂学和语言。

【教材定位】

　　人教版语文八年级下册第四单元《俗世奇人》。

(深圳市育才三中　夏志明)

傻大郎学字词

【活动目的】

1. 掌握下列字词的正确读音和书写,能理解和正确运用下列词语:炽痛、嗥鸣、斑斓、怪诞、亘古、默契、田垄、蚱蜢、污秽。

2. 借助于字词的学习,促进学生树立正确的态度,认识正确的方法。

【活动准备】

1. 布置学生做好以上词语的读写和理解。

2. 安排两名学生排练相声,其中"乙"最好由语文课代表担当。

【活动过程】

甲:我最近有一个发现。

乙:什么发现?

甲:我发现中国的汉字特好认。

乙:怎么好认法?

甲:它有规律。大字认一边,长字认一截。

乙:说明白点,举个例子看看。

甲:譬如昨天老师要我们查字典认生字,我一查"蚱蜢"俩字,就和它们右边的读音一样,还有"斑斓"、"垄"等字都符合这个规律。

乙:那是。你知道这是为什么吗?

甲:这是为什么?

乙:这些字都是形声字。所谓形声字就是一个字由两部分组成,其中一个部分表示这个字的读音,叫声旁;另一个部分表示它的意义,叫形旁。汉字百分之八十属于这一种。

甲:对呀,所以我就不用再查字典了。我就是活字典。

乙:口气不小啊!那好,你给我读一读这些词。

甲:没问题,听好了:"只"痛、"皋"鸣、斑斓、怪"延"、亘古、默契、田垄、蚱蜢、污"岁"。

乙:瞧你的!还活字典呢!错了多少都不知道吧?同学们,教教这个白字先生。

请大家齐读本课"读一读,写一写"所列词语——

(全体同学认读全部字词。)

甲:怎么会是这样的?

乙：告诉你吧，虽然形声字的声旁表示这个字的读音，但由于语音的变化，有很多字的读音已经和它的声旁的读音有所不同或有很大的不同，因此呀，要认准字还是要勤查字典的。

甲：哦，我知道了。

乙：我们学习词语，不仅要能准确认读，还要能理解意思，会运用。

甲：造句吗？这个我会。

乙：哦？那你试试看。炽痛——

甲：失去了家园，沦为亡国奴，韩麦尔先生的内心是多么炽痛啊。

乙：看，你又想当然了吧？你以为"炽痛"就是"痛苦"啊！同学们，告诉他，"炽痛"是什么意思？

甲：又错了！

乙：再试试你，嗥鸣——

甲：来到金沙滩，吹着和煦的海风，面向广阔的大海，我不禁发出了一阵得意的嗥鸣。

乙：你是狼啊！

甲：这句也有问题？

乙：是啊！我们运用词语时，不仅要理解词语的基本意思，还要思考它的适用对象、习惯搭配、感情色彩、使用场合等，这样才能使用得正确。

乙：下面让我们一起来做一个词语运用的练习：从以上词语中任选至少五个词语，写一段内容连贯的话。

（一二分钟后，学生口头表述所造句段。）

【活动效果与评价】

本活动以大家喜闻乐见的相声表演形式贯穿起来，无疑是颇能激发学生学习兴趣的。在活动过程中，始终围绕着本课的字词教学目标：生字的认读、词义的理解和运用。同时还介绍了形声字对字词学习的作用及局限，启发学生要勤查字典，这是对教学内容的拓展和延伸，知识容量不小。既有学习方法的启迪，又有学习态度和情感的培养。在活动过程中，设计了全体同学参与认读和造句段的环节，实现了学生主体通过参与活动掌握知识和培养能力的目的。

【相关链接】

1. 顾振彪《大力发展中学语文活动课》(《广东教育》1997年1～2期)："改革单一的语文课堂教学形式，建立语文活动课体系，是冲出语文教学'少慢差费'怪圈的一条有效途径。"

2. 《杜威教育论著选》(赵荣昌、张法琨主编《百家教育学典论》)："无论是教师或学生，愈少意识到已在那里施教或受教就愈好。"

3. 宁鸿彬《从学"教"到教"学"》(《语文教学通讯》1983年8期)："使学生通过自己的实践，获得知识，培养能力，发展智力。"

（深圳市荔香中学　张盛刚）

让头脑风暴激发学生的习字激情

【活动目的】

通过头脑风暴的形式,创设情境,激活学生已有的字词信息,通过学生之间的交流,以比赛、词语接力的方式,使学生在最短时间达到对词语信息掌握的最大化。

【活动准备】

1. 要求学生预习课文。
2. 要求学生通过查字典、上电子词典网站等途径,了解生词的形、音、义。
3. 找出词的同义词、反义词,与词语相关的成语、典故等。
4. 要求学生通过联想、想像,积累与本课词语在结构、词义、语境等方面相关的词语。

【活动过程】

教师:同学们,昨天我们要求大家预习新课《邓稼先》,现在我想了解一下同学们对本课生词的掌握情况。请同学们拿出练习本和笔,听写生词,我请四位同学上黑板听写。词语如下:1."宰割",2."彷徨",3."仰慕",4."可歌可泣",5."鲜为人知",6."当之无愧",7."锋芒毕露",8."家喻户晓",9."妇孺皆知",10."马革裹尸",11."鞠躬尽瘁",12."死而后已"。

(学生听写。)

教师:请同学们听写完后自查,然后对照课本,在写错的原字旁边用红笔进行订正,错字暂时保留。

(教师检查了一个同学的听写,学生自行订正。)

教师:下面,我们要在课堂发起一场学习词语的风暴。请学生分为4组,每组解释3个词语,第一组解释第一至第三个,第二组解释第四至第六个,第三组解释第七至第九个,第四组解释第十至第十二个。请同学们充分运用联想、想像等方式,找出词语的结构、词义、使用的语境等,例如可以找出该词的同义词、反义词,也可以找出与该词语相关的成语、典故等,或者从该词语联想到的场面、事物等等,看谁回答得迅速,回答得巧妙。这种暴风骤雨式的学习就是"头脑风暴",它可以最大限度地调动同学们的字词积累,使大家在短时间内得到最大限度的信息共享。好了,下面请同学们先交流5分钟。

(学生自行讨论,约5分钟后,教师叫停。)

教师:好,下面我们一块儿学习第一组词语:"宰割"、"彷徨"、"仰慕",老师先示范,同学们可以先试着体会体会。

教师:宰割——最初的意义:宰杀、分割牲畜,引申为对弱小国家的分割,我联想到"我国在鸦片战争时期因为贫弱,受帝国主义任意宰割"。"宰割"一词用在这里,很形象,很生动!同学们,你们联想到什么呢?

生刘:在手术台上,病人受医生的宰割!

(学生哄堂大笑。)

教师:你很幽默呀,可以准确地表现出病人的虚弱与无助。

生赵:我抗议,他的语句损害了医生的形象!

教师:抗议有效!

(学生哈哈大笑,课堂气氛活跃了起来。)

生王:在下围棋时,与我相比,赵某某技高一筹,中场过去,我处于劣势,只能任他宰割。

教师:看来你很勇于暴露自己的不足啊!好了,这个词我们暂时学到这里,下面我们来学习"彷徨"这个词语。我们先不作解释,请问,你们从"彷徨"一词能联想到什么?

生赵:"徘徊"。

教师:为什么呢?"彷徨"与"徘徊"之间有什么联系呢?

生赵:近义词。

教师:是近义词吗?

生王:不是,但有关联。"彷徨"是内心很矛盾、犹豫、烦躁,而"徘徊"是来去踱步,踯躅不前。"彷徨"是内心活动,"徘徊"是外在表现。举个例句:他感到很彷徨,独自徘徊在十字路口。

教师:解释得很准确!还有什么联系呢?

生刘:这两个词各自的韵母都相同。

教师:你观察得很仔细!这在汉语中称为叠韵词,就是组成一个词的字的韵母相同。同学们,你们从"彷徨"一词还能联想到什么呢?请随便谈谈。

生张:"彷徨"是鲁迅先生的一部小说集,鲁迅先生出了两本小说集,一部为《呐喊》,一部为《彷徨》。

教师:很好!这就是头脑风暴。具体来说,就是大家根据所提供的词语,充分调动起自己的词语"仓库",畅所欲言,把各自脑海中与之相关的信息集中起来,暴风骤雨一般,从而能最大限度地了解该词语。好了,我们来共同学习下一个词语。

生李:"仰慕"的"慕",刚才有同学写成了"仰幕","幕"与"慕"同音但底下偏旁不同,意思于是不同。中国汉字大部分是形声字,即字的一部分表示形——意义,一部分表示声,即读音。重点看表示意义的形旁,一个是"巾",和"布"有关系,一个是"心",和思想有关系,"慕"是一种心理活动,因而应该写成"慕"。

教师:这位同学解释得非常好,他从字形上对字义进行了分析,很好,可见他已经养成了咬文嚼字的习惯,这对我们学习古诗文帮助很大。

生赵:我联想到同义词"景仰"。"景仰","仰"为何意?抬头看,尊敬。

生王:我来造句!"清朝末年,看着处于被宰割命运的祖国,苦于找不到解决办法的中华革命者,对于有类似经历但迅速崛起的日本充满了仰慕之情。"

教师：很好，看来这个词语大家已经掌握了。请大家想想，能否找出更多的带有"慕"字的成语呢？

生林："不慕虚荣"。

生刘："久怀慕蔺"。

教师：怎么解释呢？

生刘："久怀慕蔺"意思是想望十分殷切。出自于《史记·司马相如列传》："相如既学，慕蔺相如之为人，更名相如。"这是我查电子成语词典得到的。

教师：很好，这个词语我都不知道，刘同学学习的主动性值得我们好好学习呀！好，下面我们学习第二组生词："可歌可泣"、"鲜为人知"、"当之无愧"。

生刘：下一个词语"可歌可泣"，"可"是"可以、能够"的意思，我联想到"可敬可叹"、"可恨可憎"两个词语。

生吴：我联想到"可喜可贺"。

生林：我想到"可圈可点"。

生王（女生）：——"可伶可俐"。

（其他女生哈哈大笑。）

教师：请解释一下。

生刘：是一种品牌的化妆品，英文名是"clean & clear"。

教师：原来是音译词啊！看来这个同学联想及观察能力的确很强。这么说"可口可乐"也是了。

（学生们哈哈大笑。）

教师：继续解释下个词语。

生杨："鲜为人知"就是"少为人知"，近义词是"不为人知"，通过查字典可知这个"鲜"就是"少"的意思。

教师：有哪些"鲜"表示"少"的词语？

生林："屡见不鲜"，反义词"广为流传"、"妇孺皆知"。

生陈：还有"寡廉鲜耻"。

生王：我来造句——这个无名英雄的故事鲜为人知。

教师：很好，下一个。

生张："当之无愧"的"当"是承担的意思，即"名副其实"，意思是可以与名字相称。同义词"受之无愧"，反义词"当之有愧"。

教师：我来补充一个词语："盛名之下，其实难当"。下面我们学习第三组生词："锋芒毕露"、"家喻户晓"、"妇孺皆知"。请解释下一个词语"锋芒毕露"。

生区："毕"是"全部"、"完全"的意思。类似的成语如"原形毕露"、"毕恭毕敬"。

教师：还有补充吗？若没有补充，我们继续学习下一个生词。

生谢："家喻户晓"的"喻"就是"晓"，就是"知道"。这个词用了夸张的修辞手法。同义词有"妇孺皆知"。含有同义"喻"的词语有"不可理喻"、"不言而喻"。下一个词语"妇孺皆知"和"家喻户晓"一样，就不用解释了，类似的词语有"老少咸宜"、"童叟无欺"。

教师：大家刚才表现很好！下面我们一起学习第四组生词："马革裹尸"、"鞠躬尽瘁"、"死而后已"。

生王:"马革裹尸"指马皮包裹尸体。比喻战死疆场。

生谢:这是一个典故,讲的是东汉将军马援的故事。这儿的"革"与"西装革履"的"革"相同。

生邱:"鞠躬尽瘁,死而后已","已"是"停止"的意思,如我们学过的曹操《观沧海》中"烈士暮年,壮心不已"。

教师:刚才同学们的表现很好,可以看出同学们思维很灵活,视野很开阔,希望以后能坚持,同时,进一步提高学习的主动性。下面我们运用刚才学习的词语进行一场词语游戏,规则如下:请每组同学一个先讲含有某个词语的句子,其他同学按照前面的思路接着朝下补充,要用新词语。看最后哪组故事讲得好,词语用得妙。好,那现在给大家思考一会。(学生思考)现在开始吧!

生刘:在古代,有一位英雄名叫花木兰,她是当之无愧的女英雄。

生王:她的名字家喻户晓、妇孺皆知。

生林:她代父从军的故事实在是可歌可泣。

(学生陷入了思考,过了一会儿。)

生赵:但是她父亲的英雄事迹却鲜为人知。

(学生又陷入了思考。)

生李:只知道她父亲是一位老军人,其实她父亲是一位退伍的大将军,他在年轻的时候为了抵御侵略,毅然从军,抱着马革裹尸的决心走上战场。(大家热烈鼓掌。)

生林:他为国家的安全鞠躬尽瘁,死而后已!

生王:我好仰慕他们!(大家鼓掌。)

【活动效果】

教师通过引导,使学生初步掌握了"头脑风暴"这种举一反三的学习方法。该方法创造了和谐宽松而又充满竞争与挑战的学习氛围,激发起学生学习词语的兴趣,取得良好的教学效果。课后调查表明,学生对此非常感兴趣,认为很有收获。

【活动评价】

"头脑风暴"是近年来兴起的一个名词,英文是 brain-storm,其内涵是充分放纵思维,通过联想等形式,将相关的词语、意象等联系起来,让"一群人围绕一个特定的兴趣领域产生新观点"。如流行全国的"疯狂英语"就大量采用了"头脑风暴"的方法。

本教学设计采用了"头脑风暴法",通过营造学习生词的热烈气氛,使原先学生自发地、单纯地学习生词成为集体综合性学习,使学习生词成为调动学生联想、激活知识积累、展示自我的平台。具体来讲,就是引导学生以"头脑风暴"的形式在竞争中对字的音、形、义,或者对词的内涵、外延及其联系的语义场等进行学习,促使学生举一反三,从而掌握更多词语。在此基础上,通过故事接龙式的造句等具有一定的挑战性的游戏,激发起学生的兴趣,使学生在轻松、挑战的氛围中掌握词语的应用。这样,在某种程度上就改变了以往词语教学中单纯的机械性记忆导致学生学习兴趣不浓的状况,取得较好的教学效果。

但是,因教学进度安排比较紧密的关系,每课的生词教学以 10 分钟左右为宜。若要进一步展开,建议在每单元学习结束后集中复习生词时采用。

【相关链接】

1. http：//www.yofoo.com(电子成语词典)。
2. http：//www.iciba.net(金山词霸在线词典)。
3. http：//www.dict.cn(dic.cn在线词典)。
4. http：//brainstorming.co.uk(英国头脑风暴网)。
5. http：//www.21sh.com/czzynet/brainstorm(中国创造网)。

【教材定位】

人教版语文七年级下册第十一课《邓稼先》。

(深圳市南山区松坪学校 郝智源)

我用"谎言"引出的真情写作

【活动目的】
　　1. 创设情境,调动情感,引发学生积极的思维活动,写一篇欲罢不能的作文。
　　2. 通过本次写作训练,使学生明白写作最重要的是真情实感。

【活动准备】
　　作文历来是教师和学生的心病。我想:一定要找到一个办法让学生发现作文的真谛,真正体会一把什么叫"写自己的生活"、"说自己想说的话",表达那忍不住要蹦出心口的情感。设计活动时,教师要让学生在没有写作压力的情境下,自然地发生情感起伏,并产生欲罢不能的写作冲动。据此,本次活动要成功的关键是找准班级学生的兴奋点,以之诱导学生,让其不知不觉地进入教师的"瓮"中,从而在不自不觉中完成写作任务。事后告知真相,让学生自己发现作文的真谛。我任教的初二(8)班今年刚换了班主任,此人管班很有一套,短短的两个月时间就把这个人人头痛的班搞得顺顺溜溜。学生非常非常喜爱这个杨老师,不仅把他看成自己的师长,更把他当作一个知心的朋友,简直可以说是离不开了。我想:就让杨老师作为我本次作文的兴奋点吧。

【活动过程】
　　上课前,我充分酝酿感情,做沉痛状走进初二(8)班的大门。学生看我这个样子,似乎有点不祥的预感,他们迅速地安静了。我说:"同学们,在上课之前,我不能不告诉大家一个坏消息,敬爱的杨老师就要离开我们了……""为什么,为什么?"教室里立即炸开了锅。他们传递着质疑的眼神。有几个的眼睛里立即贮满了泪水,我看到晶莹的泪光闪耀。(我暗自高兴这兴奋点找对了。)此时,我的心动了一下,感觉到写作成功前的狂喜;但看他们伤心的样子,又有些不忍,好想告诉他们这不是真的。但是,我得狠狠心继续我的表演。

　　我继续说:"杨老师也很舍不得大家,但是他家乡的亲人也离不开他啊!杨老师对我说,他要悄悄地离开,带着对同学们的爱离开。为了同学们的学习不受影响,请我为他保守秘密。可是我违约了。但我想你们应该知道,而且一定会乖乖地不让老师担心的,是不是?"同学们使劲地点着头,带着对我的感激。

　　有一个平时最调皮的学生问我:"老师,我可不可以送杨老师去火车站?给杨老师一份礼物?"我答:"可以,老师允许你们派代表去车站。礼物嘛,我有个建议,我们能不能给杨老师写一封情真意切的信,说几句你最想说的话。然后派代表把这一封封传递爱的信交给杨老师。想像一下,当杨老师带着厚厚一叠他所深爱的孩子们的信,在旅途,在家乡,展纸阅读,该是多么的幸福啊!"

我的抒情式发言获得了学生们的一致认同。"那好,为了写好这封信,为了留给老师一个最佳的印象,我们先来试着说一说,整理好思路,如何?"学生们纷纷说好。"我给大家两分钟思考……谁先来说?"(学生进入教师的瓮中了。)

想不到第一个发言的是最让杨老师操心的小宇。他站起来,眼里是从未有过的严肃:"我要对老师说:老师,真舍不得你走,在这里,我想让你再为我们操一次心。"大家开始怀疑地看他,也偷看我。我没出声,等着他继续发言。他讲:"您叫我们为了身体不要再抽烟,请您替我们操心好你的身体,少抽烟,多吃饭!"我们会心地笑了,大舒一口气,这个"操心"用得真妙。热烈的掌声响起。

第二个把手举到我的鼻子底下的是小黄。这个男生平时说话以搞笑著称。他开始了:"杨老师,我的目标是考你的母校——湖南师大,做你的校友,然后告诉所有的教授,我是你的学生。老师,你可千万别紧张,我姓黄的不会给你丢脸的!"然后他向大家敬了个极不标准的军礼。下面有人破涕为笑。我接着他的话点评:"他的挑战式发言简洁有力,这样的挑战相信杨老师不仅不会紧张,反而会更骄傲的。"这时,台下似乎举起了一片森林。

第三个走上台的是从不发言的小嘉。我有点担心,但是看到这双胆怯的手,我还是把机会给了她。她还没说话眼泪就已经不争气地流了下来。她低着头,小声地说:"杨老师,我听你的话,举手发言了,我不害怕了……杨老师,我会想你的……你听见了吗?"同学们都在点头,似乎都在鼓励她。今天没有人发笑,有人在小声地说着什么。我点点头说:"良好的开始是成功的一半,你能行!"

女生班长站起来了,她提议说:"让我们用热烈的掌声鼓励她吧。"全班掌声响起,我想这次经历对她来说一定会是永远难忘的。

大班长接着说:"作为班长,我觉得我特别应该说一说,你们不反对我插队吧?""不会!"大家静候着,看来班长就是与众不同些。"我想对杨老师说:老师,今生我都将记得你对我的'骂',记得是你让我痛哭失声。谢谢! 读书以来,我一直是人们眼中的乖孩子,大人们从没有想过我也是孩子,也有孩子的心病,只不过我掩饰得很好罢了。老师,只有你注意到了我的世界,我真实而隐秘的内心世界,并且给予我光明,牵着我的手带我走出泥泞。那次,我在你面前痛痛快快地哭了,心一下子轻松了好多。如果我也能成为一名光荣的教师,我一定要做你这样的老师,帮助所有的孩子好好地健康地长大。"

感人的几分钟转瞬即逝。台下还有无数想发言的手高举着……(学生不知不觉地很好完成了表达的任务,下面,就是顺利地写,然后学生会自己茅塞顿开:作文原来就是这样简单。)我问:"作文好不好写?"答曰:"不好写。""对老师说心里话,好不好说?"大家齐答:"当然好说。""为什么?""因为我们爱老师!"我点头微笑:"其实,我们把刚才说的写下来,就是一篇最好的作文。就是这么简单。"

在学生沉默的当儿,我检讨:"今天,老师编了一个谎言!杨老师不会走的!这么好的老师,你们舍不得,我也舍不得啊!""啊?!"他们在那里大呼上当,我这里道歉连连。"但是老师的一句谎言竟然引出了如此动人的画面,如此精彩的发言,你们太让我骄傲了!"原来,老师的欺骗是善意的欺骗。有学生说。我点点头,好开心。

我问学生:"作文成功的要素是什么?"他们异口同声地回答:"真情实感。""是的。

诗人艾青写道：'为什么我的眼里常含泪水,因为我对这土地爱得深沉。'为什么今天我们的眼里饱含着泪水,是因为我们对老师爱得深沉!"

我开始布置今天的大作文题,就来写写这节课起起落落的感情,教室里立即安静下来……

【活动效果】

孩子们说：这节作文课太有意思了,是一节难忘的作文课!取名"一堂意想不到的语文课"或者是"一堂让我欢喜让我忧的语文课"吧。今天,没有人抱怨作文难写,没有人抱怨字数太多,写不出来。我看到了学生高涨的创作冲动。我的"阴谋"得逞了。大作文写出来后,效果非常好。班主任杨老师看了,还感动不已,师生感情更深了。

【活动评价】

这一堂情境式写作课,摆脱了"师—生—作文本"单向循环的封闭模式,而着重让学生自由地"发表"。这个"发表",是一种"我想说几句的主动参与"。

苏霍姆林斯基指出："情感如同肥沃的土壤,知识的种子就播种在这个土壤上。"

无论何等抽象的思维,没有情感都不能进行。但情感不是说来说来,说有就有的。心理学告诉我们：人的生理、心理机能都是属于自己的,既不能"玩假的",也不能受到别人指挥。教师精心设计的表演就显得异常重要。如果我们在这个过程中不投入感情,那么再精巧的设计都是枉费心机。

教学过程准确地说,应该是促进"自我发展"的变化过程。教学过程只有通过学习者本身的积极参与、内化、吸引才能实现。教学的这一本质属性决定了学生是教学活动的主体,学生能否主动地投入,成为教学成败的关键。活动设计应该把学生带入情境,激发学习动机;又在连续的情境中,不断地强化学习动机。

语文课堂教学是一个师生情感流动的过程。这个过程,始终以情感为动力,因此它是流动的、变化的、起伏的、曲折的,也是美的生成图。

【相关链接】

1. 苏霍姆林斯基著,赵玮等译：《帕夫雷什中学》,教育科学出版社,1983年版,第265页。

2. 燕国材、马加乐：《非智力因素与学校教育》,陕西人民教育出版社,1992年版,第129页。

【教材定位】

人教版语文八年级下册第一单元作文课。

(深圳市南山区桃源中学　王立青)

古代诗文

《论语》名言千秋传

【活动目的】

1. 通过活动大量接触《论语》中的名言,极大地丰富学生对孔子及《论语》的感性认识,大量积累语文学习的素材。
2. 通过活动丰富学生的中国传统文化的积淀,培养热爱祖国的感情,提高民族自豪感。
3. 通过生动活泼的活动形式培养学生学习古代文化的兴趣,为今后的古文学习打下良好的基础。

【活动准备】

教师精心摘录《论语》中的名言警句,或由学生自己摘录而由教师审定,而后统一印发给学生,由学生质疑其不懂的句子,教师作出解释。然后让各小组在课外做背诵比赛准备。

《论语》名言 100 句

1. 吾日三省吾身:"为人谋而不忠乎?与朋友交而不信乎?传不习乎?"
2. 礼之用,和为贵。
3. 敏于事而慎于言。
4. 不患人之不己知,患不知人也。
5. 诗三百,一言以蔽之,曰"思无邪"。
6. 吾十有五而志于学,三十而立,四十而不惑,五十而知天命,六十而耳顺,七十而从心所欲,不逾矩。
7. 温故而知新,可以为师矣。
8. 君子周而不比,小人比而不周。
9. 学而不思则罔,思而不学则殆。
10. 知之为知之,不知为不知,是知也。
11. 人而无信,不知其可也。
12. 关雎,乐而不淫,哀而不伤。
13. 仁者安仁,知者利仁。
14. 唯仁者能好人,能恶人。
15. 朝闻道,夕死可矣。

16. 士志于道,而耻恶衣恶食者,未足与议也。
17. 不患无位,患所以立;不患莫己知,求为可知也。
18. 君子喻于义,小人喻于利。
19. 见贤思齐焉,见不贤而内自省也。
20. 父母在,不远游,游必有方。
21. 君子欲讷于言,而敏于行。
22. 德不孤,必有邻。
23. 质胜文则野,文胜质则史。文质彬彬,然后君子。
24. 朽木不可雕也,粪土之墙不可圬也。
25. 始吾于人也,听其言而信其行;今吾于人也,听其言而观其行。
26. 我不欲人之加诸我也,吾亦欲无加诸人。
27. 敏而好学,不耻下问。
28. 知之者不如好之者,好之者不如乐之者。
29. 知者乐水,仁者乐山;知者动,仁者静;知者乐,仁者寿。
30. 夫仁者,己欲立而立人,己欲达而达人。
31. 学而不厌,诲人不倦。
32. 不愤不启,不悱不发,举一隅不以三隅反,则吾不复也。
33. 子不语怪、力、乱、神。
34. 三人行,必有我师焉。择其善者而从之,其不善者而改之。
35. 子曰:"仁远乎哉?我欲仁,斯仁至矣。"
36. 奢则不逊,俭则固。与其不逊也,宁固。
37. 君子坦荡荡,小人长戚戚。
38. 鸟之将死,其鸣也哀;人之将死,其言也善。
39. 士不可以不弘毅,任重而道远。仁以为己任,不亦重乎?死而后已,不亦远乎?
40. 民可使由之,不可使知之。
41. 不在其位,不谋其政。
42. 学如不及,犹恐失之。
43. 子绝四:毋意,毋必,毋固,毋我。
44. 仰之弥高,钻之弥坚;瞻之在前,忽焉在后。
45. 子欲居九夷。或曰:"陋,如之何!"子曰:"君子居之,何陋之有?"
46. 子在川上曰:"逝者如斯夫!不舍昼夜。"
47. 吾未见好德如好色者也。
48. 三军可夺帅也,匹夫不可夺志也。
49. 后生可畏,焉知来者之不如今也?
50. 岁寒,然后知松柏之后凋也。
51. 知者不惑,仁者不忧,勇者不惧。
52. 颜渊死。子曰:"噫!天丧予!天丧予!"
53. 季路问事鬼神。子曰:"未能事人,焉能事鬼?""敢问死。"曰:"未知生,焉知死?"

54. 过犹不及。
55. 非礼勿视,非礼勿听,非礼勿言,非礼勿动。
56. 己所不欲,勿施于人。
57. 君子不忧不惧。
58. 君君,臣臣,父父,子子。
59. 博学于文,约之以礼。
60. 君子成人之美,不成人之恶。小人反是。
61. 君子之德风,小人之德草。草上之风,必偃。
62. 君子以文会友,以友辅仁。
63. 其身正,不令而行;其身不正,虽令不从。
64. 近者悦,远者来。
65. 子曰:"无欲速,无见小利。欲速,则不达;见小利,则大事不成。"
66. 君子和而不同,小人同而不和。
67. 君子泰而不骄,小人骄而不泰。
68. 有德者,必有言。有言者,不必有德。仁者,必有勇。勇者,不必有仁。
69. 君子耻其言而过其行。
70. 不患人之不己知,患其不能也。
71. 君子固穷,小人穷斯滥矣。
72. 不怨天,不尤人。
73. 志士仁人,无求生以害仁,有杀身以成仁。
74. 工欲善其事,必先利其器。
75. 人无远虑,必有近忧。
76. 躬自厚而薄责于人,则远怨矣。
77. 君子疾没世而名不称焉。
78. 君子求诸己,小人求诸人。
79. 君子不以言举人,不以人废言。
80. 君子矜而不争,群而不党。
81. 巧言乱德,小不忍则乱大谋。
82. 众恶之,必察焉;众好之,必察焉。
83. 人能弘道,非道弘人。
84. 吾尝终日不食,终夜不寝,以思,无益,不如学也。
85. 君子谋道不谋食。
86. 过而不改,是谓过矣。
87. 有教无类。
88. 道不同,不相为谋。
89. 辞达而已矣。
90. 益者三友,损者三友。友直,友谅,友多闻,益矣。友便辟,友善柔,友便佞,损矣。
91. 生而知之者,上也;学而知之者,次也;困而学之,又其次也;困而不学,斯为下矣。
92. 见善如不及,见不善如探汤。
93. 不学诗,无以言。
94. 性相近也,习相远也。
95. 道听而途说,德之弃也。
96. 往者不可谏,来者犹可追。
97. 日知其所亡,月无忘其所能,可谓好学也已矣。
98. 博学而笃志,切问而近思,仁在其中矣。
99. 仕而优则学,学而优则仕。
100. 君子之过也,如日月之食焉:过也,人皆见之;更也,人皆仰之。

【活动过程】

进行各种形式的趣味背诵比赛活动。

速背比赛:小组内每人背一句,一人一句地接下去,看哪组背完用时最少为胜。

多背比赛:每组推荐一个背诵最"厉害"者代表小组参加比赛,尽量多地背出《论语》中的名言名句,看哪组背得最多为胜。

抢背比赛:先由一人背开头一句,然后其他同学抢背,每人只能抢一句,如果多人抢背,机会就给最快抢到者。这样一轮下来,看哪一组抢到的最多即胜。活动时都要站立起来,课本都收起来,绝对要求背诵是真实的,禁止为了取胜而舞弊。舞弊一句倒扣一分。

教师还可以创造其他多种灵活有趣的背诵形式。

【活动效果】

在轻松活泼的活动中大大丰富了学生的语言积累,能极大激发学生学习语文的兴趣。

【活动评价】

此种活动形式既有趣,又有益,且有效,能充分地提高学生的语文素养,培养学生的语文兴趣。

【相关链接】

1. 中国孔子网:中华孔子学会、人民邮电报、济宁市人民政府、曲阜市人民政府、山东省通信公司济宁市分公司主办。链接地址:http://www.chinaconfucius.com

2. 孔子2000网:"Confucius2000"网站主办。链接地址:http://www.confucius2000.com

3. 中国儒学网:四川大学哲学系、中国哲学研究室主办,黄玉顺主持。链接地址:http://www.confuchina.com

4. 孔子文化艺术中心网:惠州孔子文化艺术中心学校主办。链接地址:http://www.kong-zi.com

5. 中国传统文化网:四川恩威集团主办。链接:http://www.enweiculture.com

6. 中国儒学百科全书网:"知识在线"系列网站之一。链接地址:http://ruxuebook.db66.com

7. 中国哲学空间网:"中国哲学空间"网站主办。链接地址:http:∥philosophy.

533.net

8. 思问哲学网：四川大学哲学系、四川大学伦理学研究中心、四川省哲学学会主办。链接地址：http://www.siwen.org

9. "国学网站"：北京国学时代文化传播公司主办。链接地址：http://www.guoxue.com

【教材定位】

人教版语文七年级上册第二单元《〈论语〉十则》。

（深圳市荔香中学　伍国生）

七嘴八舌话孔子

【活动目的】

1. 初步具备搜集和处理信息的能力。

2. 具有日常口语交际的基本能力,学会倾听、表达与交流,初步学会文明地进行人际沟通和社会交往,发展合作精神。

3. 让学生比较全面地了解孔子和孟子,对他们的事迹、思想、主张和人格有初步的认识,并从伟人身上汲取营养。

【活动准备】

1. 整理7~9年级孔子的文章。

2. 查找有关孔子的事迹、思想、主张和人格魅力的资料。

3. 成立活动小组:故事小组、诵读小组、评论小组、对比小组。

【活动过程】

1. 教师导入

教师:在布置任务之前,我听到同学们在私底下议论,觉得在21世纪的今天还叫你们了解孔子,老师未免太"老土"了。我理解你们的心情,因为孙燕姿、周杰伦等明星在你们的心目中更现实,更鲜活,更有吸引力。今天,让大家与孔子亲密接触一周之后,老师很想知道你们对孔老夫子有着怎样的认识和感想。

2. 学生活动

(1) 孔子故事大比拼。对于学生们来说,孔子离他们太久远了。因为久远,所以陌生;因为陌生,所以没有了解、学习的原动力。故事小组成员搜集孔子生平的奇闻逸事,意在通过生动鲜活的小故事唤起学生们对孔子的热情。这也是放在"学生活动"第一板块的根本原因。学生既可以相对完整地讲述一个故事,也可以帮助同学补充完整故事的情节乃至细节。

(2) 孔子名言大荟萃。本活动板块的目的是想让同学们静下心来记诵一些东西。现在的很多综合性学习存在一大弊病,那就是追求课堂的热闹,一堂课下来师生的脸上都绽放着笑容,但仔细一揣摩就像鸟儿飞过天空没有留下翅膀的痕迹一样,学生们除收获了情感的激荡以外没有多少知识残留下来,这样的课通常被戏称为"泡沫经济"。"泡沫经济"对我们国家的危害还小吗?学生们的记忆力好得惊人,再加上评比激励机制的运用,"苦行僧"的"苦"也会变得有一丝快乐。

(3) 孔子好恶大家谈。一分为二地看待孔子其人其事其言是当代师生们应具备的基本素质。这部分设计主要是通过评论小组七嘴八舌的议论来进一步认识和评判孔子。这是前面两个板块的延伸拓展,是本次活动的重中之重,所以选择了"实录"的形式呈现出来。

石柳:以往我很反感孔子,因为父母师长教训我的时候常引用孔夫子的话。但这次我在查找资料时读了一篇《孔子与孩子们》的文章,让我对这位老人家有了几分好感几分亲切。孔子叫子路等弟子谈论志向,老人家最欣赏曾皙的志向:晚春季节,穿上漂亮的衣服,几个大人,几个孩子,到河里游泳、嬉戏,唱着歌回来了。曾皙的这番话,颇中孔子心意。也许,在孔子眼里,孩提时代应该是游戏的季节。没别的意思,到处在嚷嚷给孩子们"减负",但就感觉而言,现在的学业负担反而比以前重了。搞教育的人是否应该从祖师爷的教育观念中汲取一些营养,还孩子一个游戏的季节,还孩子一个多彩的春天?

卢展英:石柳是从教育观念去分析的,我们也可以从教育方法上评价。我觉得孔夫子的教学方法是很开放的,试想,暮春时节,满树残花,杏树底下,师生席地而坐,自由自在地谈论个人的理想抱负,当学生说到精妙处,"夫子喟然叹曰:'吾与点也!'"这才是真正意义上的"合作、探究",这才是绿色的师生关系。哎,真令人神往!

申明铭:讲到绿色的师生关系,还有一个这样的小故事:有一次,孔子去见卫灵公的夫人南子,他的学生子路很不高兴,孔子只好发誓诅咒:"予所否者,天厌之!天厌之!"孔子的意思大概是说,不支持自己的人,苍天都讨厌他!苍天都讨厌他!从他的语气看得出来,孔子对这位学生有些无可奈何,但他并未板起脸孔教训子路,更未动用"刑罚",这在古代显得尤为可贵。

教师:同学们说得都很好。孔子不但是思想家,而且还是非常出色的教育家。他一生有3000多位学生,其中有名的就有70多个。他的教育方法影响了一代又一代的中国人。从同学们的言谈中可以知道,孔夫子不愧为我们的教育大师。有没有从其他方面来谈孔子的?

曹阳:我很喜欢孔子的言论,像我们在七年级时学过的"有朋自远方来,不亦乐乎?"、"吾日三省吾身:为人谋而不忠乎?与朋友交而不信乎?传不习乎?"、"三人行,必有我师焉"、"己所不欲,勿施于人"、"岁寒,然后知松柏之后凋也"。

胡晓龙:但我们也要客观地看待孔子的言论,像他希望借助周礼重新建立井然有序的统治制度的"君君、臣臣、父父、子子"等。

张嫣然:我喜欢孔子的学习态度。孔子63岁时,曾这样形容自己:"发愤忘食,乐以忘忧,不知老之将至。"当时孔子已带领弟子周游列国9个年头,历尽艰辛,不仅未得到诸侯的任用,还险些丧命,但孔子并不灰心,仍然乐观向上,坚持自己的理想,甚至是明知其不可为而为之。这种"发愤忘食,乐以忘忧"的学习态度对于眼前急功近利的现状有很好的启发作用。

栾洁婷:孔子的人格魅力还体现在"与人为善"。孔子创立了以仁为核心的道德学说,他自己也是一个很善良的人,富有同情心,乐于助人,待人真诚、宽厚。"己所不欲,勿施于人"、"君子成人之美,不成人之恶"、"躬自厚而薄责于人"等等,都是他的做人准则。子曰:"吾十有五而志于学,三十而立,四十而不惑,五十而知天命,六十而耳顺,七十而从心所欲,不逾矩。"这是孔子对自己一生各阶段的总结。

卢展英：我欣赏孔子的执著精神。他的一生坎坷不平，他终生热衷于从事政治，有一腔报国之热血，也有自己的政治见解，但最高统治者对于他始终是采取一种若即若离、敬而远之的态度。他真正参与政治的时间只有四年多，在这四年多的时间里，他干了不少事，职务提升也很快。但终究因为与当权者政见不同而分道扬镳了。此时他已50多岁，迫于形势，他离开了鲁国，开始了被后人称之为周游列国的政治游说，14年中，东奔西走，多次遇到危险，险些丧命。后虽被鲁国迎回，但鲁国最终不用孔子。

3. 教师小结

孔子是我国古代的大思想家、教育家，在民族文化的发展史上是一个重要的人物。但后代奉为圣人，当作偶像崇拜的孔子，与历史上的原貌，并不完全相符，这里面既有利用了孔子学说对统治秩序有利的内容，又有偶像制造者按照自己的需要灌注进去的东西。所以我们应该一分为二地看待我们的民族偶像，千万别迷失在偶像的神话世界里。

【活动效果】

通过这次活动，同学们对孔子有了更深入更全面的认识，虽然课堂交流的时间和发言的人数有限。应该说这是一次成功的口语交际活动。

【活动评价】

活动课能否取得成功，关键在于学生准备是否充分，这就要求教师在制定活动方案时特别重视"学生准备"这一环节。从这次活动过程和反馈来看，准备这一环节还是比较成功的。应避免活动课中的"泡沫"现象，让学生扎扎实实地做一些事情，同时课堂具有陈少堂先生所倡导的"语文味"，也是当今活动课应有的题中之义。这堂课很好地实现了这一理念。

【相关链接】

1. 推荐书目：章培恒、骆玉明主编：《中国文学史（上）》，复旦大学出版社1996年版。

2. 推荐网站：http://www.confucius2000.com/confucius

【教材定位】

人教版语文九年级下册第五单元"写作·口语交际·综合性学习"《我所了解的孔子和孟子》。

（深圳市荔香中学　罗礼稳）

古今异读诸葛亮

【活动目的】
1. 培养学生正确的历史观。
2. 学会联系实际,用历史的眼光分析历史人物。
3. 培养学生综合运用知识分析问题的能力。
4. 教会学生创造性阅读。

【活动准备】
1. 课外比较阅读陈寿的《三国志》"隆中对"部分和罗贯中的《三国演义》"三顾茅庐"部分。
2. 网上查找有关诸葛亮的评价。

【活动过程】
1. 课前展示

诸葛亮是个很值得研究的人物,可谓是家喻户晓、老少皆知。但这都是《三国演义》给大家的印象。历史中的诸葛亮究竟是怎样的呢?于是我给大家提供了几个网址,推荐陈寿的《三国志》和罗贯中的《三国演义》,让大家课后收集诸葛亮的内容,上课前小组分别展示。

看到大家搜集的内容既全面又新颖,我心里很高兴。

2. 反弹琵琶出新声

学生展示完后,我和同学们把握文章的内容,到了最后的环节"课外拓展"部分,我根据新课改的要求,想着怎样才能触动他们的神经,开发训练学生的求异思维和创新思维以及知识的运用能力,抛出了一个挑战性的问题:

"诸葛亮被我国人民称为智慧的象征,聪明的化身,你们怎么认为?"

本以为学生们马上就要说出"借东风"、"空城计"、"三气周瑜"、"八卦阵"等诸葛亮的"杰作",没想到,此语一出,那些具有叛逆思想的小家伙们马上就露出了"反骨"。

快嘴彭嘉奇脱口便说:"最大的蠢材。"

全班一阵哄笑。

"为什么呢?"我随即追问。

"躲在深山老林里等待别人来发掘,不蠢吗?"

按照今天的观点,不能不说他说的没有道理,原以为大家都会赞同他的观点,没想到"历史小博士"朱安腾地站起来反对:

"诸葛亮是读书人,受儒家思想的熏陶,在当时诸侯纷争的年代追求"独善其身"当然是正常的,因为他当时本身就不求闻达于诸侯,又怎么会主动出击呢?"全班立刻爆发出掌声。后来才知道他们学过三国的历史。

本以为到此结束,没想到好斗的任悦马上把手高高举起要求发言:

"诸葛亮并不是想独善其身,而是伺机而动。"他顿了一下,看了我一眼,我也一愣,我原也是同意朱安的观点。全班同学都把脸朝向他,期待下文。

"大家不要忘了文中有一句话:'每自比于管仲、乐毅,时人莫之许也。'表明他依然想表现自己,把自己和管仲、乐毅相比,目的还不是为了让人知道他有才?可惜,当时的人不吃这一套。否则,他也不会那样张扬。他宣传自己的方法太老土了,不蠢吗?"大家大笑,频频点头,我不禁在心里叫好。

3. 唇枪舌剑评诸葛

听着学生的妙答,我立即顺着任悦同学的话问道:"'穷则独善其身,达则兼济天下'确实是儒家的人生信条,任悦说诸葛亮的宣传自己的方法太老土了,假若诸葛君在今天,他该怎么做呢?还会等着别人来请吗?"

一石激起千层浪,学生们马上开始热烈地讨论起来。什么毛遂自荐呀,到网上发简历,到人才大市场呀,甚至有的人还说自己上门推销等等,不一而足。

我见大家的思路很活跃,便启发道:

"无论怎么说,诸葛亮毕竟走出来了,从某种意义上讲,是一种进步。三国局面的形成很大程度上是由诸葛亮的《隆中对》炮制的,我们这样设想,假如没有他对国内形势的精辟分析,三国局面是否依然会形成?三国局面的形成在今天看来是有利还是有弊?"

教室里顿时像一锅沸粥,有人认为有利:"毕竟结束了跨州连郡者不可胜数的局面,国内战争相对少了,老百姓当然相对安定些";也有人认为有弊,因为它延缓了国家统一的步伐,而且使曹操统一中国的梦想至少晚实现了几十年。三国虽鼎立,但各军事集团的战争并没停止,于国于民都不利。观点如此鲜明,我立即将全班分成两部分,对此展开辩论。

教室里唇枪舌剑,精彩迭出。

更使我激动的是,同学们能够利用所学的历史和社会知识,并结合课文里诸葛亮对天下形势的分析,竟然挑起了诸葛亮的"刺",甚至否定了深植人心的诸葛亮的形象,认为他虽有个人魅力,但"愚忠",且对当时的国家社会无利,重新对诸葛亮进行了认识。

4. 虚拟历史开思维

见学生思维的大门已被打开,我就"抛砖引玉"提出一个具有争议的问题:"假如诸葛亮不辅助刘备而辅助曹操,那又是一种什么情形?"这是一个具有相当难度的问题,需要结合一定的历史知识,具有一定的历史评判能力。

有人认为诸葛亮辅助刘备是一种错误,因为刘备的势力当时最弱,根本就没有统一全国的实力和才能,辅助他是瞎子点灯;也有人认为诸葛亮辅助刘备的深层原因可能是人们同情弱小的情结的反映;还有人认为可能是诸葛亮认为刘备是帝室之胄,为"正统"的缘故;甚至还有人认为这正是诸葛亮的高明之处,毕竟在刘备那里能实现他的个人抱负,曹操多疑,能容他吗?

由此可以看出同学们已经学会了用自己的头脑来分析历史,分析社会。我能否定吗?当然不能!只有喜悦,而这在以往的语文课是很少出现的现象。

【活动效果】

"创造性阅读"是指教师在充分发挥学生的主体意识、充分尊重学生个性的前提下,诱发学生的创造动机,使学生凭借语言文字对课文涵泳、体味、思考来读出疑问,读出新意,得出前人或他人未曾有过的独特的感悟和新异的结论。

陈寿的《隆中对》已教了几遍,以往的分析都是将诸葛亮评判成一个具有远见卓识的政治家和军事家的形象。他善于高瞻远瞩,洞察时世,是中国老百姓心中"智"的化身。但本活动课运用新课改的理念教,通过开展一些课间小活动,给学生提供了一个充分发表自己观点的平台,重新对诸葛亮进行了认识,充分体现了学生的主体性,激发了他们的创造热情。

【活动评价】

本活动恰当地利用了教材,将学生的各方面知识融会贯通,并进行了适当的拓展延伸,让学生再认历史,总结历史,并从历史中得到启发,受到教育。这比单纯的学习文章更为重要。同时在充分发挥学生的主体意识,充分尊重学生个性的前提下,诱发学生的创造动机,使学生凭借语言文字对课文涵泳、体味、思考来读出疑问,读出新意,得出前人或他人未曾有过的独特的感悟和新异的结论。这样何愁我们的学生的综合素质不会得到提升?

由此看来,有时在课堂上设计一些短小的活动,不仅不影响课堂效率,而且还能激发学生的兴趣,培养其独特的思维习惯。

【相关链接】

1. 范祥善《国文教授革新之研究》,载于《教育杂志》1918年第十卷:"宜善用……之奴隶则不可。""宜善用教科书而不为教科书所用。教科书,死物也。教授国文,舍而弗用固不可,用之不当,其害立见。善教授者,一时间内,变化多端。务使儿童对于教科书,若醴泉之甘美,而郑郑有味。能触类旁通,增长见识,启发思维,则是上乘。故以教科书为文字之借径则可,以儿童为教科书之奴隶则不可。"

2. http://www.sanguocn.com

3. http://www.cenyue.myetang.com

4. http://www.xfxy.com

5. http://www.hj.org.cn\hswy\zgl.htm

6. http://www.langya.com\zatan.htm

【教材定位】

人教版语文九年级下册第二十二课《隆中对》。

(深圳市华侨城中学　张学新)

朱元璋与对联

【活动目的】
　　1. 通过活动,了解一些对联的知识。
　　2. 通过活动体会《陋室铭》等古诗文语句的整齐美、音韵美。
　　3. 培养学生对中国传统文化的兴趣。

【活动准备】
　　1. 布置学生课余搜集一些自己喜爱的对联或诗句中的联句。
　　2. 了解一些对联的相关知识。
　　3. 学生创作、排练荒诞剧《朱元璋与对联》,学生主动报名担任剧中的角色。

【活动过程】
　　[旁白]话说朱元璋历经九九八十一难,吃尽了苦中苦,终于从一个一文不名的穷小子变成了位居九五之尊的皇帝。当上了皇帝的朱元璋当然是志得意满,在每日繁忙的酒饭之余还不忘了推广传统文化。这一个春节,他眉头一皱,下了一道他最得意的圣旨。

　　[传旨官上]
　　传旨官(庄严地):从即……即日起,家家……家户……户户……都要……要贴……贴春联……违令……令者斩……斩!

　　[传旨官下]
　　[旁白]大年初一,为了感受过年贴春联这一良好风尚,朱元璋与夫人微服私访于民间,数名文臣武将乔装随行其后。一眼望去,但见满街俱是红彤彤的对联,好不喜庆。朱元璋心中无比欢快。

　　[朱元璋、夫人、三五名文武上]
　　朱元璋(得意地摇头晃脑):云对雨,雪对风,晚照对晴空。来鸿对去燕,宿鸟对鸣虫。三尺剑,六钧弓,岭北对江东。人间清暑殿,天上广寒宫。两岸晓烟杨柳绿,一园春雨杏花红……
　　文武(奉承地):皇上真是文才盖世呀!
　　朱元璋(瞅见一副对联):东不管,西不管,酒管;兴也罢,衰也罢,喝罢! 呵呵,夫人,进去喝两盅?
　　夫人(脸有怒色):你敢! (看见又一副对联,转怒为喜)虽是毫末技艺,却是顶上功夫! 好哇! 好哇! 老公,我要去做头发了!

朱元璋(无奈地)：那好吧，我等你。
[夫人下]
朱元璋(侧身望见一副对联，端详良久，感慨地)：诸位先生，这对联写得多么好呀！
文武(齐声念)：但愿世间人常健，何妨架上药生尘。
朱元璋(感动地)：这药店店主的思想境界真是坐上火箭放风筝——高得没边了！
文武(附和地)：是呀，是呀。
[旁白]突然，他们发现一家门上没有贴对联。
朱元璋(愠怒地)：好大胆！竟敢违抗我的旨意！锦衣卫，给我把这家人统统抓起来砍了！
文武：大过年的说杀呀、砍呀多不吉利，您老说是不是？凡事都要问清个缘由，平日里您不是常常这样教育我们吗？怎么您自己就忘了呢？您这不是手电筒照人——只对别人不对自己吗？
朱元璋(惭愧地)：是的，你们说得是。那就先把这家人请出来问问吧。
[众武士进屋，不久带出一名衣衫褴褛的老者]
朱元璋(和气地)：请问老人家，您家为何不写副对联贴在门上呢？您难道不知道这样做是违抗圣旨，会杀头的吗？杀头很痛很痛的呀！
老者(悲伤地)：俺是文盲呀！
朱元璋：哦。那您可以买一副呀。
老者(欲哭无泪)：唉。我是二三四五，六七八九呀！
[朱元璋与众文武面面相觑]
文武：What is the means?
老者(惊讶地)：这是我写的一副对联呀，横批不就是说我家"缺一(衣)少十(食)"吗？
朱元璋(同情又佩服)：哦，原来如此。来人，给这个老头一点生活补贴吧。(略微沉吟)老人家，我还要送您一副对联。来人，笔墨伺候！
[众人递来纸笔，朱提笔挥毫]
文武(齐声念)：天作棋盘星作子，谁人能下？地为琵琶路为弦，哪个敢弹！好呀！妙呀！
文臣(附朱耳边)：这副对联气魄宏大，意象瑰伟，但您的皇上身份泄露了呀！这对联除了皇上，谁写得出来呀？
朱元璋(着急地)：这可如何是好？要不，撕了吧？
老者(高兴地)：写得好呀，我知道你是干什么的了！
朱元璋(紧张地)：哦？那你说说看。
老者：对联不是写得清清楚楚吗？你是一个修路工，对不对？哈哈。
[众人哭笑不得。夫人梳着奇怪的发型上]
夫人(兴奋地)：老公，你看看，我的这个头发做得如何？
朱元璋(苦笑)：夫人，我可以送你新发型一副对联：日照水面千光散，风卷柳梢万絮旋。
夫人(高兴地)：好呀，写得好，谢谢老公。横批呢？

朱元璋(微笑地)：看了头晕。

夫人(大怒)：找死呀？回家看我怎么收拾你！

[众人下]

【活动效果与评价】

对联艺术是中国传统文化的瑰宝，学生通过与对联相关的话剧彩排与表演，在活跃课堂气氛的同时，能够增进对对联的兴趣，感受对联语言的整齐美、音乐美。

【相关链接】

1. 对联，雅称"楹联"，俗称对子。对联艺术是中华民族的文化瑰宝。对联的种类分为春联、喜联、寿联、挽联、装饰联、行业联、交际联和杂联(包括谐趣联)等。对联文字长短不一，短的仅一两个字，长的可达几百字。对联形式多样，有正对、反对、流水对、集句对等。对联一般具备以下特点：(1) 字数相等，断句一致。(2) 平仄相合，音调和谐。传统习惯是"仄起平落"，即上联末句尾字用仄声，下联末句尾字用平声。(3) 词性相对，位置相同。一般称为"虚对虚，实对实"，就是名词对名词，动词对动词，形容词对形容词，数量词对数量词，副词对副词，而且相对的词必须在相同的位置上。(4) 内容相关，上下衔接。上下联的含义必须相互衔接，但又不能重复。此外，张挂的对联，传统作法还必须直写竖贴，自右而左，由上而下，不能颠倒。与对联紧密相关的横批，可以说是对联的题目，也是对联的中心。好的横批在对联中可以起到画龙点睛、相互补充的作用。

2. 对联中的名人

(1) 哀怨托离骚，生而独开诗赋立；孤忠报楚国，余风波及汉湘人。(屈 原)

(2) 有志者事竟成，破釜沉舟，百二秦关终属楚；

　　苦心人天不负，卧薪尝胆，三千越甲可吞吴。(项羽、勾践)

(3) 刚直不阿，留将正气冲霄汉；幽愁发愤，著成信史照尘寰。(司马迁)

(4) 云过雁断胡天月，陇上羊归塞草茵。(苏 武)

(5) 志见出师表，好为梁父吟。(诸葛亮)

(6) 成大事以小心，一生谨慎；仰宗臣之遗像，万古清高。(诸葛亮)

(7) 功在朝廷，原不分先主后主；名高天下，何须辨襄阳南阳。(诸葛亮)

(8) 三顾频繁天下计，一番晤对古今情。(诸葛亮)

(9) 质而绮，真且醇，自可传之千古；

　　樽中酒，篱下诗，岂甘了此一生。(陶渊明)

(10) 盛唐诗酒无双士，青莲文苑第一家。(李 白)

(11) 千古诗才，蓬莱文章建安骨；一身傲骨，青莲居士谪仙人。(李 白)

(12) 民间疾苦，笔底波澜；世上疮痍，诗中圣哲。(杜 甫)

(13) 满眼河山，大地早非唐李有；一腔君国，草堂犹是杜陵春。(杜 甫)

(14) 草堂留后世，诗圣著千秋。(杜 甫)

(15) 诗史数千言，秋天一鹄先生骨；草堂三五里，春水群鸥野老心。(杜 甫)

(16) 写鬼写妖高人一等；刺贪刺虐入木三分。(蒲松龄)

(17) 四面湖山归眼底，万家忧乐到心头。(范仲淹)

(18) 沉醉于东海西湖南州北国之游梦里溪山犹壮丽；

　　　　括囊乎天象地质人文物理之学笔端谈论自纵横。（沈　括）
(19) 一门父子三词客,千古文章四大家。
　　　　("三苏"和韩愈、柳宗元、王安石、苏轼四位散文家)
(20) 铁板铜琶,继东坡高唱大江东去;
　　　　美芹悲黍,冀南宋莫随鸿雁南飞。（辛弃疾）
(21) 大明湖畔,趵突泉边,故居在垂杨深处;
　　　　漱玉集中,金石录里,文采有后主遗风。（李清照）
(22) 犹留正气参天地,永剩丹心照古今。（文天祥）
(23) 文官不爱钱,武官不惜死,果如公言,宋室何至南渡;
　　　　罪名莫须有,忠冢栖霞山,长留人愿,国魂几时北来。（岳　飞）
(24) 鬼狐有性格,笑骂成文章。（蒲松龄）
(25) 英雄做事无他,只坚忍一心,能成世界能成我;
　　　　自古成功有几,正疮痍满目,半哭苍生半哭公。（孙中山）
(26) 著作最谨严,岂徒中国小说史;
　　　　遗言犹沉痛,莫作空头文学家。（鲁　迅）
(27) 译书尚未成功,惊闻殒星,中国何人领呐喊;
　　　　先生已经作古,痛忆旧雨,文坛从此感彷徨。（鲁　迅）

3.《佳联趣对贺新春》,中国戏剧出版社,2002年版。

（深圳市育才二中　钟东明）

古诗苑漫步

【活动目的】
   1. 引导学生进一步感受中华诗词文化的灿烂辉煌,培养学生热爱优秀传统文化的思想感情,提高审美情趣和文化品位。
   2. 通过此次活动,培养学生交流与合作的能力,让学生体验到成功的喜悦。

【活动准备】
   1. 教师指导学生明确活动目标和活动要求。
   2. 选出活动主持人两名,分组并推选各小组组长。
   3. 熟背《中学生必背古诗词》,每组按内容整理出一类古诗专集,共同改写其中一首诗,以表演的形式介绍一位诗人,吟唱古诗。
   4. 主持人安排出活动程序,并制作相应的课件。

【活动过程】
   1. 诗情画意
   主持人在电脑上放出画面,让同学们根据画面配诗句。
   方式:将学生分为四大组抢答;分值:每题1分。
   相对应的诗分别为:《逢入京使》《送杜少甫之任蜀州》《望岳》《悯农》《竹里馆》《登鹳雀楼》《春望》《春晓》《咏柳》《过故人庄》《早发白帝城》《行路难》《闻官军收河南河北》《送元二使安西》《滁州西涧》等。

   2. 猜猜我是谁
   每组以表演的形式介绍一位诗人。
   第一组:一位身着长裙的女生在"寻寻觅觅,冷冷清清,凄凄惨惨戚戚。乍暖还寒时候,最难将息。三杯两盏淡酒,怎敌他晚来风急?雁过也,正伤心,却是旧时相识……"的朗诵声中缓缓出场了,迎来一片热烈的掌声。接着,在另一位组员的配合下(播放制作的图文并茂的幻灯片),以李清照的身份较为详尽地介绍生平资料及代表诗词:《声声慢》《如梦令》《一剪梅》《醉花阴》《夏日绝句》等。
   最后问出"我是谁呢?"——幻灯片打出"南宋词人、旷世才女李清照"的字幕。其实答案早已在同学心中。
   第二组:头戴秀才帽,左手拿一纸扇背在身后,右手似乎捻着胡须的一男生挺着胸上场了,在同学们惊奇的目光中,他开口唱了:"大江东去,浪淘尽,千古风流人物……"同学们迅速说出"苏轼"。接着该组成员依次上场各朗诵一首苏轼诗,分别是:《题西林壁》《惠崇春江晚景》《饮湖上初晴后雨》《六月二十七日望湖楼醉书》《水调歌头·明月几时有》《江城子》(老夫聊发少年狂)《浣溪沙》(山下兰芽短浸溪)等,最后全组再次齐诵《念奴娇·赤壁怀古》,别出心裁的创意迎来阵阵掌声。

第三组:课本剧《茅屋为秋风所破歌》表演,更是让大家开怀大笑。笑过之余一组员上台进一步介绍爱国诗人杜甫艰难的人生之路。(剧本参考"中学语文资源站"中的相关内容。)

第四组:诗仙李白上场了,身挂一宝剑,拿着一个酒葫芦,歪歪倒倒,边假装喝酒,边从嘴里冒出一句句诗:"将进酒,杯莫停……"大家也随声附和出一句句熟悉的诗词。

学生共同评出最佳小组,加5分,其余依次为4分、3分、2分。

3. 名句大比拼

主持人出示名句上句或下句,由四小组依次回答,不能快速回答则其他小组可抢答加分。附题目:

1. 路漫漫其修远兮,吾将上下而求索。(屈原《离骚》)
2. 学而不思则罔,思而不学则殆。(《论语·为政》)
3. 学而不厌,诲人不倦。(《论语·述而》)
4. 十年树木,百年树人。(《管子·权修》)
5. 天时不如地利,地利不如人和。(《孟子·公孙丑》)
6. 富贵不能淫,贫贱不能移,威武不能屈。(《孟子·滕文公下》)
7. 锲而舍之,朽木不折;锲而不舍,金石可镂。(《荀子·劝学》)
8. 临渊羡鱼,不如退而结网。(《汉书·董仲舒传》)
9. 老骥伏枥,志在千里;烈士暮年,壮心不已。(曹操《龟虽寿》)
10. 鞠躬尽瘁,死而后已。(诸葛亮《后出师表》)
11. 非淡泊无以明志,非宁静无以致远。(诸葛亮《诫子书》)
12. 奇文共欣赏,疑义相与析。(陶渊明《移居》)
13. 山气日夕佳,飞鸟相与还。(陶渊明《饮酒》)
14. 蝉噪林愈静,鸟鸣山更幽。(南朝梁·王籍《入若耶溪》)
15. 海内存知己,天涯若比邻。(唐·王勃《送杜少府之任蜀州》)
16. 落霞与孤鹜齐飞,秋水共长天一色。(唐·王勃《滕王阁序》)
17. 海上生明月,天涯共此时。(唐·张九龄《望月怀远》)
18. 绿树村边合,青山郭外斜。(唐·孟浩然《过故人庄》)
19. 大漠孤烟直,长河落日圆。(唐·王维《使至塞上》)
20. 独在异乡为异客,每逢佳节倍思亲。(唐·王维《九月九日忆山东兄弟》)
21. 劝君更进一杯酒,西出阳关无故人。(唐·王维《送元二使安西》)
22. 莫愁前路无知己,天下谁人不识君。(唐·高适《别董大》)
23. 忽如一夜春风来,千树万树梨花开。(唐·岑参《白雪歌送武判官归京》)
24. 马上相逢无纸笔,凭君传语报平安。(唐·岑参《逢入京使》)
25. 两岸猿声啼不住,轻舟已过万重山。(唐·李白《早发白帝城》)
26. 清水出芙蓉,天然去雕饰。(唐·李白《论诗》)
27. 天生我材必有用,千金散尽还复来。(唐·李白《将进酒》)

28. 孤帆远影碧空尽,惟见长江天际流。(唐·李白《送孟浩然之广陵》)
29. 长风破浪会有时,直挂云帆济沧海。(唐·李白《行路难》)
30. 朱门酒肉臭,路有冻死骨。(唐·杜甫《自京赴奉先县咏怀五百字》)
31. 无边落木萧萧下,不尽长江滚滚来。(唐·杜甫《登高》)
32. 为人性僻耽佳句,语不惊人死不休。(唐·杜甫《江上值水如海势聊短述》)
33. 露从今夜白,月是故乡明。(唐·杜甫《月夜忆舍弟》)
34. 正是江南好风景,落花时节又逢君。(唐·杜甫《江南逢李龟年》)
35. 李杜文章在,光焰万丈长。(唐·韩愈《调张籍》)
36. 沉舟侧畔千帆过,病树前头万木春。(唐·刘禹锡《酬乐天扬州初逢席上见赠》)
37. 东边日出西边雨,道是无晴却有晴。(唐·刘禹锡《竹枝词》)
38. 同是天涯沦落人,相逢何必曾相识。(唐·白居易《琵琶行》)
39. 乱花渐欲迷人眼,浅草才能没马蹄。(唐·白居易《钱塘湖春行》)
40. 千里莺啼绿映红,水村山郭酒旗风。(唐·杜牧《江南村绝句》)
41. 春蚕到死丝方尽,蜡炬成灰泪始干。(唐·李商隐《无题》)
42. 相见时难别亦难,东风无力百花残。(唐·李商隐《无题》)
43. 夕阳无限好,只是近黄昏。(唐·李商隐《乐游原》)
44. 曾经沧海难为水,除却巫山不是云。(唐·元稹《离思》)
45. 海阔凭鱼跃,天高任鸟飞。(僧云览诗中之句)
46. 先天下之忧而忧,后天下之乐而乐。(宋·范仲淹《岳阳楼记》)
47. 醉翁之意不在酒,在乎山水之间也。(宋·欧阳修《醉翁亭记》)
48. 不畏浮云遮望眼,只缘身在最高层。(宋·王安石《登飞来峰》)
49. 欲把西湖比西子,淡妆浓抹总相宜。(宋·苏轼《饮湖上初晴后雨》)
50. 但愿人长久,千里共婵娟。(宋·苏轼《水调歌头》)

4. 背诵大擂台

四大组由学生自行结成两组对子展开竞背。两个主持人分别负责记载两对竞赛组竞背情况,两组交替背诵,中间间隔20秒以上则另一组可抢背,一首一分,时间可根据上课时间灵活掌握。

5. 颁奖

主持人播放《水调歌头·明月几时有》的MTV,全班齐唱,在歌声中公布各组成绩,宣布活动结束。教师总结四小组的诗歌专集整理情况,并颁奖。

四小组的诗歌专集整理分别为《春之颂》《话别离》《风景这边独好——山水田园诗欣赏》《旷世才女李清照》。

【活动效果】

整个活动气氛活跃,学生参与热情极高。在活动中,同学们对中华诗词文化有了一个更全面、更深刻的了解,认识到提高鉴赏能力、审美能力和文化品位对个人素养的重要性,特别是这次活动全面展示了学生各方面才艺。

【活动评价】

  文化底蕴的薄弱是当今学生的普遍问题,因此积累显得尤为重要。如何调动他们学习的积极性,唤起他们主动参与学习的热情,这是教师的一个主要任务。本次活动体现了这一意图。教师只是退居二线的幕后者,学生真正成为学习的主人。通过信息的收集整理、作品的朗诵赏析、有创意的改写表演,学生的自我意识得到了空前提高,也增强了他们学习古诗词的热情和能力。

【相关链接】

  1. 风里情怀 http://www.ffjf.8u8.com

  2. 水调歌头 http://wyan.nease.net/suqin/songci04.htm

  3. 诗词赏析 http://www.hunan-window.com/gb/hxwh/scsx/index.html

      http://www.ht88.com/SoftView/SoftView_5039.html

【教材定位】

  人教版语文八年级下册第五单元综合性学习。

(深圳市南山实验学校 王学勤)

石壕吏夜捉人

【活动目的】

1. 本着以学生的发展为本的思想,强调学生积极参与,运用探究的方式学习文言文,培养学生自主、合作、探究的学习习惯。

2. 以学本为中心向课外延伸,注重学习过程,让学生感受诗中的悲痛,生发对当时人民遭受苦难的同情。联系实际,将这种情感内化为自己的思维,以至于同情我们身边的每一个弱者。

【活动准备】

1. 熟读课文,借助工具书和注释疏通文意,并将该课文改写成一篇记叙文。

2. 集体创作好课本剧剧本,并由大家推举一名同学执笔。

3. 根据对课文的理解,集体创作好背景画,并推举一名同学在计算机上画好。

4. 选好背景音乐,选出演员并准备好各种道具。

【活动过程】

1. 读《石壕吏》,想像捉人情景

(1) 学生细读课文,并根据自己对课文内容的理解想像石壕吏夜间在老翁家捉人充军的可怕情景。

(2) 指一二名学生描述自己想像捉人的情景。

2. 观课本剧,体验捉人过程

(1) 观看由同学们自己编剧并表演的课本剧《石壕吏夜捉人》。

(2) 体验石壕吏夜间捉人的过程,感受剧中的悲痛,内化情感,涌动同情。

《石壕吏夜捉人》剧本

人物　吏1、吏2、老翁、老妪、杜甫。

时间　傍晚到第二天天明。

地点　石壕镇,老翁的家。

旁白　公元758年,为平息安史之乱,郭子仪、李光弼等九位节度使,率兵20万围攻安庆绪所占的邺郡,胜利在望。但在第二年春天,由于史思明派来援军,加上唐军内部矛盾重重,形势发生逆转。在敌人两面夹击下,唐军全线崩溃。郭子仪等退守河阳,并四处抽丁补充兵力。杜甫这时刚好从洛阳回华州,一个黄昏途经石壕镇,亲眼目睹了悲惨的一幕……

(映出背景画)

旁白　杜甫一路跋山涉水,来到石壕镇,见这里荒凉一片,不禁又一次无奈地悲叹起来。

杜甫　唉!又是一个凄凉之地。一切的朝气,一切的欢乐与幸福都在这残酷的战争中销声匿迹。

(背景音乐响起)

旁白　杜甫身心甚感疲惫,又见天色已晚,便决定在此留宿一晚,于是走到一间破陋的屋子前,叩响了门板……

杜甫　(咚咚咚)有人在家吗?有人在吗?

旁白　开门的是老翁,历尽岁月沧桑的他驼着背,轻轻地把门打开,艰难地抬起头询问。

老翁　先生,你找谁呀?

杜甫　老人家,我是过路的,见天色已晚,可否在你这借住一宿?

老翁　你若不嫌弃那就请进吧。

旁白　老翁把杜甫请进屋内,便关上了门。杜甫向老人家致了深深的谢意,便与他们唠起家常来。天渐渐暗下来了,浓浓的黑夜笼罩着大地。杜甫此时十分困倦,眼皮不住地打架。

老妪　先生,你赶了一天的路辛苦了,早点歇息吧,我已在内室为你把床铺好了。

杜甫　多谢了,老人家,那晚生就先歇息了。

旁白　杜甫入睡后不久,两个凶神恶煞般的官吏来到老翁的破屋门前,使劲踢打着门,一阵阵疯狂的敲击声直吓得两位老人家魂不守舍,焦虑万分。

(换背景画)

老妪　老头子,抓兵丁的人又来了,你赶快逃吧。

老翁　那……我走了,你怎么办?

老妪　你就别再管我了,赶快逃吧。

旁白　老翁含着眼泪翻过墙头,逃跑了。老妪赶忙前去开门,一阵阵叫骂声不断传入她的耳朵里。

吏1　(脚用力一踢)死老婆子,这么久才来开门,找死啊你!

老妪　两位官差大人,老妇起来晚了,害你们在此久等,实在对不起。

吏2　(眼睛四处转)不跟你废话,我问你,你们家的男人都到哪里去了,快交出来!

老妪　(泣诉)没有了啊。我那三个儿子都已经去防守邺城了。一个儿子刚刚捎来一封信,信中说我那另外两个儿子都已经战死了。您看,这是他刚捎来的信。活着的苟且偷生,死去的就再也没有了。我可怜的儿啊!……(悲惨的哭泣令人断肠)

吏1　那你的老头子呢,快叫他滚出来。

老妪　唉！我那老伴儿,命薄,两年前就死了。造孽啊！我真是命苦啊。(更悲惨地哭泣)

吏2　你家就真的没有其他的人了吗？快交出来！

老妪　家里再没有人了。

(传来幼儿受惊吓的哭声,手捂不住)

吏1、2　(同时地)你个死老太婆竟敢撒谎？不是有个孩子哭吗？

老妪　(迫不得已)家里只有一个还在吃奶的孙子,因为他还小,所以孩子他娘就没有改嫁。可怜我那瘦弱的儿媳妇,衣服破破烂烂,没脸见人啊。我的命可真苦啊,为何老天爷要这样对待我这把老骨头啊……

旁白　说到这儿,老妪伤心欲绝地抽泣了起来。

吏2　既然你家没有其他人了,那就叫你儿媳妇跟我们走吧！

老妪　(跪下)千万不要啊,两位官爷,我的孙子还小,你们把他娘带走了,他可怎么活啊。就让我跟你们走吧,我虽已年迈力衰,但是还能为大家洗衣做饭。你们赶快带我走吧,去早了,还能赶得上做早饭呢。

旁白　伴着老妪的声声哀求,两位官吏架着老妪急匆匆地走了。一个原本完整的家庭,一而再,再而三地遭受灾难,就这样被彻底摧毁了。过了许久,老翁闻家中已无动静,便急忙跑了回来。看见满院凄凉的情景,黯然泪下,伤心地抱头痛哭……夜渐渐深了,周围万籁俱寂,一阵阵微弱的哭泣声为静夜平添了几分悲凉,久久地在漆黑的夜空中回荡。

(换背景画)

旁白　天渐渐亮了,灰蒙蒙,死沉沉。杜甫怀着沉痛的心情在老翁的陪同下走出门外,他紧紧地握住老翁的双手,两人泪眼相对,不能言语。老翁悲痛欲绝,透过模糊的视线,目送杜甫渐渐远去的背影。

　　　　灰蒙蒙的天下起了细雨,杜甫走在泥泞的道路上,任凭风吹雨打。他抬头遥望远方,感到一切都显得那么渺茫,他的前途将会怎样？等待老妪的命运又将怎样？大唐胜利的希望在何方？他不敢想像！伴着乌鸦的哀鸣,悲哀笼罩了一切……

(全体参加表演的同学都走上讲台,背靠背景画,伴着音乐的哀怨,齐诵《石壕吏》,课本剧表演结束。)

3. 谈观后感,理解捉人意蕴

(1)学生观众谈感受。

(2)学生演员谈感受。

(3)教师谈感受并小结。

【活动效果】

　　这次活动达到了预期的目标。培养了学生自主、合作、探究的学习习惯和精神,真正体现了新课程的理念——以学生为本。学生的能力得到了培养,学生的性情得到了陶冶。这些从同学们和参与活动的老师的哭声和掌声中得到了证明。此课获深圳市西丽二中课改"三优"联评(优秀课例、优秀案例、优秀论文)优秀课一等奖。

【活动评价】

本次活动顺应课改新理念——以学生为本的思想。活动设计体现了教师观念的巨大转变,相信我们的学生一定行,放手让学生自主去做,凸显了学生的主体地位。教师在整个活动中既是组织者,同时又是参与者。活动的设计也较好地体现了新课程标准教学目标的三个维度。

【相关链接】

二胡独奏曲《江河水》。

【教材定位】

人教版语文八年级上册《杜甫诗三首》之《石壕吏》。

(深圳市西丽二中　李贵明)

智 杀 两 狼

【活动目的】
　　通过创造性的阅读来理解部分重要的文言实词（如"苫蔽"、"丘"、"倚"、"弛"、"股"、"尻"等）以及文章基本内容，揣摩人物思想感情，并在学习活动中获得富有个性的独特感受。

【活动准备】
　　1. 奋起抗争（看图改错）

　　（1）画一如山丘似的柴草堆。
　　（2）画一壮屠户略前倾，作飞走状；长辫子，粗衣，腰布带；右徒手作握刀状。
　　（3）画一扁担和两个筐子。
　　（4）画一屠刀。
　　（5）画两只强壮的饿狼。
　　以上各人、物画要注意大小比例，以便于在教学活动中拼凑时给学生以真切的感受。如有条件，可以制成课件（此课件本人已上传 http://www.k12.com.cn）。在"活动过程"中有示例图画组合。
　　2. 狼语对话（课本剧）
　　（1）课前，在学生弄懂文章大意的前提下，请学生思考：为了吃掉屠户，两只狼既有分工也有合作，在屠户和狼相持不下的时候，它们一定说了些什么。你能和同桌一起把狼语翻译出来吗?
    (2) 和同桌一起写"狼语对话"的课本短剧。
    (3) 和同桌一起排练,准备表演。
    (4) 准备两只狼的头饰,头饰要能突出狼的凶残与狡诈。
  3. 智杀两狼(现导现演课本剧)
    (1) 纸制刀具两把,其中一把为剔骨尖刀,一把为砍骨用刀。
    (2) 两只狼的头饰(同前)。

【活动过程】
  1. 奋起抗争(看图改错)
    导入语:看来,屠户一味地迁就退让,只有死路一条。要想求得生存,只有拿起屠刀,奋起抗争!现在,让我们齐读课文第三段。(读后)请看大屏幕——
    教师出示幻灯片1——屠户挑着担子,向一柴草堆作奔跑状。草堆出示下半部分,与屠户相比,略矮。

    问:图中有什么明显的错误吗?
    生:(讨论后)草堆太矮了……
    问:你从文中哪个地方找到了依据?
    生:(讨论后)"苫蔽成丘"的"丘","丘"是小山的意思,说明草堆很高,很大。
    师适时升起草堆,高大状,并结合图片讲解"苫蔽"的意思。

    问:屠户为什么要选择这样一个"高大"的柴草堆呢?
    生:(讨论后)占据有利的地势,是取得胜利的保证……
    教师出示幻灯片2——屠户荷担面向草堆贴近而立。
    问:这样符合文章的原意吗?请指出来,并说明理由。
    生:(讨论后)有三个错误(顺序不限)——(1) 屠户应该背靠柴草堆,原文"奔倚其下"的"倚"是靠的意思。(2) 屠户应该放下担子,原文"弛担"就是卸下担子的意思。

(3) 屠户应该拿起屠刀,原文中说的是"持刀"。
　　教师根据学生指出的错误顺序变换幻灯片——屠户转身,放下担子,拿起屠刀。

　　教师在操作的同时按照学生指出的顺序提出以下问题:
　　问:屠户为什么要背靠柴草堆而立?
　　生:这样可以避免腹背受敌……原文有"恐前后受其敌"。
　　问:屠户为什么会放下担子?
　　生:轻装上阵,才能保证战斗的胜利……
　　问:担子放地下,在搏斗中踩坏了岂不可惜?
　　生:此时当顾全大局,分清孰轻孰重……
　2. 狼语对话(课本剧)
　　导入语:(读第四段后)为了吃掉屠户,两只狼既有分工也有合作,在屠户和狼相持不下的时候,它们一定说了些什么。你能和同桌一起把狼语翻译出来吗?
　　请学生上场,给他(她)们分别带上狼的头饰道具。可以请1~2组学生表演。以下是学生表演可能出现的情景:
　　狼甲:(眼睛盯着屠户,做害怕状)这个家伙够肥的,可是他手上的刀太可怕了。大哥,咱们还是回去吧。
　　狼乙:(瞪眼,做凶狠状)不行!咱们跟了这么久,要是回去岂不便宜了这小子?
　　狼甲:(转眼,做狡猾状)那……大哥,你在这盯着,我回去请几个弟兄来帮帮忙。
　　狼乙:(瞪眼,做凶狠状)不行!那到时候分屠户肉的时候,我们不是少了很多吗?你怎么比上次咱们吃掉的那头猪还蠢呢!
　　狼甲:(点头,着急)那……那该怎么办呢,大哥?

狼乙：(左右走动,捋胡须,眼睛始终盯着屠户,冷笑)我有办法了！嘿嘿！

狼甲：(迷惑不解)大哥,你不会让兄弟我跟他硬拼吧？(带着哭腔)大哥,咱们可是亲兄弟呀！大哥,我还年轻啊！

狼乙：(瞪眼)你叫什么叫！你这个蠢猪！你简直是咱们中华狼族的败类！(示意狼甲侧耳过来,低声)大哥我想了一个万全之策……嘿嘿……

狼甲：大哥别卖关子了！

狼乙：(眼睛死盯着屠户,低声)咱们来个明修栈道,暗渡陈仓……

狼甲：(拍马屁)我就知道大哥聪明过狼！

狼乙：(低声)待会,大哥我绕到柴草堆背后,你就在屠户前面……

狼甲：(又紧张起来,大声)大哥,你不能扔下兄弟我不管啊！

狼乙：(瞪眼,低声而凶狠)别那么大声！待会叫屠户听见,咱们可就前功尽弃了！你这个蠢猪！(咬耳朵)我绕到柴草堆背后,从屠户后面打洞,你就在前面给我盯着,别让这小子跑了……你要设法使屠户放松警惕,好让我从后面得手,然后,(双手做包抄状)咱们来个前后夹击！嘿嘿……

狼甲：(伸出大拇指)高！大哥果然高明！

狼乙：(得意地)兄弟,跟大哥我学着点。

狼甲：(转眼睛)那我就像狗一样坐在屠户的前面,而且还假装睡觉。嘿嘿,大哥,我聪明吧？

狼乙：聪明你个狼头啊！你可千万不能真睡着了,老子的身家性命可就全看你的了！要是没看好屠户,看我不要你的狗命！

狼甲：(拍胸脯)大哥放心！你还信不过兄弟我吗？

狼乙：(转身欲去)

狼甲：(慌忙拉住狼乙,不信任)大哥,你可千万不能自个走了呀！

狼乙：(甩手,不耐烦,凶狠)你小子可不能坏了我的大事！(转身欲去)

狼甲：(又慌忙拉住狼乙)大哥,到时事成之后,让我多吃点肉吧,刚才跟在屠户后面,尽啃一些猪骨头……

狼乙：(瞪眼,凶狠)少啰嗦！一切按照"按劳取酬"的规矩,我打洞最辛苦,到时——你吃骨头我吃肉！OK？

(狼甲无可奈何,狼乙离去。)

3. 智杀两狼(现导现演课本剧)

导入语：(读第四段后)屠户在洞察了狼贪婪凶残的本质之后,果断地作出了抉择。他勇敢机智,以少胜多,最终刀劈两狼,大获全胜。现在我们想请三位同学上台表演一下,其余的同学就和老师一起当一回导演吧,三位演员在尊重导演意见的同时,可以创造性地表演。

师：这么多同学愿意为大家表演,各位导演,我们一起来挑选一下演员吧。

生：屠户应该选一个身材高大的同学。

三位演员上场,二人戴上狼的头饰。

师：屠户该怎么造型呢？

生：(七嘴八舌)袖子应该挽起来;露出肌肉表示有力量;还应该有刀……

师：（拿出预先准备好的刀具）各位导演，请为演员选刀！

生：（讨论后）选砍骨大刀，因为这样才能"劈"。

师：（出示图片）看，这是原来课本中关于本文的插图，这个插图中的"刀"有什么问题没有？

生：（讨论）这是一把剔骨尖刀，只能是"刺"，和文中的"劈"不相符。

师：同学们真不简单！居然能敢于怀疑，挑战权威，纠正错误。

演员就位，教师幽默地强调安全问题。

两"狼"一前一后。"屠户"一跃而起，以刀劈前"狼"首。前"狼"可能会大叫。

师：（示意"屠户"及前"狼"动作定格）为什么屠户要劈狼的脑袋呢？

生：（讨论）打蛇要打七寸，杀狼要杀狼头。这样才能一刀毙命。

师：各位导演，屠户以刀劈"狼"首之时，"狼"该如何表演呢？

生：（讨论后）"狼"不能惨叫，因为屠户力气大，下刀狠，而且准。况且，惨叫还会惊动柴草堆后面的狼。

"屠户"擦擦汗，正准备走，忽然停下，做警惕状，环顾四周，自言自语道："奇怪，这只狼怎么无缘无故坐在我面前呢？而且还这么乖……不对，这事太蹊跷了！""屠户"马上转身到讲桌后面。一"狼"露出屁股和大腿。

"屠户"手起刀落。

师：（又示意"屠户"及后"狼"动作定格）各位导演，他砍得对不对？

生：（讨论后，作出判断）要砍在大腿上，因为"屠自后断其股"中的"股"是大腿，而"止露尻尾"的"尻"是屁股的意思。

师：屠户为什么要砍狼的大腿呢？

生：（讨论后）砍断大腿，能使狼失去行动的能力，这样更利于战斗的胜利。这说明屠户在战斗时沉着冷静，有勇有谋，这是他取得最后胜利的根本原因。

"屠户"对着"狼"腿，手起刀落。"狼"惨叫，屠户又数刀毙之，"狼"惨叫声渐小而至于无。

【活动效果】

活动中，学生群情激昂，踊跃参与。他们全心投入，在"御狼"、"杀狼"过程中，他们认识了狼（或像狼一样的坏人）狡诈凶残的本质，并且深深体会到了屠户的勇敢与机智。同时，他们也懂得了这样的一个道理：对待像狼一样的恶人，要悉心洞察，观其本质，敢于斗争，善于斗争。

在活动中,学生们学习古诗文的兴趣和信心得到了很大的提升,他们很轻松地掌握了许多文言实词,并理解了文意。结合感情朗读,达到"当堂成诵"是一件非常容易的事情。

【活动评价】

整体考虑了"三维目标"的综合。本活动在引导学生揣摩人物思想感情并获得富有个性的独特感受的同时,充分体现了课程改革目标最"刚性"的一面——知识的积累与能力的提高,而这一目标的实现又是在学习活动过程中完成的。

倡导并真正落实了自主合作探究的古诗文学习方式。师生的互动体现了"以生为本"的教学理念。无论是"看图改错"还是课堂表演,无论是课前准备还是现导现演的课本剧,学生都是在一种轻松的阅读环境中体验到成功的快乐的。

课堂活动设计新颖。有创意的活动才能引导学生进行有创意的阅读。这样的设计,深入浅出,使学生在创造性的阅读中既理解了重要的文言实词以及文章基本内容,又培养了学生学习兴趣,继而提高了学生的文学欣赏品位和审美情趣。

【教材定位】

人教版语文七年级下册第三十课《狼》。

(深圳市南山外国语学校　钟焕斌)

狼 和 小 羊

【活动目的】

1. 把活动引入课堂,改变传统的照本宣科教学模式,探求文言文教学。活动中教师与学生一道进行自主、合作、探究学习,互相学习共同提高,将阅读、写作、口语交际、综合性学习熔为一炉,提高学生学习语文的综合能力。

2. 通过课本剧演出,加深对课文《狼》一文内容的理解和主题的把握,拓展思维空间、学习空间和提高语言表达、知识迁移运用的能力,提升学生语文的综合素质。

【活动准备】

1. 师生共同探讨创作出根据《狼》改编成的课本剧《狼和小羊》,学生根据自愿的原则出演剧中角色并排练。

2. 准备演出需要的服装和道具:面具、草垛等。道具材料:厚纸皮、细铁丝、竹竿或木棍、绘画色料。先用细铁丝、竹竿搭起架子,再钉上纸皮,最后绘画。

【活动过程】

  幕起。

  春日融融,香风吹拂。山坡草地上百花盛开,溪流潺潺。众小羊吃草、嬉戏、舞蹈。一片快乐、祥和的气氛。羊妈妈推着小车,在音乐声中上。

妈妈 为了庆祝申奥成功,我们森林镇今晚要举办一个"百兽音乐派对"。"办奥运扬国威","羊"家责无旁贷,我家主动请缨承办了这个"百兽音乐派对"。今天下午我和孩子们来布置会场。哎,这些孩子!总是慢吞吞的。(向里喊)小白、小黑,你们快点儿来呀。

白黑 (内应)来啦。

  音乐中,小白、小黑两人抬水桶,小花抱两只烛台上。

妈妈 孩子们,为了万无一失,清点一下礼物,快把它们摆放整齐。

白黑 好的。

白黑 给大象叔叔的香蕉两箱;给猴伯伯的水蜜桃两盒;给虎大爷的骨头100磅;给白兔姑姑的胡萝卜两箩……妈妈,礼物都齐了。

妈妈 好。(跟白黑整理礼物)小花,把烛台拿过来。

小花 好。(把两只又红又粗的烛台递给妈妈。)

妈妈 别忘了火柴。

小花 我一直把它装在我的口袋里。

妈妈　真是一个细心的孩子。(望了望摆放整齐的礼物,脸上露出满意的微笑)孩子们,现在我们把彩带挂起来。(说完,动手挂彩带。)

白黑花　(欣赏着,拍着手)彩带好漂亮,彩带好漂亮!

妈妈　我们现在把节目排练一下好不好?

白黑花　好。(《骑骏马》音乐声起。)

　　暮色苍茫。羊妈妈一家沉浸在欢歌笑语之中。大灰狼兄弟探出脑袋,四下观望,鬼鬼祟祟地上。

狼甲　我是大灰狼,说谎是拿手戏,行骗是老本行。遇到小兔拐,见了小羊就诓。名声不太好,形象不咋样。我们这个家族名声在外,没有口碑。这都是童话故事惹的祸。什么"小红帽和狼外婆",什么"小白兔和大灰狼"……这些作品把我们的光辉形象糟蹋得不成样子。这都是我们这个种族智商高,手段灵活招惹来的妒忌。哼,我真想告他们一个侵犯名誉罪。

狼乙　(讨好地)郁闷!郁闷!郁闷!

狼甲　今天时代进步了,人们也开明了一点点,开始改变对我们的偏见和仇视。《我是一匹来自北方的狼》歌手们传唱着,"七匹狼"品牌男士们穿着。但是还有一些人依然顽固不化。这不,今晚森林镇举行"百兽音乐派对",羊妈妈一家就是听了不实之词,居然没有给我发请帖。我的尊严受到了漠视,我的自尊受到了伤害。(恼羞成怒状)

狼乙　(夸张地)晕!晕!晕!

狼甲　(装模作样)我可不跟他们一般见识。我不请自来,犒劳犒劳自己,让自己快活快活。

狼乙　(不怀好意地)哇噻!哇噻!

狼甲乙　哈哈……

　　两灰狼得意忘形,笑声惊动了羊妈妈一家。见到羊妈妈一家在窗前,两狼对视。狼甲做了一个撤退的手势。

狼乙　闪!闪!

小白　(惊恐地)妈妈!狼的声音!

小黑　(惊恐地)妈妈,狼来了!

小花　(惊慌地跑到妈妈的怀里)我怕,我怕。

妈妈　(走到窗前,向外望望,转身)孩子们,是狼来了。

小白　大灰狼好可怕啊。

小黑　大灰狼会吃掉我们吗?

妈妈　来者不善,善者不来。

小花　我们怎么办呢?

白黑　(急切地)我们跟他们拼了!

妈妈　我们需要胆量而不是蛮干,蛮干只能加重灾难。(平静地)想办法先把他们稳住。

　　(妈妈把小白、小花、小黑揽在怀里,耳语,大家点头。之后,白黑花把刚才整理好的礼物向狼一件件抛去。)

狼甲　（捡物，看看，闻闻）是个烂香蕉，这是大笨象吃的。去你的吧！（扔掉）
狼乙　（捡物，看看，闻闻，不以为然）这个烂桃子，是傻猴子吃的，哼，谁稀罕！（扔掉）
妈妈　再把骨头扔给他们。（白黑花向外扔骨头，两狼抢。）
狼甲　（捡起一块骨头，欣喜状）这还差不多。
狼乙　（边啃边说）终于闻到一点腥味了。
白黑花　（惊慌地）妈妈，骨头没有了，怎么办？
妈妈　（看了看大家，语重心长地）要沉着，要冷静。惊慌堵塞胜利的道路，智慧开启希望之门。面包会有的。（指一指窗外的草垛，耳语，大家向草垛靠拢。）
狼甲　（不满地）骨头比钻石还硬，啃这骨头简直是浪费时间。
狼乙　（不满地）比玉石还光光，啃这骨头简直是浪费口水。
狼甲　（气愤地）想用几块烂骨头就打发我们，没用。
狼乙　（恼火地）想用几块烂骨头就打发我们，没门。
狼甲　干脆一不做二不休，趁现在没人，我们给自己开个满汉大席。
狼乙　大佬英明，小弟坚决照办。
　　　（两狼凑近，耳语。狼甲用手指了指草垛后，做两手包抄状。狼乙离开，狼甲坐在羊妈妈对面佯寐。）
小黑　（见狼睡觉惊喜地）妈妈，狼睡了，狼睡了。
小白　（拍手）狼睡了！狼睡了！
妈妈　孩子们，狼可以暂时闭上眼睛，但永远不会休息牙齿。孩子们，考验我们的时刻到来了。
　　　（妈妈与孩子们一起商量对策。《小猪与大灰狼》音乐声起。大家一起跳起快乐的舞蹈。）
　　　狼甲听见音乐声，慢慢睁开眼睛，不由得也手舞足蹈起来。趁他不防，妈妈边舞蹈边将水桶扣在他的头上。狼甲想反抗，黑花连忙用绳子把他捆住。羊妈妈用手指了指草垛后面，小白小黑小花迅速朝草垛后包抄过去。此时，狼乙已经钻入草垛中。
妈妈　快拿火柴来，用火攻。
小花　好。（把火柴递给妈妈。）
　　　烟雾弥漫。一阵咳嗽声过后，狼乙被黑白花捆绑着从草垛后走出。
小白　（欢呼）狼被我们打败了！
小黑　（欢呼）我们胜利了！
妈妈　（欣慰而坚定地）狐狸再狡猾也逃不过好猎手！
小花　妈妈，这两只狼怎么处置？
妈妈　把他们交给动物协会，让他们来处理吧。（两只狼耷拉着脑袋，像泄了气的皮球，瘫痪在地。）孩子们，我们赶快动手，重新布置会场，客人马上就要来了。
白黑花　好。
　　　华灯初上，彩带飘飘。在悠扬的音乐声中，羊妈妈一家进行晚会前的准备，远处传来了客人的欢声笑语。

【活动效果与评价】

　　2002年春,南山区第四届科技节隆重举行,其中有一比赛项目叫"有弱点的结构"。比赛要求用文艺手段来表现。既要反映结构的弱点,又要有剧情。草垛可以御敌,但难防火攻,是一"有弱点的结构"。于是我们根据蒲松龄《狼》的内容编制情节,创作出了剧本。此剧参加全区比赛获得金奖的第一名。我们将此剧保留下来,在《狼》教学中,将其引入课堂,深受学生欢迎。

　　通过课本剧演出,加深了学生对课文《狼》一文内容的理解和主题的把握,拓展了思维空间、学习空间,提高了语言表达、知识运用的能力,激发了他们学习语文的兴趣。

【教材定位】

　　人教版语文七年级下册第三十课《狼》。

(深圳市蛇口中学　王爱玲)

古诗竞猜赛

【活动目的】

1. 在古诗竞猜的活动中,提高学生学习古诗的兴趣和课堂参与的热情,引导学生在活动中得到学习古诗的乐趣。

2. 增强学生对古诗名句的理解,并提高学生的欣赏品位和审美情趣。

3. 丰富学生语言的积累,引导学生正确理解和运用古诗词,锻炼学生的口语交际能力,让其学会正确表达与聆听,同时学会客观评价他人。

【活动准备】

1. 学生准备:诵读古诗,以八年级教材为主。自主组合为四个小组,每组要给自己起一个新颖的名字。选出一名电脑操作员,一名主持人。

2. 教师准备:制作课件,准备抢答器、麦克风、答题板。

【活动过程】

老师:这几天同学们古诗背得很辛苦,有同学跟我说,老师,这古诗太枯燥无味了。其实,古诗中有许多有意思的东西,更有许多的知识,今天我们通过古诗竞猜赛的形式,来进一步领略一下古诗的博大精深。希望同学们能结合你掌握的古诗词,积极参与。

请各组组长将自己组的组名(锵锵七人队,小蜜蜂队,湖人队,深蓝队)写在黑板上,有请今天比赛的电脑操作员同学,主持人同学。

主持人:我宣布"诗海泛舟——古诗竞猜赛"现在开始。首先我来宣读比赛规则:比赛分为必答题和抢答题两个部分,必答题共两组,八题,序号分别是 ABCDEFGH,每小组答两题,每题 10 分,答对者加 10 分,答错者不扣分;抢答题共 13 道,每题 10 分,答对者加 10 分,答错者扣 10 分。希望同学们积极应战,发挥水平,争取胜利。

首先进入必答题阶段,这一组必答题是请同学们写出下列诗句的出处和作者。

(此组题目旨在考查学生对古诗出处及作者的掌握,难度相对较低,属于热身题,也可同时调动学生参与热情。)

首先请"锵锵七人队"同学听题:

杨花落尽子规啼,闻道龙标过五溪。

我寄愁心与明月,随君直到夜郎西。

问:出自于哪位诗人的哪首诗?

答:《闻王昌龄左迁龙标遥有此寄》,李白。

主持人:同学回答得非常流利,对不对呢?大家看大屏幕,请电脑操作员出示正确答案。

　　主持人：回答正确,加10分。(掌声响起。)下面请小蜜蜂队同学听题。

　　海日生残夜,江春入旧年。

　　乡书何处达?归雁洛阳边。

　　问：出自于哪位诗人的哪首诗?

　　答：王湾《次北固山下》。

　　主持人：这位同学回答得也非常迅速,那我们来看看正确答案和他说的是否一样。

　　电脑操作员出示正确答案。

　　主持人：回答正确,加10分。(掌声再次响起。)

　　接下来请湖人队同学听题：

　　感时花溅泪,恨别鸟惊心。

　　烽火连三月,家书抵万金。

　　问：出自于哪位诗人的哪首诗?

　　答：杜甫《春望》。

　　主持人：同学们,他们回答得正确吗?(同学异口同声地回答：正确。)

　　电脑操作员出示正确答案。

　　主持人：非常正确,给湖人队加10分。

　　主持人：请最后一组深蓝队同学听题：

　　会当凌绝顶,一览众山小。

　　问：出自于哪位诗人的哪首诗?

　　答：《望岳》,杜甫。

　　电脑操作员出示正确答案。

　　主持人：回答得也非常正确,同样给深蓝队加10分。

　　主持人：第一组必答题结束了,我们来看一下各组得分,他们都是110分,恭喜他们。第二组必答题是笔答题,请根据所给诗句,写出上句或下句。

　　(这一环节的设置主要是考查学生对古诗的记诵、积累及呈现,关注学生书写的正确、整洁,激发其写字的积极性。)

　　主持人：请每组派一个代表到答题板前来,请先选题。

　　各组代表上台选题,并做好答题准备。

　　主持人：我们看到了锵锵七人队选的是E组题,小蜜蜂队选的是B组题,湖人队选的是A组题,深蓝队选的则是D组题,好!请各组代表看大屏幕。

　　A组：沉舟侧畔千帆过,(　　　　　　　)

　　B组：惶恐滩头说惶恐,(　　　　　　　)

　　D组：但愿人长久,(　　　　　　　)

　　E组：人有悲欢离合,(　　　　　　　)

　　(3分钟过去了)好,我们看各组同学都已经写完了,那么对不对呢,我们请同学进行点评。

　　生甲：锵锵七人队写对了,就是字写得不是特别漂亮,不像湖人队内容写得正确,字也特别潇洒!(有掌声,有笑声)

主持人：看来这位同学得回去练一练字了。谁来接着评判？

生乙：小蜜蜂队、湖人队、深蓝队三组同学句子都写对了，但是小蜜蜂队写的"婵娟"的婵字错了。

主持人：你的眼睛真厉害，看来小蜜蜂队在这轮比赛中就不能得分了，很遗憾，不过没关系，更多的机会在后面等着你们，因为我们马上进入抢答题阶段。我再一次重申一下抢答题的比赛规则：抢答题共13道，每题10分，答对者加10分，答错者扣10分。请各组选手一定要认真听题，果断决定。

（此环节旨在进一步激发学生的课堂参与热情，学会倾听，敢于表达，考查学生对古诗的理解与运用，丰富其文化内涵，提高学生的欣赏品位和审美情趣。同时丰富学生语言的积累。）

主持人：下面进入抢答题部分，请根据下列诗句，猜猜诗中描写的是哪个季节。请各组同学准备好抢答器。请听第一题：碧玉妆成一树高，万条垂下绿丝绦——（未说开始，深蓝队的抢答器响起。）

主持人：对不起，深蓝队同学一定是对这道题有十足的把握，才会如此心急，但是很遗憾，我们请同学们自由回答这道题吧！

（有许多同学举手，其中一个站起来答"是春天"赢得了掌声。）

主持人：请听第二题：乱花渐欲迷人眼，浅草才能没马蹄。描写的是哪个季节，开始！

（又是深蓝队。）

深蓝队队员：是春天，早春，这是白居易的《钱塘湖春行》。

主持人：回答得非常精彩，加20分。请听第三题：忽如一夜春风来，千树万树梨花开。描写的是哪个季节，开始！

（小蜜蜂队抢答器响起。）

主持人：有请小蜜蜂队队员。

小蜜蜂队队员：是冬天，作者用梨花比喻树上的白雪。

主持人：回答正确，加20分。

请听第四题：荷叶罗裙一色裁，芙蓉向脸两边开。描写的是哪个季节，开始！

湖人队队员：是春天。（同学们开始议论纷纷。）

主持人：他的回答正确吗？我们请老师来评判。

老师：芙蓉又称荷花，一般情况下开在夏天。

主持人：那么湖人队就不能加分，相反还要扣10分，真的很遗憾，不过别气馁，因为我们还有四道题，也请锵锵七人队同学别谦虚，注意把握机会。好，现在请听第五题：遥知兄弟登高处，遍插茱萸少一人。描写的是哪个季节，开始！

锵锵七人队队员：秋天，因为这两句诗描写的是重阳节，九月九日，是秋天。

主持人：回答正确，加20分。请听第六题：渭城朝雨浥轻尘，客舍青青柳色新。描写的是哪个季节，开始！

（抢答器响起）又是深蓝队，有请深蓝队。

深蓝队队员：是春天，从"柳色新"的"新"字就可以看出。

主持人：回答正确，加20分。请听第七题：杨花落尽子规啼，闻道龙标过五溪。描写的是哪个季节,开始!

小蜜蜂队队员:"杨花落尽"是晚春。

主持人:回答正确,加20分。请听第八题:窗含西岭千秋雪,门泊东吴万里船。(未说开始小蜜蜂队的抢答器响起。)

主持人:对不起,很遗憾,我们请同学们自由回答这道题吧!

同学举手:是冬天。

主持人:这位同学回答得非常好,请用掌声鼓励一下。接下来的抢答题所问的角度有些变化。请根据下列诗句,猜猜诗中描写的是哪种事物。请听第一题:飒飒西风满院栽,蕊寒香冷蝶难来。他年我若为青帝,报与桃花一处开。开始!

湖人队:是菊花。

主持人:回答得非常正确,加20分。请听第二题:千锤万凿出深山,烈火焚烧若等闲。粉身碎骨浑不怕,要留清白在人间。描写的是哪种事物,开始!

锵锵七人队:是石灰,这首诗的题目就叫《石灰吟》。

主持人:回答正确,加20分。请根据下列诗句,猜猜诗中所涉及的人物典故。请听第一题:此地别燕丹,壮士发冲冠。昔日人已没,今日水犹寒。

深蓝队:是荆轲刺秦。

(掌声响起。)

主持人:同学们的掌声告诉我们他们的回答是正确的。现在比赛已经进入最后一道题,请各组队员注意把握机会,请听题:功盖三分国,名成八阵图。江流石不转,遗恨失吞吴。描写的是哪个人物?开始!

(抢答器响起。)

主持人:最后的机会又被深蓝队的同学拿到了。请深蓝队回答。

深蓝队:是诸葛亮,诸葛孔明。

(全场掌声响起。)

主持人:深蓝队的同学用他们精彩的回答为今天的比赛画上了完满的句号,更宣告了他们的胜利。今天的冠军队是——深蓝队。让我们用掌声向他们致敬。当然其他队的表现也非常精彩,也非常值得我们学习。我们请老师给我们做结束语。

老师:今天同学们的表现非常精彩,你们不但用自己丰富的学识为自己的小组出了一份力,而且也充分展示了你们的风采。我想经过了今天的比赛,同学们一定对我国古代灿烂的诗歌文化产生了深厚的兴趣。多加诵读,你一定可以跨越时空和伟大的诗人们有心灵上的契合。希望同学们在今后的学习过程中,取得更好的成绩。

【活动效果与评价】

"读古诗词,有意识地在积累、感悟和运用中,提高自己的欣赏品位和审美情趣。"这是课程标准"阅读"第十一条中指出的。这节活动课也是基于此点考虑设计的,从课堂效果上看提高了学生学习古诗的兴趣,也提高了学生课堂参与的热情,增强了学生对古诗名句的理解,提高了学生的欣赏品位和审美情趣。

(北大附中深圳南山分校 吕燕)

家事、国事、天下事

【活动目的】
 1. 通过活动训练提高学生把文言文改写为课本剧的能力,同时加深对课文的理解。
 2. 学生通过合作表演课本剧,提高多方面的语文素养,激发学习语文的兴趣。

【活动准备】
 1. 教师印发本课的阅读辅导材料,安排布置编剧。
 (1) 让学生结合课文内容以及印发的有关课本剧编写的材料,要求学生单独或以小组为单位,根据课文内容编写剧本。
 (2) 初稿完成后,由学生逐层推选、教师评定产生最佳剧本。推选出来后,还可以组织学生成立一个小型编剧组,对这个最佳剧本进行再修改,修改时可吸取其他同学剧本中的长处。
 2. 学习活动小组自主排练准备,教师主动关心、鼓励、支持、指导。

【活动过程】
 主持人:经过一段时间紧张的编剧和充满激情的排练准备,课本剧"家事、国事、天下事"的汇演现在开始。让我们一起目睹两千多年前的美男子邹忌等人的风采吧!
 学生表演:
 (要求:1. 舞台布置及道具应从简,不能人为造成演出的难度。如文中的"镜子"可用课本代替。2. 人物对话的表演是重点,应掌握好语调、速度、节奏及停顿,最大限度地为突出人物性格、推动情节发展服务。)

【场景一】 家事
(邹忌宅中)
旁白:新的一天来临了。
(邹忌与妻起来伸伸懒腰,俩人走到镜前打扮。)
邹忌对着镜子(自言自语):我为什么总觉得比城北徐公逊色?眉毛不够浓?眼睛不够有神?还是问问娘子吧!娘子,过来一下。(招手示意)
妻:(走过来)什么事啊?
邹忌:我与城北徐公相比,谁更帅?
妻:相公,你看你长得风度翩翩,那脸多俊啊!徐公当然不能和你比。
旁白:此时,妾来了。
妻(赶忙走去开门):小妹,你来啦!快进来。
(妾拿着脸盆放在桌上。)

妻(把妾拉到一旁,偷偷地):相公又发神经了,等一下如果他问你,他与徐公谁比较帅,你一定要识相一点哦。

妾:这是当然的。(说完,来到桌子旁拧毛巾,并走向邹忌。)

邹忌:你来啦!(接过毛巾,擦了几下,又还给妾)我问你,我与徐公谁比较帅啊?

妾:徐公当然没你帅喽。

邹忌:(点点头)这么看来我还算不错嘛!好了,这里没你的事啦,你可以走了。

(妾把毛巾放入脸盆并端起它。)

妻:相公,我们得出去Shopping了。(说完,妻与妾走了。)

旁白:第二天,有客人来访。

丫环:老爷,外面有人找你。

(此时,邹忌又在打扮。)

邹忌:(放下镜子)是谁啊?请他进来。

客:(走进来)邹兄,幸会幸会!

邹忌:请坐,来人,上茶!你今天来有啥事?

客:没事,就是想跟你借几本书看看。(丫环来上茶。)

邹忌:哦!

客:邹兄今天看起来神采飞扬,满面春风,想必是遇到好事了吧!

邹忌:还好吧。我问你,我与徐公谁比较帅啊?

客:哪个徐公啊?

邹忌:就是城北的那个嘛!

客:哦,那个喔,他当然不及你帅咯!

邹忌:(高兴)我想也是。

客:喔!我得走了。(顺手从书桌上拿了几本书。)

邹忌:这么快啊!来人啊,送客!

客:我一看完就还你。

邹忌:Up to you。

客:谢谢邹兄!(然后溜了。)

旁白:第二天,徐公来了。

(徐公来到邹忌身旁。)

邹忌:哇!(惊诧,又揉揉眼睛)你是徐公?

徐公:正是在下!

邹忌:(打量了一下徐公,自言自语,并带唱腔)我左看右看,上看下看,原来我并没有比他潇洒,哎,真奇怪。(转过身)徐公,请坐。来人啊,上茶。

(徐公坐下,他发现邹忌一直看着他。)

徐公:听说邹兄的文章写得very good,慕名前来与你聊聊。

(徐公看了看邹忌,见他神情恍惚,若有所思。)

徐公:哎呀,邹兄今天有事啊,那我下次再来吧。

(邹忌吃了一惊,回过神来。)

邹忌:这么快啊?坐下来聊一会吧。(邹忌急忙挽留。)

徐公：不了，改天吧。反正咱们住得很近。

邹忌：也好，咱们后会有期。来人啊，送客。

旁白：徐公走后的晚上，邹忌开始冥思苦想。他想：我的妻妾客都说我比徐公帅，但今天我仔细看看他，我真的比不上他，可他们为什么都认为我更帅呢？

（此时邹忌踱来踱去，又坐在椅子上，手托着脸，双手换来换去。）

邹忌：（敲敲脑袋）喔！原来是这样！（唱）我想了又想，猜了又猜，原来别人的心思哎真奇怪——哎！真奇怪。（掏出口袋中的镜子，照了照，理理头）见齐王去。

【场景二】 国事

（御书房）

旁白：邹忌急急忙忙赶去见齐王，齐王在书房接见了他。

邹忌：快去禀告大王，说臣有事找他。

小李子：请稍等。（小李子跑进书房）大王，邹忌有事求见。

齐王：请他进来。

邹忌：（走进）大王万岁万岁万万岁。

齐王：邹爱卿平身。

邹忌：谢大王。

齐王：邹爱卿今天来有什么事？

邹忌：臣只是有件事想跟大王说。

齐王：说来听听。

邹忌：谢大王。我久闻城北徐公英俊无比，但一直无缘相见。我的妻妾客都说我比徐公帅，我对此也深信不疑，但是，哎！我昨天见了徐公后，才知道我根本就没他帅嘛！

齐王：你来就是为了告诉寡人这件事？

邹忌：当然不是。大王，您知道为什么我的妻妾客都说我比徐公帅吗？

齐王：（好奇地）Why？

邹忌：我的妻妾客都说我比徐公帅，还不是因为他们偏爱我，害怕我，有求于我，尽拍我马屁。

齐王：这与寡人有啥关系？

邹忌：昨晚我想了很久，其实大王您在朝中的地位和我在家中有许多相似之处。各位妃子都竭力讨好您，朝廷之中，四境之内的人都会因为这些原因而不敢向大王您提意见，看来，您受蒙蔽了。

齐王：嗯，说得有理。

邹忌：（起身向前走几步）大王您不如诏告天下，广泛采纳大家的意见，更好地治理国家。

（齐王若有所思）

邹忌：大王，您自己先琢磨一下，臣告退了。

齐王：小李子，送邹爱卿。（邹忌走后，齐王一直在思考这件事）

齐王：（片刻，似乎顿悟了什么，一手捶桌）小李子，笔墨伺候。

小李子：大王，您怎么不用Computer呢？那多方便啊！

齐王：我爱拿我的书法去"晒命"，让大伙欣赏欣赏一番嘛。

小李子：(自言自语)还不是没学好拼音,连智能 ABC 都没学会,又何况是五笔!(随后匿笑。)

齐王：在那愣着干啥呢?小心我抽你!

小李子：这就去……

(小李子拿了纸与笔墨给齐王。)

旁白：于是齐王提笔写下：群臣吏民能面刺寡人之过者,受上赏；上书谏寡人者,受中赏；能谤讥于市朝,闻寡人之耳者,受下赏。

(贴告示)一个人拿着锣在敲：有告示,有告示……奉天承运……

【场景三】 天下事

旁白：告示不久便见成效了！刚开始,大臣们仿佛参加高考般百万雄师过独木桥,将皇宫挤得像闹市一样,好不热闹。

旁白：有一回,齐王早朝后传邹忌入御书房,邹忌当时右眼跳,预示有不祥之事发生,所以他怀着忐忑不安的心蹑手蹑脚地进入御书房。

(御书房)

齐王：邹爱卿啊！真不晓得该赏你还是该抽你?！你让国家昌盛了不少,可是,我却忙得团团转。看,鱼尾纹都冒出了好多条,还有还有,现在我没有时间做运动,肚腩多了几圈,众妃子都在埋怨我身材走样了……

邹忌：Well,老孟都说过鱼和熊掌不可兼得。江山和美人孰重孰轻,您应该知道。为今之计,只有您多抽时间去做 gim 和 facial 咯！

(话刚落音,邹忌假装打喷嚏。)

邹忌：大王,不好了,娘子在家里叫唤我了,我再不回去,待会就要跪洗衣板咯。

(齐王还没反应过来,邹忌就一溜烟跑了。)

(宫廷外)

旁白：几个月后,只有几位口水多过茶的百姓还在叨叨不休。这不,又来了一位大娘……

旁白：大娘圆规似的盘腿坐在路旁,吆喝着要见齐王,正在和宫女玩得不亦乐乎的小李子不得不出来招待她。

小李子：(不屑一顾)怎么啦？你这婆娘有什么事要闹到皇宫来,吃饱了撑得！

大娘：(不甘示弱,以 80 分贝高嗓音破口大骂)与你何干？不就是一个太监！给我滚远点！

小李子：(见情况不妙,便使出自己的拿手好计——金装马屁精)这位可爱的女士,Can I help you? 我的 QQ 号是 709394,你可以随时 Q 我,我可能侃啦！

大娘：(大哭)俺相公和他的小蜜私奔了,丢下俺孤苦伶仃,你一定要告诉大王,让他制定婚姻法,俺要告他重婚罪……

小李子：(安慰)不哭不哭！正所谓旧的不去,新的不来。我帮你网上登征婚广告,你条件那么好,到时候你自个儿慢慢挑！

大娘：俺这真是出门遇贵人啊,可谓"临你涕零,不知所云"。

小李子：大家好才是真的好嘛！

(楚王宫殿上)

旁白：小李子回到宫廷里，正在和齐王谈论此"丰功伟绩"，盼获赏赐。

齐王：嗯，不错不错。你真的是我的左右手，现在我要赏你黄金50两和阿诗玛啦。

小李子：谢主隆恩！（随即大摇大摆地领取奖赏。）

旁白：瞧他那小样！

旁白：随着时间的推移，该说的谏言都说了，大伙也没什么废话可换取奖赏。邻居燕、赵、韩、魏在娱乐周刊中得知齐国的繁荣，都来取经。这样一来，齐王的地位又高了一级，高声哼唱关心妍的《我最强》。

【活动效果】

本次活动人人参与，人人得到实践的机会，较大程度地激发了学生的学习兴趣，使学生在轻松愉悦的气氛中加深了对课文的理解，完成了本课的学习。

【活动评价】

此类活动，刚开始老师可向学生提供一些参考资料，但逐渐的更多的则需要学生自己去寻找。其实学生读剧、写剧、演剧的过程也就是自觉学习的过程，既提高了自主学习的能力，又增强了团结合作意识。

【相关链接】

1．学生参考资料

怎样编写课本剧

（资料来源："湖南国讯网络教育"）

在开始戏剧单元的学习之前，我们对戏剧文学已经有所了解，在学过了戏剧单元之后，我们所学过的剧本可以说又是我们学编课本剧的现成范例。对于戏剧文学，我们要注意它的特点，并在我们编写课本剧时注意把握，即：

1．剧本的结构必须遵循空间和时间高度集中的原则。

2．剧本必须有集中、尖锐的矛盾冲突。

3．剧本主要靠人物用自己的语言和动作来表现自己的性格。

另外，编写课本剧之前，还必须清楚剧本的构成。剧本通常包括两个部分，一是剧作家的舞台提示，内容包括人物表、时间、地点布景、服装、道具以及人物台词的心理情绪、动作、上下场等；一是人物自身的台词，包括对白、独白、旁白等。

注意了以上这些，要开始编写课本剧就已经大致有底了。

编写剧本，主要以学过的小说、寓言作为材料，并且最好是选择那些情节较简单、人物关系也相对简单、篇幅也不是太长的课文，这样的课文比较适合舞台演出。材料处理既忠实于原文，又不拘泥于原文，可以适当地展开想像，进行再创造。对于情节复杂、人物较多的课文，可根据编剧需要，适当删减人物，删减对话。为表现人物性格，也可适当地增加细节，还可以不全部利用原文材料，挑选课文中的某一个场面来写等等。但所有这些处理，都是从剧本本身的特点出发的，尤其应注意时间、空间的高度集中及矛盾冲突的高度集中。

其次，要注意台词的动作性、性格化及口语化。剧本是用来表演的，剧中的人物说什么话时不可能像个木头人老站着不动，要配合动作，编写课本剧时就要充分考虑到这一点。剧中人物的性格，必须靠人物自己的语言来展现，而人物的语言是"说"出来的，不是朗读出来的，因而，要注意台词的性格化及口语化。人物语言的书面气息若是太浓,容易违背生活的真实。

第三,要注意用好舞台提示。安排好表演时的背景,演员应该穿什么样的服装,演员在表演时有什么样的表情,使用什么样的道具,这些,在课本剧中都应该有提示,便于演员表演。

2. 教师参考

(1) 蒋忠:《课本剧式教学的尝试——探索课堂教学改革的新模式》,http://www.lyjy.net

(2) 苏州教育资源网 http://www.szerc.com

(3) 中国博客网 http://www.blogcn.com

(4) 中学语文时空 http://www2.dhxx.net.cn

【教材定位】

人教版语文九年级下册第六单元第二十二课《邹忌讽齐王纳谏》。

(深圳市荔香中学　王芳若)

中国作品

那一刻,我们俯视人类

案例1　那一刻,我们俯视人类

【活动目的】
　　1. 再现斑羚飞渡那令人震撼的一幕,体会其中的大智大勇。
　　2. 强化心理描写。
　　3. 促发对人类行为的反思。

【活动准备】
　　1. 教师指导改编课本剧,强调揣摩当时斑羚们复杂多变的心理。
　　2. 学生自行改编课文,自愿报名扮演头羊、几只老斑羚、几只年轻斑羚、母斑羚、小斑羚以及猎人甲和乙。
　　3. 学生自行绘制几幅图画作为布景。

【活动过程】

第一幕

　　[场景]松树下,险峰旁。
　　母斑羚甲:(作沉思状)
　　小斑羚:妈妈,您想什么呢?
　　母斑羚甲:(语调悠长地)孩子,妈妈在想当年我们在这伤心崖上惊心动魄的一幕。
　　小斑羚:妈妈,那是个怎样的故事?讲给我听听吧!
　　母斑羚甲:好,也是该把这个故事讲给你听的时候了。孩子,那是一件真实的事。你要好好听着,并且记住:斑羚比人类伟大得多,你要永远以身为一只斑羚而骄傲。
　　小斑羚:我记住了,妈妈,您就快讲给我听吧!
　　母斑羚甲:那一年,我们这个种群被一群可恶的猎人逼到伤心崖上。孩子,你看这伤心崖多么陡峭啊!这里到对面的山峰间相隔六米,下面是深不见底的山涧。可是你知道,我们斑羚家族中的跳远记录保持者也不过能跳五米而已啊。那时候后有追兵,前无去路,我们整个种群眼看就要遭受灭顶之灾。
　　小斑羚:(吓得紧紧抱住了妈妈)啊!

第二幕

　　[场景]两座笔削一般的山峰耸立着。

猎人们：哈！看你们还能往哪儿跑！（观察一番后得意地）这伤心崖今日就是你们的伤心地！看这陡峭的山崖，看这深深的山涧，你们插翅难逃啦！

[背景音]猎狗的狂吠中夹杂着斑羚的悲鸣。

老斑羚们：（七嘴八舌地）怎么办？怎么办啊！天呐！谁来救我们啊！

小斑羚们：（七嘴八舌地）完了！完了！啊！狗的声音好可怕！我们真的要一起死在这里了吗！哦！

一老斑羚：我不能在这里等死！我要跳过去！

众斑羚：不行！不行！我们斑羚是跳不过这么远的距离的！

老斑羚：可是还有别的办法吗？我一定要试一试！我当年曾跳过五米的距离，今天我要拼死一跳！（作助跑、跳跃状）啊——！

众斑羚：啊！（畏惧地向后缩去，渐渐安静下来，所有的目光都投向了头羊。）

头 羊：（来回巡视了一番，无奈地摇头）这一次，我也没有任何办法。同胞们，我们真的已陷入绝境！

众斑羚：（恐慌地）啊！啊！可怜的孩子！妈妈！妈妈！呜——好朋友，再见了，永别了！（声音此起彼伏）

猎人甲：哎，老兄！我们追了这么久，也实在够累的了；眼看这群斑羚已是我们的囊中之物，不如让我们休息一会儿，休整一下，再来收拾战利品吧！

猎人乙：好吧！我看狗也累得够呛了！

[场景]两峰对峙依旧，不过两峰之间的天空中现出一道美丽的彩虹。

众斑羚：（忽然静默下来，似乎有默契般凝神望向天空中突然出现的彩虹）

母斑羚乙：多么美丽的彩虹啊！它一定能带我跨向彼岸吧？（神色迷惘，似处幻觉之中，不由自主地迈步向彩虹桥走去。）

头 羊：（突然有了主意，断然地，威严地）危险！回来！我有办法了！

母斑羚乙：（猛然醒觉，骤然止步）啊！好险！

（众斑羚都围拢来，神色兴奋。）

头 羊：我们中的任何一个都不可能独力跳过六米宽的山涧，但我们却可以合力跳过去！

（众斑羚都露出迷茫不解的神情。）

头 羊：就像那天边的彩虹一样——（他指着那道美丽的彩虹，低声讲解着。）

（众斑羚先是露出恍然大悟的神情，既而表情逐渐复杂起来，经过一段很短暂的沉默之后，众斑羚的表情都变得平静了，有的坚毅，有的坦然，有的在互相留恋地对望。）

头 羊：那么开始吧！

（众斑羚静默着分成了两队，但两队人数不等。又有几只斑羚迅速做了调整，由一边走向另一边，两队人数一样多了。）

头 羊：准备！照我说的那样，后起跳的注意角度，先起跳的注意落点！不要慌张！来吧！

一年轻斑羚：（迈出一步，做好起跳的准备）我先来！

另一老斑羚：（也出列，做好起跳准备）我和你一组。

年轻斑羚：（深深地看了老斑羚一眼，深深地向他鞠了一躬，欲言又止。）

老斑羚:(坦然大度地)什么都不用说,年轻人!这是我的责任,也是此刻我们惟一的选择。来吧!

(场上队伍无声地向前缓缓移动,直到成双成对地隐入台角。)

猎人甲:(万分惊愕地)天呐!快看呀!这怎么可能!

猎人乙:(满脸惊愕,既而陷入了沉思。)

猎人甲:煮熟的鸭子飞了!现在动物怎么也变得这么狡猾了?

猎人乙:不!我尊敬它们!在它们面前,我感到羞愧难当!

第三幕

[场景]松树下,险峰旁。

(小斑羚出神地倾听着,神色中有崇敬,有激动,有悲伤。)

母斑羚甲:(沉重而悠远地)就是这样,在头羊的指点下,我们自觉地分成了两队:年老力衰的站成一队,小斑羚和年富力强的斑羚站成一队。每一只年轻斑羚都有一只老斑羚自愿为他充当踏脚石,由此获得了生的希望。妈妈当年,只是一只幼小的斑羚,当我跃上对岸的岩石,听到送我的斑羚坠入山涧的沉重声响,心中真是说不出什么滋味。

小斑羚:妈妈,那头羊呢?

母斑羚甲:我们这一群碰巧是单数,到最后,只剩它一个。我们在对岸眼睁睁地看着他纵身跃下了悬崖!

小斑羚:啊!没有一只斑羚被猎人逮住!

母斑羚甲:是啊!后来这一幕反反复复在我心里重放,我越来越感觉到作为一只斑羚的骄傲。我们不仅聪明勇敢,而且最富有牺牲精神!为了我们的种群,牺牲的斑羚没有怨言,不曾逃避;得生的斑羚没有辜负他们的牺牲,全都在努力地生存,继续把种群繁衍壮大。

小斑羚:妈妈,如果那时该你当踏脚石,你会怎么样啊?

母斑羚甲:(非常肯定地)我会像那些长辈一样!孩子,当你在做一件对别人有好处的事的时候,一种高尚的感觉会充满你的心,你就会无所畏惧。那一刻,每一只斑羚的灵魂都在以鄙夷的目光俯视人类!

小斑羚:我懂了,妈妈!我也要做一只能为集体贡献力量的高尚的斑羚!

(剧终)

案例2 课外活动及写作训练:当我倒在你们的臂弯

【活动目的】

1. 通过活动,培养学生的团体意识、责任感和对同伴的信任感。
2. 训练心理描写和场面描写。

【活动准备】

1. 搜集以"团结"为主题词的格言、警句、谚语、故事等。例如:团结就是力量。
2. 讨论:团结的意义。
3. 课下每位同学都主动地走向自己以前没有亲近交往的同学,作一次坦白诚恳的交流。

【活动过程】

1. 第一活动地点：操场上一个平台下。平台约70厘米高。

全班同学在平台下相对排成两列。最靠近平台的同学轮流上台，背向同学们倒下来。两列同学分别与自己对面的同学四手紧拉，让台上的同学安全倒在大家的手臂上。下台来的同学站在本列末尾，游戏继续进行。每一位同学都玩一次。

2. 第二活动地点：教室内。

(1) 全班同学畅谈刚才活动中分处两种位置时的心情。

(2) 教师启发学生思考讨论：

① 老师为什么要在学习本课后设计这样一个活动？

在种群面临生死存亡的关键时刻，斑羚们采取令人们深感惊叹和惭愧的非常方式最大限度地保存了种群，它们靠的固然是生死瞬间的灵光闪现，更靠的是团结一心、勇于牺牲、以大局为重的精神。正是这种精神，使得斑羚们身上沐浴着神性的光辉，有了令人不可逼视的尊严。我们设计这个活动，是希望同学们体验在集体中放心依赖和勇于承担的感觉。人是社会性的动物，人一生都势必要在这个或那个集体中生活，越早领会集体生活法则越好。

② 通过这次活动你是否意识到一个集体中最重要的元素是什么？

团结一心和彼此信赖是一个集体最重要的元素。

③ 为什么大家在倒下去的瞬间心情不同？从这个活动中你是否意识到自己在集体中的位置？

有些同学开朗活泼、善于交往，在集体中是活跃分子，经常为集体出谋划策、贡献力量，他们站在台上，就比较坦然放松；而有些同学比较孤僻，不善与人交往，在集体中经常独处一隅，不经常参与集体活动，很少寻求帮助也很少帮助别人，他们站在台上，就比较忐忑犹豫。其实在人内心深处，是能够意识到付出与获得成正比的关系的。付出越多的人，越自信能够得到集体的感情回馈；反之，付出不够的人，往往显得相对自卑，不敢确定自己在同伴心中的地位。

④ 负责接人的同学是否体会到同伴的信任会对自己的内心产生怎样的一种影响？

一位同学把自己放心地交托给了集体，而集体是由我们每一个人、每一双手组成的。我们希望台上的同学放心，因为我们不会辜负这份信任和依赖。当集体中个体受到尊重和信任的时候，个体就会感到强烈的责任感，这种责任感将使每一条臂膀都更为有力。

⑤ 在经历了两种位置之后，你是否能从两种不同的体会中学习换位思考？

每个人在集体中都既是付出者又是收获者，既是奉献者又是得益者。经历了台上的忐忑之后，在台下承接重量的手会握得更紧；经历了台下的携手之后，在台上向后倒下的一刹那，心中会多一份坦然和从容。

⑥ 活动中你获得了怎样的启示？你能将其延展到生活中去吗？

我们一生要同时或先后从属于许多个大大小小的集体，在集体中担任种种不同的角色，无论我们从属于哪里，身处什么位置，都要有鲜明的集体意识，主动与人交往，友善地与人合作，诚恳地与人相处，尽力而为，勇于承担，大局为先，摒除私心。严格自律的个体会创造出集体的奇迹,富于凝聚力的集体会使个体获得更健全的发展。

(3)作文训练:自拟题目,写一篇随笔,记录今天的活动,最好能联系《斑羚飞渡》这篇课文,并能有所延展。要求:特别注意心理和场景描写。

【活动效果与评价】

本活动所依据的文本《斑羚飞渡》有着震撼人心的力量,学生在阅读本文本时早已深受震动,对文章内容以及情感有较为深刻的感受,因此当要求学生用课本剧的形式重演"斑羚飞渡"时,他们能够积极地投入其中,沉浸其中,无论是编剧本的任务还是演出的任务都能很好地完成,这样一来不仅提高了他们的综合语文素养,更增强了他们的自信心。

紧接着的课外活动"当我倒在你们的臂弯"设计得非常巧妙,它与前面的"斑羚飞渡"有着内在的情感逻辑联系,因为有了前面"斑羚飞渡"的故事作为铺垫,增强学生的团队意识的目的就不愁达不到了。在读了这样的故事又作了这样的活动之后,学生感受都很深,心灵的触动很大,因此要谈自己在活动中受到的启示,也就不难了。本活动最大的成功之处就在于设计者抓住了一条情感线索一贯到底,故事重现与课外活动之间参与者的内在情感衔接得非常好,没有断裂,因此学生很容易受到启发,融会贯通。

【相关链接】

火中的蚂蚁

一位朋友向我讲了在南美洲一片森林边缘发生的故事:那一天,游客不慎使临河的一片草丛起火了,顺着风势游走着的火舌活像一挂红色的项链,开始围向一个小小的丘陵。这时,明眼的巴西向导向我们叫道:"一群蚂蚁被火包围了!"我们随着他指点的方向看去。可不是,被火舌缩小着的包围圈里已经变成了黑压压的一片。"这群可怜的蚂蚁肯定要葬身火海了。"我心里惋惜地想着。火神肆虐的热浪里已夹杂着蚂蚁被焚烧而发出的焦臭气味,可万万没有想到,这区区的弱者并没有束手待毙,竟开始迅速地扭成一团,突然向河岸的方向突围滚去。蚁团在火舌舔动的草丛间越来越迅速地滚动着,并不断发出外层蚂蚁被烧焦后身体的爆裂声,但是蚁团却不见缩小,显然,外层被灼焦的蚁国英雄们至死也不松动丝毫,肝胆俱裂也不离开自己的岗位。一会儿,蚁团冲进了河流,随着水向对岸的滚动,河面上升腾起一小层薄薄的烟雾……

我听着蚂蚁国发生的真实故事,像听着一曲最悲壮的生命之歌。小小的蚂蚁,其重不过毫克,真正的比毫毛还要轻上十倍、百倍。然而,在人类往往也要遭到重大伤亡的火灾面前,竟然能如此沉着、坚定、团结一致,不惜牺牲自己,以求得种族的生存,其斗争的韧性令人惊叹,其脱险方式是如此的机警,又是如此感人,怎能不发人沉思,油然生出敬慕的情感来?

逐渐地,我自感到原先那种认为"蝼蚁之命,何足挂齿"的想法,实在是太无知,太浅薄了。

【教材定位】

人教版语文七年级下册《斑羚飞渡》。

(深圳市学府中学 屠 谖)

英子与我们

【活动目的】

1. 情感、情操与人生观

在读懂课文的基础上,深深体味文中爸爸对"我"严格要求,希望"我"从小养成好习惯的良苦用心。赖学就要挨打,为"我"以后的成长上了很好的一课。从此,"我"再也不迟到了,成了勤勉的"阳光女孩"。让学生自我激发、联系实际、产生联想:有没有赖床不想上学的经历?经常这样做会导致怎样的后果?家长、老师是如何处理类似问题的?自己有何感想?是否要像文中的"我"那样,培养毅力,磨炼意志,珍惜时间,勤奋学习,争做"阳光女孩""阳光少年"?

2. 创新、创造与表现力

通过分门别类的编辑创作,声情并茂的表演活动,让学生学习欣赏、创作、吟诵都能围绕一个主题,自主合作探究,熟练查找资料,积累名言警句,培养口语、写作及表现能力。

【活动准备】

1. 定题。提前两个星期,将全班同学根据性别、人数、爱好等平均分为6个小组(每组7人),在自读课文的基础上拟定的题目分别是:"英子挨打"(课本剧)、"不再迟到"(小话剧)、"邮局见闻"(小品)、"爸爸,您不能离开我们"(朗诵)、"英子故事的启迪"(演讲、朗诵)、"长大了的英子"(课本剧)。

2. 创作。组长带领组员编写剧本及其他文字材料,准备道具,确定演员,课余时间编排。还要定期召开组员会议,总结经验,解决出现的问题,并将工作进展向老师汇报。

3. 辅导。教师进行一两次朗诵技巧、舞台表演等方面知识的专门辅导,介绍如何处理语气、语调、语速、停顿及重音。如抒情性语句一般要用高昂的语调读出来,排比句式有时高低错落有致,有时层层推进,语势不断加强。同时进行动作、表情、神态等方面的矫正,帮助学生准确表达情感。

4. 预赛。教师和同学们一起观看各小组的表演,"不再迟到"和"英子故事的启迪"被评为优秀小组,并改题目为《时空交错篇·谈"迟到"》、《惜时勤奋篇·说"今天"》。准备在语文课上正式表演。

【活动过程】

师:同学们,在《爸爸的花儿落了》这篇文章中,有一个感人的故事,那就是"英子赖学被打"。它使我们懂得"懒惰"是每个人都可能面临的最大的敌人,它极易消磨你的热情和斗志。惟有"勤奋"才能打败这可怕的敌人,换来知识、财富、幸福和快乐。"被打"后的英子发生了怎样的变化呢?

生:(一齐争着回答)再也不迟到,经常第一个到校,变得勤快、懂事了。

师:是的。在清晨温暖的阳光下,英子早早地来到学校,她显得那么充实热情,坚定乐观。我们不妨称她为"阳光女孩"。今天,我们将要用自己的方式表达我们立志成为"阳光女孩"、"阳光少年"的美好愿望和决心!好,表演现在开始。

【场景一】 时空交错篇·谈"迟到"

优秀小组1(5～10分钟)

背景画面:多媒体放映电影《城南旧事》定格画面——中国旧北京,英子在某胡同花池边的特写镜头:微笑的神情。

教室讲台:两名女生(饰演英子和她的同学玲玲)齐耳短发,二三十年代北京小学生制服,背着书包,迎面打招呼上。仿佛从背景画面上走来。

玲玲:英子,这么早就来学校了?你好像从来不迟到啊?

英子:是……可是,一年级时,你不记得了?我迟到过一回……

玲玲:嗯,是不是那天下大雨?你迟到了,好像还哭了,后来你爸爸给你送什么东西来。

英子:(不知不觉停了脚步)是的。虽然是6年前的事了,可我记得很清楚。爸爸对我要求很严格,可又是多么关心我啊!他总要我从小养成好习惯,不懒惰……

玲玲:所以你就再也没迟到过了,是吧。我们到学校了。

(她们走到校门边,校门还没开。突然,一群21世纪的中学生围了过来,指着画面和英子说:"你就是我们课文里的英子吗?我们有很多问题想问你呢!"纷纷上前提问。)

男生甲:我那天忘了定闹铃,睡过了15分钟,后来一想:干脆偷懒不去了。结果一天没去上学。老师打电话到我老爸的公司,晚上回来我被爸爸狠揍了一顿。

英子:偶尔迟到15分钟,还是可以原谅的。但是因此偷懒缺一天的课就可惜了。而且坏习惯一旦养成就很难改正。你爸爸打你是有理由的。

男生乙:我做事一向磨蹭,经常紧赶慢赶,也都在早读铃响后5分多钟到班上,老师同学都用异样的眼光看我。唉!我们班也确实因为我经常迟到而得不到"流动红旗"。我也很愧疚,我该怎么办呢?

玲玲:(抢先说)再早10分钟起床准能改掉迟到的坏毛病!

女生甲:我爸妈整天忙着在外面挣钱,一点也不管我,打电话也只会说一句"好好学习呀"。他们请来个保姆陪我,可我不喜欢她。我那天迟到是因为我身体感觉不舒服,头疼得厉害……(呜呜地小声哭泣。)

英子:真同情你的处境。相信没有人会说你是"懒虫"的。要学会坚强!

(英子学校的校工开大门了。)

英子、玲玲齐声:真对不起,我们该进班了。再见!

一群学生:(跟上几步,想拉未拉状,无奈的神情)可我们的问题还没……

英子边走边回头大声回答:自己去找答案吧!相信一定会找到!

(英子、玲玲下。一群学生继续表演。)

女生乙:迟到,确实是一个不可小看的问题。

女生丙：是啊，就拿我们年级来说吧，总共700多人，每周迟到却有40到60人次之多。这不仅影响校风，对自己良好习惯品性的养成也是极其有碍的。

女生甲：其实我们不必找出更多的理由为"迟到"辩护。"迟到"本身就是懒散的行为，是缺乏时间观念、缺乏意志力的表现，这不符合现代中学生的精神风貌！你看公司里的大人们都很守时，经常迟到，那工作还不丢子呀！

男生丙：将来想干一番大事业，现在就得从点滴小事抓起：首先克服惰性！

女生甲：英子说得对，要靠自己拯救自己！

男生甲：（抒情地）社会在超速发展，可我们却变得慵懒。

男生乙：（抒情地）生活在大大改善，可我们却缺少了活力。

男生丙：（抒情地）文明在广泛传播，可我们却越发地自私！

男生齐：（抒情地）我们总希望得到父母的呵护，从不去体谅他们的苦衷。

女生齐：（抒情地）我们总期待听到老师的表扬，就连善意的批评也排斥。

一群学生齐：（情绪激昂地）我们反问过自己吗？我是谁？我现在要做些什么？将来要干什么？我每天都在心安理得地等候着别人的服务，想到过为别人奉献点什么吗？若要奉献，拿什么来奉献？难道仅仅是那些看似漂亮的考分吗？不够，远远不够。我们不缺值得炫耀的"智商"，我们要建树值得佩服的"情商"，让我们拥有坚韧的性格、高尚的情操、豁达的心胸、渊博的学识吧。只有心灵里洒满阳光，才能成为名副其实的——（同时高声地）

女生齐："阳光女孩"！

男生齐："阳光少年"！

（全体演员下，台下掌声不断。）

【场景二】 惜时勤奋篇·说"今天"

优秀小组2（3～5分钟）

女生甲：（很有激情地）我们组认为从英子的故事里得到的最大启发是要"珍惜时间，勤奋学习"。明天的太阳明天才会升起，而对于只有一次生命的我们，要知道，无论今天多么平安，或多么艰难，它却是你生命中惟一现实存在的日子。所以，不要在等待中让今天成为一串串遗憾的昨日。把握今天，把握现在，才能把握将来。昨天，今天，明天组成了人生漫漫的长路。

齐诵：《明日歌》

明日复明日，明日何其多！我生待明日，万事成蹉跎。世人若被明日累，春去秋来老将至。朝看水东流，暮看日西坠，百年明日能几何？请君听我《明日歌》。

男生甲：（深情地）昨天带着回忆默默逝去，今天携着希望悄悄来临，而明天，又闪烁着光辉等待着我们。

男生乙：（深情地）有的人沉浸在回忆中，他们依恋昨天；有的人只迷醉在梦幻中，他们企盼着明天。这两种人，都忘了最应该珍惜的是今天！

女生齐：（深情地）"我从明天开始勤奋学习！"有些人是这样想的，也是这样做的。朋友，为什么要把事情放到明天呢？莎士比亚说："抛弃时间的人，时间也会抛弃他。"我们说："抛弃今天的人，今天也会抛弃他，而被今天抛弃的人，他也就没有了明天。"

齐诵：(语气激昂、有力地)让我们借鉴"悬梁刺股"、"囊萤映雪"、"凿壁偷光"的勤学佳话,抓紧今天的分分秒秒,从今天——奋斗的起点开始,努力行动吧!

　　(全体演员下,台下热烈的掌声。)

　　师：(深情结语)亲爱的同学们,我为你们刚才出色的表现感到高兴：精心构思的故事情节、意味深长的台词、抒情性的朗诵、大方自然又投入的表演,无不体现出你们颇具潜力的才艺和才情。我更为你们能从课文中走出来感到欣慰：结合自身实际思考现实问题,勇于剖析、明辨是非、立志成才,这是对"语文"的热爱,同时也是对"生活"的热爱。英子的故事学完了,但我们更为精彩的故事不会完结,它将执著而热烈地延续……

【活动效果】

　　学生采用话剧、演讲、朗诵等多种文艺表演的形式,演绎课文主人公"英子"与他们的故事,取得以下效果：

　　1. 初步掌握了文艺表演的基本知识与技巧,提高了语言表达能力及综合素质,同时团结协作的精神也得到培养。

　　2. 明白了在任何社会背景下,良好的行为习惯是优秀性格形成的前提和基础,尤其在青少年时代更不容忽视,并懂得了珍惜时间、勤奋学习的重要性。

　　3. 在表演中加深了对"父爱"的理解,激发起与父母交流的欲望,理解父母热爱父母的美好情感不知不觉产生。

　　4. 逐步树立"大语文观",既能走进课本,又能跳出课本,善于结合身边活生生的事例进一步理解文章主题,注重"语文"和"生活"的密切关系。

【活动评价】

　　语文新课堂的理解：应有更多的生命关怀。让文本的字句、作者的思想真正触动学生的情怀,并有所激动,有所感悟。要达到这个境界,老师必须走进学生的心,瞄准他们的实际需求组织教学,创设情境,让他想说,让他敢说,让他会说——这是对学生的性灵和生命的尊重与爱护!

　　语文新教法的本质：应有更高的语文素养。无论语文教学活动设计多么新,游戏多么奇,表演多么妙,归根到底要看学生的语文素养提高了多少。老师要谨慎地放手让学生自主、合作、探究,观察实践中他们"听说读写演"能力的细微增幅,及时调整教学进度,不断改进教学观念,坚持记录教学经验——这是为学生的前途和命运夯实基础!

【相关链接】

　　1. 电影《城南旧事》光碟。

　　2. 中华人民共和国教育部制定：《语文课程标准》(实验稿),北京师范大学出版社,2001年7月第一版。

　　3. 教育部基础教育司组织编写：《走进新课程：与课程实施者对话》,北京师范大学出版社,2002年4月第一版。

　　4. 倪文锦主编：《初中语文新课程教学法》,高等教育出版社,2003年5月第一版。

　　5. 钟启泉主编：《为了中华民族的复兴,为了每位学生的发展——〈基础教育课程改革纲要》(试行)解读》,华东师范大学出版社,2001年8月第一版。

6. 塞缪尔·斯迈尔斯:《自己拯救自己》,北京燕山出版社,1999年1月第一版。

7. 沈烈敏:《人类学习论》,吉林人民出版社,2001年11月第一版。

8. 王荣生:《语文科课程论基础》,上海教育出版社,2003年6月第一版。

9. 佐藤学著,钟启泉译:《学习的快乐——走向对话》,教育科学出版社,2004年11月第一版。

10. 中学语文资源网。

【教材定位】

人教版语文七年级下册第二课《爸爸的花儿落了》,选自林海音:《城南旧事》。

(深圳市南山区育才二中　端木春晓)

爱 是 宽 容

【活动目的】

　　一提起战争，特别是侵华战争，自然地就会激起人们的民族仇恨和民族复仇心理。讲到南京大屠杀，学生们个个义愤填膺，恨不能马上把日本人全部杀绝，好像只有这样才能表现出他们的民族自尊和民族气节。在和平年代我们为什么要战争，难道就是为了让这种仇恨这种愤怒继续吗？显然这种效果和我们讲战争的初衷是背道而驰的。其实我们所面对的孩子，他们对于战争的愤恨对战争的仇恨可以说是虚幻的。他们没有亲历战争，他们对于战争的态度大多来自于我们，我们怎样看战争，我们对战争有着怎样的思考和观点，很大程度上影响着甚至左右着学生。在讲这堂课时，我意想中的效果就是既要让孩子们看到战争的残酷，看到战争给人类带来的伤害，还要阻止孩子们走入狭隘的民族复仇的误区，在他们的心中构筑爱的平台爱的家园，让他们领悟到只有心中充满爱，才能换回世界的永久和平！

【活动准备】

　　1. 文章从内容安排上来看，时空交错，内容繁杂。在安排学习思路时，可以打破原文的写作顺序，按历史发展的顺序来重新调整，这样可以逐步深入理解文章内容和写作意图，达到教学目的，而且也符合学生对事物的认知规律。

　　可以把文章的四个部分重新调整为二、三、一、四的顺序，并将色彩融入其中，命名为四个时代，分别是：金色时代、黑色时代、绿色时代、蓝色时代。在有鲜明、浓郁色彩的画面之上，配上音乐来增强感染力，激发情感。

　　2. 预先安排学生熟读课文，并上网查找与课文相关的资料。

【活动过程】

　　1. 用一个呼吁和平的 FLASH 导入，酝酿气氛，奠定课堂凝重思考的基调

　　师：同学们，我们先来听一首歌。（打开来自 BEYOND 的表现战争残酷，呼吁世界和平的 FLASH《AMANI》(妈妈)：历史进入 21 世纪，世界的上空却笼罩着战争的阴影。我无力改变世界，谨以此歌献给所有经历过和正在经历着战争苦难的人们。让我们共同期待和平，期待这个世界不再有肤色的界限！)

　　（生神情专注且严肃哀伤，有些学生已眼睛湿润，气氛比较沉闷。）

　　师：同学们非常专注，看得出来已被歌曲里充满哀伤的音乐和眼神感染了。说说看这首歌的主题是什么？

　　生1：这是一首表现拒绝战争、呼唤和平的歌曲，在片子里我们看到了战争带来的

是血腥,是死亡,是眼泪,是伤害,是恐惧,是逃避,是绝望……

生2:片子里的人物几乎都是女人和孩子,那么他们的丈夫和父亲呢?战争夺去了多少家庭和生命!

生3:片子里最能给我们震撼力量的是片尾一个孩子稚嫩的呼唤声:和平!

师:是的,在战争里最无辜的便是对战争毫无责任的孩子,他们无辜地替战争的始作俑者们承担着战争的结果,用他们的生命。在我们的生活里,伴随着孩子纯美呼唤的常是充满爱意的笑脸和亲切的呵护,可是在这个世界上回报于孩子的曾经甚至现在却有残酷的枪声。面对这样的惨剧,同学们,我们应该有着怎样的思考呢?这节课,就让我们来一起探讨。

2. 初步感知课文内容,由学生们最有感触的内容引出将要重点讨论的内容点

师:请同学们自由朗读课文:要留意你们对文章的第一感觉,文章里哪些内容是让你最触动,给你印象最深刻的。

(学生自由朗读课文。)

师:现在同学们交流自己的第一感觉,课文里哪些地方你觉得特别好,或者最能引发你的思考,让你有所触动了?说说为什么,尽量不要重复。

生1:让我最有触动的其实很简单,就是那句"亲爱的爸爸妈妈",这是一句非常美好亲切的话语,而此时我却感觉到了它所蕴含的辛酸与无奈,那些南斯拉夫的孩子们在死前想到了自己的爸爸妈妈,他们想向自己的爸爸妈妈求救,可却无能为力……

生2:"开枪吧,我要给孩子们上最后一课!"从这句话中,我看到了南斯拉夫人民非常勇敢,并很坚强!他们要永远记住自己的敌人,永远记住这伤害!

生3:"凄风、苦雨、天昏、地暗",这四个词不仅仅描写了当时的环境更渲染了文章所表达的气氛,就是后文所提到的天地也与人同哀……

生4:最让我感动的是南斯拉夫女诗人迪桑卡的诗,我看到了孩子们快乐的生活,可这更让我为那些天真无邪的孩子们的命运难过,让我更加痛恨战争!

生5:"人是健忘的,不记仇,很对,但是,不能忘记。"这句话让我对战争有了新的看法,我们不应该忘记战争,但我们又不应该记住仇恨,因为只有这样,才不会有新的战争。

师:同学们感悟比较多,所谈的内容基本上都抓住了文章最能体现主题的部分,这是下一步要重点探讨的内容。

3. 重点分析以上这些学生们提到的内容,做进一步的深入探讨

第一时段:金色时代(即研习文章第二节)

师:闭上眼睛,孩子们!配乐,朗读迪桑卡的诗。

(生:沉默在诗与音乐中,沉浸了良久。)

师:睁开眼睛,同学们,说说从诗歌里你们看到了什么?

生:孩子们太无辜!纳粹太残酷!这些孩子们一直懵懵懂懂地生活着,他们充满了梦想,他们与战争无关啊,可是纳粹们却粉碎了他们的全部梦想。

师:(屏幕切换为一轮朝阳的画面)是的,同学们,我们本应该在诗歌中看到孩子们的希望、可爱、纯真、他们充满了憧憬,充满了期待,生命刚刚启程!那是一轮初升的太阳,是一片灿烂的朝阳,热烈的朝阳,金色的朝阳!跟你们一样,那些南斯拉夫的孩子们

正在享受着他们的金色时代,这原本应该是何等的幸福与美好,然而,这美好太短暂太短暂,还在刚刚破土而出,没有来得及成长就被突如其来的灾难毁灭了,战争把孩子们的一切梦想撕碎了!世界进入了一片黑暗!(画面切换为深入战争苦难的底色为黑色的一个孩子哭泣的画面)什么是悲剧?鲁迅先生说:"悲剧就是把有价值的事物毁灭给人看。"那么战争无疑是悲剧!

第二时段:黑色时代(即研习文章第三节)

师:这场悲剧来得太突然,让人措手不及,无辜的孩子们和人们还没有来得及逃避,没有来得及流泪,甚至没有来得及恐慌,就走向了死亡。同学们,让我们看看在面对屠刀、面对死亡时,他们给我们留下了什么。

(学生朗读只言片语的遗言并说说为什么要读这段。)

生1:虽然这句很短,但最能传达出孩子当时的心情,他太爱生活了。

生2:这个孩子根本不知道明天他就会失去生命,他以为是被校长关起来了,他们真的太可怜了。

生3:我看到了当时南斯拉夫人的英勇,也就照应了前面萨特所说的整个民族的英勇。

生4:工人很爱自己的妻子和女儿,对家庭有无限的依恋……

师:从这些遗言里,我们看到了他们对生命的热爱!热爱生命,这个要求过分吗?这种愿望不对吗?不,这只是人,作为人的最基本的要求,最起码的权利,最合理的愿望啊。可是为什么要被剥夺!于是,那个金色的时代就在这里被残酷地切断,让它不合常理不合人性地戛然而止了!这是一个沉寂的世界,一个黑色的世界!看着这个哭泣的孩子吧,同学们!

(音乐切换,屏幕画面停留在黑色时代,课堂有段沉默与肃穆。)

第三时段:绿色时代(即研习文章第四节)

师:生命转入了黑色时代,然而历史却在一如既往地前行着。究竟应是怎样的前行?人,是要懂得反思的!那么今天人们对于那一段黑色时代有着怎样的态度与理解呢?请同学们就课文中德国作家、日本作家及中国作家的态度进行讨论,并说说你们的态度。

生:德国人是在真诚地忏悔。他有强烈的犯罪感,诚恳地把自己与整个民族看成一个整体,表达了整个民族的反省,这样有利于世界的和平;他没有逃避自己民族的错误。这让我们想起了德国总理勃兰特曾泪流满面地跪在犹太人死难人墓前,表达了这个民族的忏悔,这一举止并没让自己的民族蒙受耻辱,而是得到了全人类的谅解与尊重!……

日本完全不同于德国,他们为自己辩护,并且以此来作为侵犯他国的理由;他们是懦弱的,他们不敢面对自己,很让人看不起。这个作家代表的应该是他们的国家,他们只需要让别的国家来承担对他们的伤害,可是他们这样的答案对于那些受过他们伤害的国家那是一个多么难以承受的答案。

师:究竟我们应该怎样看待这一段黑色的时代呢?我想我们更加赞同德国人的做法,因为我们知道,记住仇恨,用战争去替代战争,只能给这个世界再度增加无辜的亡魂!所以,在这一点上,我们中国人做得非常优秀!我们用一颗包容的心原谅了对我们伤害的人,因为我们相信爱是人类的永远追求!

（切换为绿色盎然、充满生机的画面,意味着人类正在进行着正确的反思,世界将会进入一个美好的和平时代）

第四时段:蓝色时代（超越文本的思考）

师:同学们,战争的伤害是无法抹去的了,那么在今天,我们到底应该怎样在这个星球生存?怎样才能真正地消灭战争?

生1:让人民平安,人民幸福,于是国家就会兴旺,即所谓民安国泰,然后每个国家之间就会和平。

生2:参加战争的那些军人也是人啊,他们有自己的家庭自己的亲人,为什么要牺牲他们呢?

生3:战争带来的仇恨绝不仅是一代,而是几代,这样的话,战争永远不可能消失!

生4:无论是战争的哪一方,都会受到伤害,都是有生命有情感的人啊,大家都在同一个星球上生存,那么为什么不能和平相处呢?

生5:一个士兵在集合时没有按时,将军责问他时,他说他妻子生孩子,他很爱她。于是将军很恼火,问他:"如果士兵都像你这样,那会成什么样子?!""那么世界就没有战争!"士兵的回答让我们震惊! 是的,如果这个世界上的每一个人都能心中有爱,爱自己,爱他人,那么将不会再有战争!

师:（屏幕切换到一片大海的蓝色画面,歌曲《让世界充满爱》响起。）同学们,你们看到的是全世界、全人类的和平,当我们的心中充满了爱,那么这个世界将会是没有硝烟、没有眼泪、没有仇恨、没有愤怒、没有绝望的蓝色时代! 那时,这个时代会和天空一样湛蓝,会和大海一样澄碧!

【活动效果与评价】

当我们受到战争涂炭时,我们应该怎么做? 正确的战争价值追求对学生有深远的指导意义。

本活动尊重学生的人格,允许学生发表自己的观点,在深入的讨论中达成共识。

本活动设计有创意,用四种不同颜色的时代来明确讨论与学习的重点,这也正是文章内容的四大板块,之间的衔接有如行云流水。

活动体现了课程改革中人文主义精神的逐步扎根和发扬光大,比如学生提出的如何看待军人生命的问题,这就是一种语文教学中人文思想的体现。

【教材定位】

人教版语文八年级上册《亲爱的爸爸妈妈》。

（北大附中深圳南山分校 陈 谦）

戏 影 子

【活动目的】
  1. 从戏影子中体验童真童趣,缩短学生与艺术之间的距离。
  2. 调动学生的"人生经验通感",导情设境,为阅读课文做好心理准备。

【活动准备】
  1. 教师准备投影机、录音机,把学生分成表演植物戏和动物戏的两大组,学生在两大组内自由组合成5~6人的多个小组,选定组长。推选活动主持人。
  2. 学生以小组为单位,课前自制各种植物、动物等图案并编成有一定情节的小故事,或在投影机上用手尝试各种影子并构成一定的情节。利用业余时间进行排练。

【活动过程】
  1. 准备表演
  (1) 学生按分好的小组就坐,选出组长。老师和语、数、英科代表作评委。
  (2) 评比的标准:参与的热情;合理的情节;有序的组织;良好的效果;听、看得认真(对观众的要求,目的是避免场面混乱)。
  (3) 宣布评比结果记入个人成长记录袋。
  2. 正式表演
  (1) 小组讨论已准备好的表演方案(道具、细节、情节等),可利用设备预演。
  (2) 学生分小组按照动物戏、植物戏、情境戏表演戏影子。以下是学生表演实况摘要。

  第一组:动物戏
  投影上摆出山林、农家的图案背景,用手在投影上投出各种动物的姿态。
  学生甲:一只逃跑的狗。
  学生乙:两只逃窜的鸡。
  学生丙:一只追赶鸡、狗的大灰狼。情节:狗逃进森林,鸡钻入草垛,屁股露在外面,尾巴一抖一抖。
  学生丁:配狗惨叫声⋯⋯
  (第一组的表演逗得学生开怀大笑,课堂气氛一下子活跃起来了。)

  第二组:植物戏
  投影上投出河流图案,三五个青蛙在河边跳来跳去,学生配蛙叫声,几支竹子排着队,蹦蹦跳跳地跑到河边,牵着青蛙的手,在河边嬉戏。突然一个手持刀子的人冲出来,对竹叶一顿乱砍,青蛙们"呱"地一声全跳进河里,河岸仅剩光秃秃的竹竿,投影片上出现了"救救它们"四个字。

第三组:情境戏

老师先在屏幕上投出一只小兔子的影子,然后让学生随意配其他角色。学生甲马上竖起了一束青草,喂兔子。学生乙则扮做一只老鹰展翅而下,捉兔子。学生丙立刻用一堵墙保护兔子(拿粉笔盒当作墙)……

(这个表演体现了三个学生不同的情感态度,事先老师并没有安排,只让他们根据情境发挥。)

【活动效果】

学生在课堂上争先恐后,气氛十分热烈,学生的人生经验通感被调动起来。他们对游戏与艺术的关系有了感性的认识,有助于理解课文。

学生活动后的畅谈选录三则:

第一则:……语文课上,老师让我们做手影游戏,同学们表现得都很兴奋,还不时地发出声音。老师看孙同学这么来劲,自己也上前去做,可是老师对那机器操作不熟,只好败下阵来。这时早有一个人按捺不住了,冲上前来,原来是黄同学!他先用手作了一个大狼狗,孙同学和着他做的大狼狗,叫出"汪、汪、汪……"的声音来。搞得全班同学大笑,连老师都忍不住笑起来。待老师说停止时,同学们还是意犹未尽,还在那里用手比划着。想不到,这些游戏竟有这么大的吸引力,可能这就是艺术吧。

手影让我回想起小时和爸妈点着蜡烛,在墙上作手影的情境。那种快乐、温暖至今回味无穷……

第二则:……刚才我的老师叫我们玩了一个游戏,天哪,太搞笑了,说起来我可是立了大功。

当老师说谁会做手影时,我立刻把双手放在灯光前先是做了一只狗,然后是一个大灰狼,紧接着又是两只鸡在吃草,那只公鸡在亲那只母鸡,我还制造了亲嘴的声音,这一下子可把同学逗得哄堂大笑,我也是开口大笑,这一刹那,我感觉这些动物都像活了一样,在那里玩、吃……

天哪,不知不觉我们在进行着艺术创造!手影游戏真有趣啊!

第三则:"呱、呱、呱……"哇,教室里到处一片青蛙叫声,怎么回事?噢,原来是同学们在扮青蛙。啊!瞧,那青蛙画得五花八门,有像猫的,有像狗的,有青蛙王子似的……让人看了忍俊不禁。

"叽喳,叽喳……""汪、汪……"咦,怎么又来了这么多动物啊?有小鸟,有小狗,有小兔……噢,原来是同学们和老师在玩手影的游戏呢!哇,真奇妙,一双双奇妙的手指扮出那么多动物。瞧,小鸟在高兴地唱歌,小狗在汪汪地叫,小兔子跳来跳去,多么可爱啊!哈,当老师用手扮小狗时,也不知哪个调皮鬼还学狗叫,可逼真了。

哇,同学们和老师的双手多灵巧,中国艺术多丰富啊!

【活动评价】

这一活动的关键是课前准备,学生需要剪裁各种图案,小组要讨论表演方案,老师要抽查学生的准备,并适当指导,必要时可以请美术老师作指导。

如果一开始就让学生随意组合，随意编排，创意或许会更丰富。如果以竹子为中心来准备、编排可能会更有利于理解课文。活动结束后，一定要让学生畅谈感想，这有助于深化教学。

【相关链接】

上百度网(www.baidu.com)搜索。了解"丰子恺"的艺术及创作情况。

【教材定位】

人教版语文七年级上册第十八课《竹影》。

（深圳市南山实验学校　谷慧萍）

俗 世 奇 人

【活动目的】

结合课文和本单元综合性学习《到民间采风去》,充分利用网络资源和课程资源,搜集、筛选、整理信息,调动同学的学习兴趣,培养学生的多种能力,全面提高学生的综合素养。通过网络环境下自主、合作、探究的学习,引导学生把握理解《俗世奇人》,从而了解民间文化,关注民间文化,热爱民间文化,并且成为拯救中国民间文化的一员。

具体目的如下:

1. 知识与技能:加强朗读训练,引导学生揣摩品味文章重要的句子和语段,注意语言的积累和感悟,使学生深入领会文章的思想感情。

2. 情感、态度、价值观:在自主、合作、探究的学习方式中,学生能够尽情地体味探索的乐趣、合作的欢欣、创新的快乐,从而激发学生对中国民间文化热爱的情感。

3. 过程与方法:鼓励学生上网搜集、筛选、整理信息,走进图书馆,走近荧屏,走进社会,融入民间;教给学生收集信息、选择信息、整理信息的方法;通过对信息的归类整理,让学生学会提出问题、分析问题、解决问题,通过自主、合作、探究学习,使学生形成合作学习的良好习惯。

【活动准备】

1. 活动计划:(1)全班同学上网查找有关中国民间文化的网站,了解中国民间文化知识。并分组搜集资料,放在专题学习网站中,共同交流浏览。(2)由学生自主选出活动小组长,明确各小组学习任务,根据自己的兴趣爱好申报、组建学习小组。(3)在组长的带领下,确定本小组的学习目标和任务,充分利用网络资源和课程资源,分工合作,共同完成目标和任务。

2. 明确各小组(中国民间文化采访团)任务:

第一组:冯骥才与民间文化。在网络上查找有关课文的背景资料,研讨"天津文化与民间文化"("泥人张"、"刷子李"、"风筝魏"、"杨柳青年画"、"刻砖刘"等)。

第二组:中国民间艺术精粹。剪纸、布贴画、内画、木版画、年画、蜡染、风筝、古代各民族戏种(京剧、秦腔、昆曲、豫剧、川剧等)……

第三组:民族节日与风俗展(春节、清明节、端午节、中秋节、重阳节、元宵节等)。

第四组:古代民间服饰荟萃(战国时期、秦汉时期、唐宋时期、元明清时期等)。

第五组：民间文化电视电影（"泥人张"、"神鞭"、"马三立相声"、"郭荣启相声"、冯巩相声、中央电视台《面对面——冯骥才》等）。

【活动过程】

1. 初读课文，整体感知

1. 请同学们用自己喜欢的方式，大声朗读课文。在朗读课文的同时，思考两个问题：

(1) 读了冯骥才的《俗世奇人》，你都有哪些感受？

(2) 作者在文章里刻画了"泥人张"和"刷子李"两位民间艺人形象，相比之下，你更喜欢哪一个？

2. 美读课文，品味语言

(1) 播放马三立的相声《找糖》，进行情境渲染。

(2) 学读、模仿：教师出示课文语段，学生可以模仿相声段子或电影，展示自己的朗读才华，具体细微地体味浓郁的天津方言韵味。

朗读要领：语调、语气、表情、动作。

模仿朗读时，教师要重视点评，注意朗读质量。

(3) 鼓励学生用自己家乡的方言试读以上语段，进行比较品味。

(4) 通过抢答的方式概括本文的语言特色。

3. 品读课文，把握形象

(1) 进一步学习研究课文，学生分组自编自演《俗世奇人》课本剧。

"泥人张"课本剧剧本：

（海张五和随从们大摇大摆地走进天庆馆饭馆。）

（海张五一屁股坐在最显眼的位子上。）

随从甲：（吆喝、驱赶着周围的吃客们）嘿！小子们，长眼睛嘛用的？没看见五爷大驾光临了吗？真他妈的瞎了眼！还不滚开！

小　二：（赶紧快步上前，诌媚地笑着）哟，五爷，您老来了！你看，这店里顿时生辉不少啊！请喝茶，小的特来伺候您了。

海张五：（大笑，拍着小二的肩）这小子不错，机灵！逗得大爷我乐着呢！说嘛我乐嘛，高兴就赏你，赏！

（随从甲赏给小二几个大洋。）

小　二：（急忙点头哈腰连连道谢）谢五爷！五爷吉祥！

随从甲：（忽然看见不远处的泥人张，觉得碍眼，瞪着泥人张）那人是谁，五爷到了都不正眼瞧一瞧，找打呀？

海张五：（望着泥人张，对着小二）那人干嘛的？

小　二：（望着泥人张轻蔑地）那人，泥人张呗，是捏泥人的。没什么大本事。

（泥人张在鞋底抠出一块泥巴，在衣袖里捏弄着。）

随从乙：（望着泥人张）听人说，人家台下一边看戏，一边手在袖子里捏泥人儿。捏完拿出来一瞧，台上嘛样，他捏得嘛样。

海张五：在哪捏？在袖子里捏？在裤裆里捏吧！（海张五等人放肆地大笑，笑声在饭馆里回响。）

（泥人张把捏好的泥人往台上一戳，走向柜台结账。）

随从乙：（好奇地过去，望着泥人）嘛样的？嘿，五爷，这泥人可真像您呐！

海张五：（一手打在随从乙的头）你在说嘛，找死啊！

（随从乙顿时吓得低头不语了。）

海张五：（朝着泥人张的背影叫道）就这点破手艺也想赚钱，贱卖也没人要，回去喝西北风去吧！

（泥人张头都没有回，撑开伞走了。）

第二天

北门外估衣街的几个小杂货摊上，摆出来一排排海张五的泥像，还加了身子，大模大样坐在那里。摊上还都贴着个白纸条，上边使墨笔写着：贱卖海张五。

小二：（慌慌张张地跑到海张五处）五爷，不好了！外边……外边有人在……在贱卖您！快去看看吧！

海张五：（大怒）你说嘛！

（海张五带人去看个究竟。）

海张五：（恼羞成怒）快把这些都给我买下了，我不要再见到……

结束

旁白：泥人是没了，可"贱卖海张五"这事却相传一百多年，直到如今。

(2) 小组合作探究，概括泥人张、刷子李、酒婆的人物形象特点。

分六小组在黑板上贴出分析讨论结果。

(3) 学生共同对展示牌上的人物形象特点进行点评。

4. 走进网络，民间采风

在这次关于中国民间文化的综合性学习活动中，同学们自发地组织了"中国民间文化访问团"，访问团由五个阵容组成，他们分别是：冯骥才与民间文化研讨组、中国古代民间服饰收集组、中国民间剪纸艺术汇编组、中国民间文化电视电影组、中国民间文化实物展示组。

五个组将自己的访问成果进行专题汇编，制作成网页，放在班级的学习专题网站上。学生可以按照自己的兴趣、爱好，进行专题浏览学习。浏览学习之后，分小组交流观后感想。

5. 合作探究，论坛思辨

关于"保护民间文化"，中国民间文艺家协会主席冯骥才大声疾呼："行动起来！抢救中国民间文化，一刻也不能等！"但是，有人认为，时代、社会在飞速发展，几个民间艺人算什么，早已过时了；民间文化也太旧、太俗，难登大雅之堂，随它去吧。

面对这些观点，同学们一定有许多话想说。请学生进入 web quest 发表各自的看法、主张。在"民间文化论坛"上，学生依论题1和论题2分组进行探讨、分析、论辩。然后由论坛小组负责人分类整理、归纳全班的观点主张，并集结成论文专集。

6. 我在民间，拯救行动

师：今天，我们与民间文化结下了不解之缘；明天，历史将赋予我们新的使命。冯骥才说得好，青年人是希望！传承祖国文化的重大使命就落在我们年轻一代的肩上。同学们，行动起来吧！让我们走出课堂，走向生活，融入民间，立即开始拯救中国民间文化的大行动吧！
　　课外学习与实践：
　　范围：家庭、社区、市镇、农村
　　历时：从今天到永远
　　方法：观察、记录（笔、录音、摄像、记忆）、分析、归纳、整理，最后形成调查报告。
　　内容：
　　（1）我身边的艺人
　　（2）民间文化在广东
　　（3）本地有名的民间手工艺品和手工作坊
　　（4）农村祭祀与礼仪活动

【活动效果与评价】
　　这次初二师生共同开展的语文综合学习活动《俗世奇人》，从课程的初设到课程的进行，从学生到教师，从课程资源的开发到网络资源的开发，从学习方式到学习态度，从知识能力到情感价值观，他们的内心经历了非常大的变化与成长，他们的思想观念也发生了前所未有的更新。

【相关链接】
　　1. 冯骥才与天津民间文化
　　冯骥才专题：http：//www.cctv.com/progrem
　　　　　　　　http：//www.cau.edu.cn/mhge/novel-mainhtm
　　杨柳青年画：http：//www.tjtour.cn/tianjin/culture/art_ylqnh.html
　　泥人张：http：//www.nirenzhangwr.com/luntan.htm
　　风筝魏：http：//travel.tom.com/china/tianjin/whfw.htm
　　刻砖刘：http：//www.cnssc.com/diqu/tianjin/tianjing_d_7.htm
　　2. 中国民间艺术精粹
　　剪纸：http：//www.dajiyuan.com/gb/319167
　　蜡染：http：//www.people.com.cn/gb/1473814763
　　木版画：http：//zzx.shangdu.com/artchina
　　风筝：http：//www.beijing.gov.
　　3. 民族节日与风俗展
　　春节：http：//www.hakkaonline.com/big5/folk
　　清明节：http：//home.dqt.com.cn
　　端午节：http：//chu.china3r.com
　　中秋节：http：//www.hakkaonline.com
　　4. 民间服饰荟萃
　　战国时期：http：//www.folkcn.com/shownews.asp
　　秦汉时期：http：//www.ruiwen.com/~caiyu/shishang/shisharg.htm
　　唐朝服装：http：//gb.chinese.yahoo.com/arts_and_humanities
　　宋朝服装：http：//www.ruiwen.com/~caiyu/shishang/shisharg.htm
　　明清服装：http：//www.ruiwen.com/~caiyu/shishang/shisharg.htm

5. 民间文化电视电影

《飞刀华》：vcd 电视电影

《马三立相声》：http：//www.kpworld.com

《神鞭》：vcd 电视电影，央视专访：http：//www.cctv.c

【教材定位】

人教版语文八年级下册第四单元《俗世奇人》。

（深圳市南山实验学校　夏文瑾）

妈妈,我爱你!

....

【活动目标】
  1. 激发学生的想像力。
  2. 培养学生对母亲的爱心,为导入新课作情感铺垫。
【活动准备】
  学生预习课文《诗两首》,上网查阅母爱故事,观察自己的妈妈平时的日常活动,体会她的辛劳。
【活动过程】
  1. 导入
  师:大家还得 2001 年在美国发生的那场震惊世界的大灾难吗?
  生:记得——"9·11"事件。
  师:对!在"9·11"灾难中,共有 2801 人遇难。但其中也有许多可歌可泣的故事。今天老师就给大家讲一个《遇难者的第三个电话》的故事。
  (学生一听说讲故事当然都很高兴,但因为故事与"9·11"事件有关,所以又有些严肃。)
  2. 朗读短文《遇难者的第三个电话》,并提出问题,引发学生的思考与讨论
  师:当恐怖分子的飞机撞向世贸大楼时,银行家爱德华被困在南楼的 56 层。到处是熊熊的大火和门窗的爆裂声,他清醒地意识到自己已没有生还的可能,在这生死关头,他掏出了手机。
  爱德华迅速按下第一个电话。刚举起手机,楼顶忽然坍塌,他一阵眩晕,知道时间不多了,于是改变主意按下了第二个电话。可还没等电话接通,他想起一件更为重要的事情,又拨通了第三个电话……
  (读到这里,故作停顿,然后提出第一问题。)
  师:大家想一想,银行家爱德华拨打的这三个电话可能分别是给谁的呢?
  (学生沉思片刻,变得活跃起来。)
  生 1:第一个电话可能是打给他的妻子的,第二个电话可能是打给他的助手的,第三个电话可能是打给银行的。
  师:理由呢?
  生 1:因为妻子是他最亲的人,所以第一个电话应打给她,告诉她自己遇难的消息;打电话给他的助手是为了处理他的后事;第三个电话给银行是因为他是银行家,对他的

遗产应有一个交代。

师：想像力很丰富,也很有道理。

生2：我也认为第一个电话应打给他的妻子,因为她是他的最亲近的人；第二个电话可能是打给他的儿子的,因为儿子是他最爱的人；第三个电话可能是打给他的律师,请求他帮助处理后事。

师：这位同学的想像有所不同,他想到爱德华的儿子与律师。大家觉得有没有道理？

生：有道理。

生3：我认为他的第一个电话应打给他的助手,在这关键时刻,最有必要吩咐助手处理好他的后事,包括遗产……

生4：(打断前一同学的话)那第一个电话应打给他的律师,因为在外国大多是由律师处理这些事的。

师：大家都说得很有道理,欲知后事如何,请听下面分解。

师：爱德华的遗体在废墟中被发现后,亲朋好友沉痛地赶到现场,其中有两人收到过爱德华临终前的手机信号,一个是他的助手,一个是他的私人律师迈克,可遗憾的是,两人都没有听到爱德华的声音。他俩查了一下,发现爱德华遇难前曾拨出三个电话。

(学生听到这里都很高兴,特别是那几个猜到助手与律师的同学更是高兴得手舞足蹈,但同时又因为没有猜出第三个电话而有些沮丧。)

师：那么那最关键最重要的第三个电话可能是打给谁的呢？

(学生兴奋起来,有的猜是妻子,有的猜是儿子,有的猜是父母,甚至还有学生猜是爱德华的情人,引得学生笑了起来。)

师：还是听我来讲给大家听吧。

师：第三个电话是打给谁的？他在电话里说过什么？他俩推断,很可能与爱德华的银行或遗产归属权有关。可爱德华无儿无女,又在五年前结束了他失败的婚姻,如今只有一个瘫痪的老母亲,住在旧金山。

当晚,迈克律师赶到旧金山,见到了爱德华悲恸欲绝的母亲。母亲流着泪说："爱德华的第三个电话是打给我的。"迈克严肃地说："请原谅,夫人,我想我有权知道电话的内容,这关系到您儿子庞大遗产的归属权问题,他生前没有立下相关遗嘱。"可母亲摇摇头,说："爱德华的遗言对你毫无用处,先生。我儿子在临终前已不关心他留在人世的财富,只对我说了一句话……"

迈克含着激动的泪水告别了这位痛失爱子的母亲。

师：大家想想,爱德华对他的母亲说的这"一句话"是怎样的一句话呢？

生1：(抢着回答)肯定是告诉母亲他的遗产数目和银行密码。

生2：不对,前面他的母亲已经说过爱德华在临终前已不关心他留在人世的财富,所以我认为可能是想叫母亲报警。

生3：报警可以直接打110报警电话,没必要让他妈妈去报警,所以我认为也许是想告诉母亲他将不幸死去的消息。

生4：(小声地)告诉他妈妈,他爱她。

师：(指着小声说话的同学)你能大声地说吗？

生4：(大声地)告诉他妈妈,他爱她。

师：你怎么知道他要说的是这一句话？

生4：不知道,猜的。

(课堂里这时候已到达了一个小高潮。很多学生都在下面窃窃私语。老师等到学生安静下来后接着讲。)

师：不久,美国一家报纸在醒目的位置刊登了"9·11"灾难中一名美国公民的生命留言：妈妈,我爱你！

(讲到这里,教室里突然变得一片寂静,仿佛空气凝固了一般。老师的眼里已噙着泪花,早已被故事中的真情所感动。学生也被深深地感动了。这个结局是出乎意料又在意料之中的,同时更是震撼人心的。)

【活动效果与评价】

　　这个摘自《知音》2003年第四期的小故事有两个特点：一是它独特的感染力。一个腰缠万贯的银行家,在生死攸关的时候,肯定有很多话要说,特别是遗产的问题。在只可能打出一个电话而且说的话非常有限的情况下,他思考再三,最后把这惟一的电话打给了他的母亲。更感人的是在电话中他告诉母亲的不是他的万贯家财如何处理,而是告诉母亲："妈妈,我爱你！"简短的五个字,却凝聚着对母亲的深情。万贯家财诚然可贵,但世上还有什么比真情更可贵的呢？母爱是无私的,儿女对母亲的深情不也是伟大的吗？这种超出一切世俗与金钱的纯真的感情怎能不产生一种震撼人心的力量？《遇难者的第三个电话》这个故事的感染力就在于此。二是这个故事悬念迭起的结构特点。为此,我设计了三个问题：1. 银行家爱德华拨打的这三个电话可能是给谁的呢？2. 最关键最重要的第三个电话可能是打给谁的呢？3. 爱德华对他的母亲说的一句话是怎样的一句话？这三个问题步步相扣,最后落到"妈妈,我爱你！"这一点上,既丰富了学生的想像力,更对渲染课堂气氛、激发学生爱母亲的情感作了很好的铺垫。从新课程的教学目标来看,虽然这个故事似乎不属于课文内容,但对学生感情的培养却起到课文无法代替的作用。至此,引入对诗歌《金色花》与《纸船》的学习,教师对这两首诗的主要内容已不用多作讲解了。学生读起这两首诗也一改以往随意、不严肃、有气无力的状态,而表现得非常认真,并有一种少有的肃穆,课堂上谈起自己对母亲的爱这一话题时大家发言十分活跃。

　　我将这一活动方案告诉给其他几位老师,效果也一样十分明显。2004年的"三八"妇女节,我还将这一短文改成演讲稿让学生参加了社区演讲比赛,打败了所有对手,获得了第一名。

【教材定位】

　　人教版语文七年级上册第二十四课《诗两首》。

(深圳市桃源中学　王四军)

羚羊木雕该不该要回来

【活动目的】

1. 训练学生的逻辑思维与求异思维,培养学生的应变能力,从而使学生具有实际需要的口语交际能力。

2. 既要求有个性化语言,又要求有合作精神,培养学生的团体合作精神。

【活动准备】

1. 根据学生意向,分正、反两方,分别代表父母和"我"。并帮助双方各自选出四位同学充当主辩手。

2. 选定主持人和评委,定出评分标准。

3. 介绍辩论会的有关程序及注意事项。

(1) 辩论会分为主持人发言、双方一辩陈述(2分钟)、盘问阶段(10分钟)、自由辩论阶段(10分钟)、双方四辩作总结(1分钟)、评委进行评判、教师作总结、主持人宣布结果等阶段。(2) 遵守纪律,不随意插话。(3) 尊重对方辩友,不用侮辱性语言,不进行人身攻击,文明辩论,声音洪亮。

4. 教师指导双方课外反复钻研课文,分别给双方同学讲解有利及不足之处,同时引导他们利用图书馆、网络等来搜集、筛选材料。还指导他们资源共享,合作学习。准备时间:两周。

5. 辩论会开始前,组织学生布置好辩论会现场。

【活动过程】

1. 双方一辩陈述

正方一辩:老师、同学、对方辩友,大家好!父母是孩子的监护人,当孩子做错事时,父母有权利、有义务教育、批评并帮助他(她)。我方的观点是:羚羊木雕应该要回来。理由有如下几点:

(1) 羚羊木雕是一件很贵重的东西,是爸爸从非洲带回来的,非常有纪念价值,就连父母都不舍得送人,何况是孩子呢?小孩子是个消费者,还没有任何收入,怎么可以用那么贵重的东西送同学呢?同学之间不是不可以送东西,不过送点糖果之类东西就行了。这样礼虽然轻了,但情谊还是一样的重,何乐而不为呢?

(2) 每个人都有做错事的时候,做错了就必须及时纠正。现在,你既然做错了事,送错了礼物,就应该勇于承认错误,就应该去要回来。

(3) 既然是父母送的东西,就应该好好珍惜,怎么可以自以为是、自作主张把它随便转送给别人呢？即使要送人也要经过父母的同意，否则就是对父母的大大不敬。

反方一辩：老师、同学、对方辩友，大家好！刚才对方辩友谈了羚羊木雕应该要回来的理由。我方的观点是：羚羊木雕不应该要回来。理由是：

（1）"不听老人言，吃亏在眼前"，这是你们常对我说的。奶奶都认为不应该要回来，我们不应该听吗？

（2）你们已说过羚羊木雕是送给我的。既然是我的东西，我就有权支配，有权送人，不能说我自作主张。况且，你们做父母的，事先并没有说明这礼物的意义、贵重，没有说不能送人。现在我已经把羚羊木雕送给了我的好朋友万芳。万芳是我最好的朋友，她曾在关键时刻帮助过我。刚送出去的东西，而你们却要我去要回来，你们觉得合适吗？送出去的东西能随便要回来吗？万芳又会怎么看我？

3. 你们还记得孔子的"与朋友交而不信乎"这句话。做人要言而有信，与朋友交往要真诚。诚信，千百年来就是人所必须具有的美德。难道21世纪的我们就不应该具备这些美德吗？为了某种礼物（财物）而失去美德，你们说值得吗？

反方二辩：老师、同学们、对方辩友，大家好！刚才对方辩友说父母送的东西，就应该好好珍惜，不可以把它随便转送给他人。我觉得这是大错特错。既然是父母送给我的东西，那就是我的东西。我的东西，我就有权处理它，当然也就有权转送他人。

正方二辩：老师、同学、对方辩友，大家好！刚才对方辩友说既然送出去的东西就不该要回来，这和明知犯了错误而又坚决不改有什么区别呢？如果犯了错误，而父母听之任之的话，其后果将如何？我们每个同学心中都非常清楚。我们身边也有不少这样的例子，难道你们没有听说"小时候偷针，大了偷金"的俗语吗？

2. 盘问阶段

反方三辩：请对方辩友注意，你们刚才偷梁换柱了，你们引用的俗语和"我送羚羊木雕给万芳"有联系吗？

正方三辩：老师、同学、对方辩友，你们好！我承认我方辩友所引用的俗语不太恰当。但，请对方辩友注意，我们身边因为不听父母劝告而一事无成甚至走上犯罪道路的例子还少吗？

反方一辩：不知大家刚才听清楚没有，对方一辩在陈辞中强调羚羊木雕是一件很贵重的东西，你们只想到木雕的贵重，而忽视了朋友之间友情的重要。难道贵重的东西就不能送人吗？难道这不是重财轻义吗？请正面回答。谢谢！

正方一辩：做任何事情都是有限度的，都应该一分为二。我方并没有否定友情的重要，如果朋友之间过分看重财物、礼物，那就不是真正的友情。真正的友情应该是处处为朋友着想，我想只要你向万芳说明清楚，万芳是不会有问题，不会怪你的。

反方二辩：别人不怪你，你就可以出尔反尔吗？

正方二辩：这不是出尔反尔，而是知错就改。谢谢！

……

3. 自由辩论阶段

正方：万芳是你的最好的朋友，也曾在关键时刻帮助过你，送点礼物是人之常情。我们不是不准你送礼物，只是让你改送其他礼物，如糖果之类的礼物，这样不更符合你们的身份吗？

反方：诚信，千百年来就是人所必须具有的美德。古今中外，有关诚信的故事不胜枚举。难到21世纪的我们就可以不讲诚信吗？你们这样做就是没有诚信，没有诚信会吃太亏的。《狼来了》的故事，难道你们忘了吗？

正方：对方辩友刚才讲到了诚信问题。我方并没有否定诚信的重要，但请对方辩友分清诚信与江湖义气。

反方：你们要我用糖果去换回羚羊木雕，还说这样更符合我们的身份。这似乎有道理。实际上是一种愚蠢的行为，因为它严重伤害了孩子的心灵。

……

4．双方四辩作总结

正方四辩总结：各位评委、老师、同学们，大家好！刚才对方辩友反复强调做人要有诚信，不能出尔反尔。这是对的，但这和知错就改是两码事。每个人都必须清楚自己的身份、地位，这样才不容易出错。对方辩友，你们也同样，只有清楚自己是一个未成年的孩子、学生、消费者，这样才不容易出错。凡事要与父母商量，经父母的同意方可去做，不能自作主张。一旦做错了就要及时纠正并加以改正。所以，我方仍然坚持我方的观点：羚羊木雕应该要回来。

反方四辩总结：各位，大家好！不知大家是否都听清楚了，对方辩友一直在强调羚羊木雕的贵重和意义，这是重财轻礼的表现。但他们却忽视了重要的问题，那就是做人的原则问题、诚信问题。诚信，千百年来就是人所必须具有的美德。古今中外，有关诚信的故事不胜枚举。难道21世纪的我们就可以不讲诚信吗？送出去的东西如同泼出去的水，怎么可以说收就收呢？如果这种现象在社会上形成一种风气的话，那社会会是一种什么样的社会？国家又变成什么样？我相信大家心里清楚得很。所以，我方自始至终坚持：羚羊木雕不应该要回来。

5．评委点评

可以从口才、风度、博学等方面进行点评。

6．教师归纳小结

总的来说这是一场非常激烈、非常成功的辩论会，双方观点明确，并能摆事实讲道理。但其中也有一些问题是值得大家注意的：(1)一定要抓住对方的弱点进行反驳。(2)有些同学言辞过激。通过这场辩论会，我们懂得：遇事不能自以为是、自作主张，否则就会有麻烦或矛盾。

【活动效果】

通过辩论，学生能更好地理解、体会课文的思想内容；懂得了如何运用资料来阐述自己的观点，培养了学生的应变能力和口语表达能力；懂得了合作的重要性。

【活动评价】

本场辩论会，学生参与的热情和积极性很高，气氛非常好，大部分学生能够畅所欲言，特别是在"自由辩论阶段"学生表现得特别突出。平时在课堂很少回答问题的学生都举手发言，课堂气氛非常热烈。不过，在辩论会过程中也出现了一些问题：由于七年级的学生对辩论的技巧还比较陌生，同时学生概括问题的能力有限，考虑问题还比较简单，在辩论过程中出现答非所问、跑题的现象。此外，七年级的学生知识面较窄，在论证过程中缺少具体的事例。这些都需要我们在今后的教学实践中对学生进行有意识、潜移默化的培养锻炼,使学生的素质得到真正的提高。
【相关链接】
　　http://cns.3721.com
【教材定位】
　　人教版语文七年级上册第五单元第二十二课《羚羊木雕》。

（深圳市南山区西丽二中　黄仕芬）

神奇的无底洞

【活动目的】
　　1. 通过表演深入理解文本内容。
　　2. 以论辩展示主题的深邃与技巧的高超。
【活动准备】
　　1. 自由组合小组,用话剧的形式演绎课文内容。
　　2. 对小说的主题、艺术进行思考,准备上课时辩论,可参阅相关资料。
【活动过程】
　　(上课后,学生各自组合小组认真阅读课文,根据各自的特点与特长,把课文演绎成课本剧,然后上台表演,以显示学生对课文的理解与掌握。准备与演出时间各为10分钟。)
　　【场景一】课本剧表演:《神奇的无底洞》
　　一群人围在一起大叫大嚷:"不好了!不好了!"
　　村　　长　(慢吞吞地出来)咋啦?吵吵嚷嚷的!
　　村民甲　(走上前来)不好了!出事啦!村长!昨天那场生猛的台风把那座神庙吹
　　　　　　走了,而且那里还出现了一个深不可测的黑咕隆咚的地洞。
　　　　围在一起的人有的兴高采烈,有的神色恐怖,有的沮丧,有的若无其事……反应不一。
　　村民乙　(对着虚拟的地洞)喂,出来!里面有人吗?
　　众　　人　(齐声喊)喂,出来!里面有人吗?
　　　　然后,众人乱七八糟地对着地洞乱喊。
　　村民甲　喂,出来!里面有人吗?我要扔石头啦!(作用力扔石头状。)
　　　　(这时又上来一群人,有的在拍照,有的在打转,有的在比比划划,有的若有所思。)
　　商　　人　(迈着方步)谁是村长?我要和他商量一下!
　　村　　长　我就是,您老有何吩咐?
　　商　　人　我想把这地洞买下来,你的卖不卖?
　　村　　长　我的这个地洞的不卖!
　　村民甲　你的给我们多少的钱?
　　众　　人　是啊,您能给我们多少的钱?

众人与商人讨价还价。"五千万。""不,三千万。""一分也不能少。""行,就五千万。"

村　　长　不行,我反对。您买洞干什么?谁知道你会不会干有害于我们的事呢?
众　　人　是啊!是啊!不能卖!不能卖!
商　　人　(有点急,摸着头转了一下)要不,我再给你们加点钱,要不……
村民乙　这样吧,你首先保证不会伤害我们。您再帮我们按原来的模样给我们建一个神庙,在神庙的旁边建一个大广场,像城市里的一样,这样我们就可以像城里人一样唱歌、跳舞、打球了……
众　　人　(一齐叫)好主意!就这样吧!
村　　长　你必须交代清楚洞的用途!
商　　人　好,就按你们的要求办!我们准备成立一个"填洞公司"。这是一个无底洞,你们不用担心。你们抓紧时间回去分钱吧!等着过好日子吧!

有人在地洞边挂上了一个牌子,上书"大日本国销毁垃圾净化环境有限公司"。

紧接着,一大群人在舞台上来来往往,把写着"垃圾"、"机密"、"危险"、"核废"、"死尸"……乱七八糟的东西,象征性地往地洞里扔。

忙碌了好一会儿之后。

商　　人　(在舞台的一角哈哈大笑)我终于大赚了一笔。时来铁也生辉,运去金也失色!我现在是大日本国的头号富翁!首相表扬我为解决环境污染问题作出了盖世功勋,哈哈哈!听说联合国也还要给我一个"治理环境污染金质奖"呢!哈哈哈!
村　　民　(在舞台的另一边。笑颜逐开,欣喜地在游逛)你看,你看,村长,我们这里的天空多蓝,水多绿啊!
村　　长　是啊!我们这里的花多美啊,树多翠啊!我们的生活多美好啊!
村民甲　多亏几十年前的那个神秘的无底洞啊!

村民无不喜形于色。

"喂,出来!"突然从天空中飘来一声喊叫,众人起先莫名其妙,然后屏住呼吸,后来有点惊慌失措了。当更大声的"喂,出来"的声音传来时,众人吓得战战兢兢。

村民乙　啊!谁扔的石子?砸在我的头上!啊!谁干的,那么缺德!简直是伤天害理!
众　　人　(大叫)不好了,不好了!天上有许多东西要压下来啦!快跑啊!快跑啊!

众人惊慌失措、恐怖万分地四处逃散。

(课本剧表演之后,师生进行简要的评价。特别是就是否忠于原作,是否体现原作的主题进行交流。然后进行第二个活动:关于主题与艺术特色的自由辩论。)

【场景二】自由辩论:"精湛的艺术与深邃的主题"

学生1　这小说的主题是要我们爱护环境的,艺术上是富有象征意义的。那个黑咕隆咚的洞,其实就是一颗无声的定时炸弹,人类不停地往里面扔垃圾,其实是在拼命地装炸药,当炸药装到一定量时,它就会自爆!人类将为自己的"杰作"付出灭亡的代价!那黑洞还可以看成是我们的肺部或地球的肺部,当人类的垃圾、有害的物质到了一定的时候,我们人类与地球就无药可救了!

学生2　我也认为这小说很有象征意义。小说中的那个黑洞,象征人类无尽索取的大自然,同时又象征着人类的永无休止的向大自然索取的欲望,即俗话说的"欲壑难填"。其实,任何事物都有它的度,人类这样大肆地一味索取,或是那样无尽地伤害大自然,把一切的垃圾丢进黑洞里,自以为一了百了,到头来大自然会报复我们的。就像黑洞里的垃圾重新飞回来一样。我们对大自然做了多少坏事,大自然就会回报加倍的恶果! 所以告诫人们不要仅仅把大自然作为索取的场所。

学生3　我觉得深不可测的洞象征着奥妙神秘的大自然。微不足道的小石头象征着大自然对人类的一点一滴的报复。那个商人象征着社会上为了自己的利益肆意破坏自然的人。

学生4　我觉得这小说是批判人类的自私自利的。是很有讽刺意味的。你看:"他只顾眯着眼睛得意洋洋地望着远处的地平线。啊,我们的城市变得越来越美好啦!"他们是如此的自私自利,他们又是如此的目光短浅! 把子孙后代的资源都用光了,还自以为是;他们为了目前的利益,而根本没有考虑或考虑不到以后的事情,真是太可悲了,正如我们现在的某些地方、某些人只顾自己只顾眼前!

学生5　我就说说小说的讽刺色彩。在人物的细节的刻画上也可以看得出来:"学者心里不禁有些发虚了,他装着镇定自若、胸有成竹的样子关掉了扩音机,用不容置疑的口气吩咐道:'赶快把它填掉!'"这里的对学者的神情的描绘,反映出某一类人因害怕自己无能力将问题搞清楚而被人嘲笑、挖苦,而不得不装出一副镇静自若的样子。还有对警察的煞有介事的维护秩序,也是如此。同时,又是在讽刺整个人类。人类总是以自我为中心,装模作样,一副了不起的样子。其实我们在大自然面前是那样的无知、无奈。

学生6　我觉得小说的讽刺色彩还体现在对人物的漫画式的勾画。不管是对村民的贪图小利还是目光短浅,也不管是对学者的装模作样还是故作高深,更不管是对警察的真正负责还是作秀,作者的描述都是如此的简洁又是如此的生动传神。

学生7　我认为这篇小说富有神秘色彩。从开头台风的突如其来,小庙的神秘消失,无底洞的突兀冒出,无底洞的吞噬万物,然后科学家的无可奈何,城市的天空湛蓝得令人心醉,再到"喂,出来"的喊声从天而降,小石头的横空而飞,似乎都具有一种魔幻的、神秘的、甚至令人害怕的好像《哈利波特》般的那种神秘的色彩。

学生8　我想这小说在结构上有一个明显的特点,就是"循环结构"。开头一声叫喊,一颗小石头飞来,到结尾时又是一声叫喊,一颗小石头飞来。

老　师　我归纳一下所有这些观点:象征与隐喻、神秘色彩、讽刺色彩、循环结构。很好! 大家的发言都富有自己的个性色彩且有创见,同时又没有脱离文本,有根有据,很好!

(课堂里充满着愉快而热闹的气氛,继续完成其他任务。)

【活动效果】

通过对课文的改编与表演,再现了文本内容,让学生对整体的内容有了深层的理解;再对主题与艺术特色进行自由辩论,各自发表看法,让学生深深地感悟到人类对环境、生态破坏的恶果以及可怕的未来;同时他们的富有创见的有根有据的论述评价,有着浓厚的思辨色彩,闪烁着智慧的光芒。

【活动评价】

　　课本剧表演时,若再提供一些"声、光、电"的现代化的道具,效果肯定会更好(如结束时的那种"灭顶之灾"的恐怖气氛的营造)。后边的辩论,若先把观点相同的学生集中在一起,发言会更深刻一点。

【相关链接】

　　1. 安然主编:《20世纪末10年中国科幻小说精品选》,作家出版社2003年版。

　　2.《星新一微型小说选》,湖南人民出版社1984年版。

【教材定位】

　　人教版语文八年级下册《喂——出来》。

(深圳市南山区松坪中学　刘清梅)

当一回吴冠中的弟子

【活动目的】

1. 在语文课堂上画画,激发学生学习的兴趣。
2. 利用绘画手段,在实践中加深学生对"美"的内涵的认识。
3. 充分调动学生的视觉想像力和形象思维力,感受文字的形象性,把握文字的内涵,提高学习效率。

【活动准备】

1. 全班分成五个小组,以绘画能力较强的同学为小组组长,每小组必配一个语文能力较强的学生。
2. 以课文第二、四段中所描述的五幅图画为内容,每组分别完成一幅作品。绘画材料不限。
3. 联系美术老师,在美术课上对各小组进行指导。
4. 结合本组绘画作品,对文章做简要分析,准备口头发言。

【活动过程】

1. 活动导入

师:我们已大致了解了文章的结构和主要内容,作为一个画家,作者没有在本文中谈桥本身的结构美,也没有论述桥的发展史,而是以画家的标准和眼光,发掘桥在不同环境中所产生的美学效果。那么,桥究竟有怎样的美感呢?下面老师想把课堂交给大家,请同学们来挖掘。画家用生动流畅的文字为我们描绘了一幅幅美丽的图画,就让我们在画家的指导下来进行我们的创作吧。

各小组把你们已经准备好的作品拿出来,然后另画一幅,内容一样,只是这一幅中不要画桥。给同学们5分钟的时间。

师:各小组都已完成了新的作品,请把两幅画放在一起比较一下它们的不同,并结合原文说说"桥美在何处"。时间也是5分钟。

(教师在各小组中巡查,及时解决问题。)

2. 活动交流

师:现在请同学们展示合作学习的成果。第一组——

生1:我们的画名是《小桥流水人家》。文中提到的"块面"、"线",是西洋画中的几个最基本的要素。请大家看我们的作品。(用投影展示作品。)

房屋正是一个块面,流水不正是一条条长线、曲线吗?一座小桥横跨中间,使整个画面构成了一个整体。所以吴大师说"桥是媒介",是"沟通线、面间形式转变"的桥。(台下同学纷纷点头。)再看看我们的第二幅画(投影),画中没有了桥,房屋和流水被孤立开来,整个画面就散了,画面显得如此单调,如此死板,真是"大煞风景"呀!(掌声)

师:(鼓掌)很好,钟锡朗同学不愧我们的"绘画高手",把这段人人头痛的文字解释得深入浅出。是呀,也许,在马致远的词中,小桥不算是最重要的意象,但在画面中,它却是不可或缺的。当我们明白了桥的重要性之后,是不是越发增加了好奇心——桥究竟美在何处?不急,作者给我们列举了四个例子。第二组请上台——

生2:我们的作品叫《芦苇与桥》,刚读到这一段文字时,我们一个个都成了"丈二和尚"(台下有笑声,有人在点头)。我们请教了老师。老师指导我们再次仔细读了原文。

文中说,"仿佛发闷的苇丛做了一次深呼吸,透了一口舒畅的气",这里很明显用了拟人的手法。为什么苇丛会发闷?深呼吸又是什么意思?当我们再次把两幅画放在一起比较后,一下子恍然大悟。没有小桥的画面满是芦苇,密密麻麻,真是密不透风,不仅苇丛发闷,就连我们人也发闷啦——(有意地拖了一个长腔,同学们都笑起来。)

生3:请看有桥的画,有了桥,视野开阔了,画面疏朗了,嗨,透了一大口气呀——(如释重负般吐了一口长气,台下又笑了,响起了掌声。)

(第三组组长跑了出来。"哎,我们组还没完啦!"第二组组员赶忙说。)

生4:大家请看,这芦苇丛正是一个块面,而桥是线,桥在画面中不正起到了沟通作用吗?正印证了第二段的内容。

(第三组组长跑上了讲台。)

生5:我们的作品名为《江南早春》,比第二组的画名可俏皮多了。

师:第二组的画名确实要改改。

生5:作画时,我们在绘画材料上进行了讨论,最后确定为水彩,因为只有水彩的透明色才能表现江南早春的明媚。从色彩上看,柳是翠绿的,石桥是灰色的,这两种颜色搭配非常和谐;从形体上看,石桥强,杨柳弱,石桥重,杨柳轻,石桥是静止的,杨柳是飘拂的;质感上,两者也截然不同,一个坚硬,一个细嫩。归纳起来,一个是阳刚的代表,一个是阴柔的典型,两种反差巨大的事物却和谐地统一在一幅画中,形成了独特的美感。

(同学们露出不相信的神色。)

生5:不瞒大家,我们组请教了老师。(台下笑。)

师:我点了一下,但主要还是她们思考的。刚才有许多同学在问"晓风残月"是什么意思,这是出自于宋代词人柳永的名句:"今宵酒醒何处?杨柳岸晓风残月。"(板书)下课后,大家可以去阅读宋词《雨霖铃》,我想对这幅图画的美应有更深的理解。第四组同学请上台。

生6:我们要给大家介绍的是"长桥之美"。把这两幅画比较一下,你就全明白了。没有桥,画面单调乏味,有了桥,画面熠然生辉,生机勃勃。你看,湖水苍茫,水天一色,长桥像龙一般,卧在水面上,整个画面气象宏伟,意境深邃。下面请谢思慧同学作更深入的阐释。

生7:作者说:"如果坐小船沿桥缓缓看一遍,你会感到像读了一篇史诗似的满足。"我觉得,这句话很好地阐释了长桥之美。史诗的美,在于它的丰富,它的深邃,而长桥呢,因为它长,它容纳了更多的风景,坐着船走上一遭,两边的风光像一幅卷轴画在我们眼前一一展开,正像一首史诗般丰富,并给人无限的联想和想像。

（教室里响起了热烈的掌声。）

师：第四组同学的表现非常精彩。对文章的把握准确,有深度,语言表达十分准确。第五组——

生8：老师,第三组没给画题名。

生7：我记得有一个词——长虹卧波,用在这里不是正好。

师：很恰当。第五组已经迫不及待要上来了。

生9：很抱歉,我们的画太糟了。（众人笑,的确有点糟。）山水还好画,可这风雨桥太难画了。为了画好它,我们查阅了很多资料,不料却有了一个意外的收获。（生10给大家展示图片资料。）正如作者所说,风雨桥都在地势险峻之处,"桥下多半是急流",四周的山上一定有"飞瀑流泉"悬挂其间,风景都十分迷人。风雨桥的"桥面上盖成遮雨的廊和亭",人在桥上,真是风吹不着,雨淋不着,虽然身处险境,越发能给人安闲、自在的感觉。经过长途跋涉的人怎么不会"在此驻足欣赏风景",爱美的画家和摄影家又怎么不会为此陶醉呢？（掌声）

生11（其他组发难）：那桥究竟美在哪里呢？

生12：关于这一点我们认真进行了讨论,并且请教了老师。请大家想像一下,在如此险恶的地方仍有风雨桥坐落其间,仍有两三个旅人在此驻足,是不是会给你带来丰富的联想？桥的安闲与周边的险恶形成反差;桥腾空的灵动和山崖的厚重形成反差;桥的稳健和急流飞瀑的变化形成了反差,这一切却又和谐地融为一体,我们想,这里的美应该是和谐之美吧。

师：第五组的解说很有启发性。同学们可以回顾一下,在以上的四个例子中,桥或为主体,或为陪衬,但都与周围风景成为和谐的一体,共同构成了入画的景致。也就是说,桥与环境完美地融合才使桥具有了美。关于这一问题,作者在下面还有更深入的阐述。

（有不少同学在点头。）

3. 活动小结

师：正所谓名师出高徒,吴冠中的弟子果然人人了得。我们的画,很直观地展现了桥的美,同学们的口头分析更加深了我们对美的理解。作者说,"把桥拆尽,会彻底摧毁画家眼中的结构美,摧毁形式美",那么,是不是只要有桥,就有了风景,就必然能构成画面呢？请同学们带着这一问题往下读。

【活动效果与评价】

这节课下来,我感觉是不错的。课堂上避免了空洞的讲析,又充分调动了学生的学习积极性和主动性,探究能力、合作能力、动手能力也得到了培养。把内容画出来,使蕴涵丰富的文字简单化,使含蓄的文意直观化,学生学得轻松、明白,提高了学生的学习效率;把画画引进语文课堂,跨学科的学习,使学生在阅读和绘画的交叉、渗透和整合中开阔了视野,课堂气氛活跃,开放而富有活力。

阅读是学生的个性化行为,不能以教师的分析代替学生的阅读实践。以前,我常以课文太难,学生基础不好为借口,剥夺了学生自主学习的权利。其实,再难的文章,只要交给学生一把开启的钥匙,他们都有能力学好。

【教材定位】

人教版语文八年级上册第十二课《桥之美》。

(深圳市桃源中学 袁 静)

聚散两依依

【活动目的】

1. 课程标准明确提出了"使学生在各种交际活动中,学会倾听、表达与交流,初步学会文明地进行人际沟通和社会交往,发展合作精神"的要求。开展课文片断表演,以提高学生的语言组织能力、创造力和团结协作的能力。

2.《那树》是王鼎钧先生一篇文质兼美的散文,文章在表情达意方面尽量节制和含蓄,语言非常值得体味。学生对这种有一定思想深度的散文还是不太容易把握,因此让更多的学生能够参与,而不是少数同学拥有表现机会,势必能调动学习积极性,也便于深入了解文章的内涵。

【活动准备】

1. 安排学生查找与动物相关的感人故事,激发他们对动物的感情。

2. 第一课时结束后,学生4~6人自由组合成一个小组,把大树和蚂蚁的对话编写出来,时间为2~3分钟,要求有角色分工,便于第二课时的活动安排。

【活动过程】

【场景一】小小故事会(第一课时)

1. 导入时,恰当运用多媒体展示水土流失、洪水肆虐、珍稀动植物被毁的画面。老师声情并茂地解说。

2. 学生用自己的话概括文意,交流初读课文的感受。

结合文章内容品读语言和体会作者寄寓的感情。通过学生讨论及老师的点拨后,文章脉络主旨清晰可见。以期引起学生的共鸣。

3. 通过讨论主旨,同学们对大树和蚂蚁乃至世间万物都具灵性深有感触,老师先给同学们讲了一个发人深省的故事:从前有一棵树,她很爱一个小男孩。男孩常和她玩。有一天男孩来到树下说:"我要去玩,你可以给我一些钱吗?"树说:"拿我的苹果去卖吧。"于是男孩把苹果通通摘走了。过了好久,男孩回来了,树高兴得发抖。男孩说:"我想要一间房子保暖。"树说:"你可以砍下我的树枝去盖房子。"于是男孩砍下了树枝去盖房子。当男孩再回来时,他说:"我想离开这里,你可以给我一条船吗?""砍下我的树干去造船吧!"树说。于是男孩砍下树干造了船。过了好久,那男孩又再回来了。"很抱歉,"树说,"我没有东西可以给你了,我只剩一块老树根……"男孩说:"我只要一个可以休息的地方。""好啊!"树一边说,一边努力挺直身子,"树根是最适合坐下来休息的。坐下来休息吧。"男孩坐了下来,树好快乐……

4. 同学们听后纷纷发表了看法,对人类那种不知回报的向大自然索取的行为深有感触。有同学就提到了以前学过的《珍珠鸟》《斑羚飞渡》等课文,有一位同学讲了一个西北严重缺水时的故事:解放军的军队运水车经过一个贫困山村时,一头老牛不惜拦路阻车为了救小牛,解放军战士都被这种情景深深打动了……李瑶同学给大家讲了一个真实的故事:在去年某一天热闹的北京街头,一只小狗在三环主路上,被来来往往的车撞死了,但是谁也没有想到,它旁边的三个同伴,居然不顾正是高峰的滚滚车流,忠实地守护着死去的小狗。过往的司机都惊呆了,平时大家碰上堵车,所有的人都心急,但在那一天,所有的人都不再埋怨,大家看着那三只小脏狗,心里有的只是感动。讲到这里,课堂出现了短暂的沉默,同学们都沉浸在故事情境中,不免动容。

【场景二】角色大比拼(第二课时)

1. 在第一课时了解课文主旨的基础上,通过了小小故事会的活动,同学们的学习兴趣已经充分被调动起来了,第二课时主要进行文章含蓄、生动、富有诗意的特点的学习。

2. 老师要引导学生鉴赏本文的艺术性。可从以下几方面来赏析:语言含蓄隽永、意味深长,托物寓意手法的运用,拟人修辞格的运用,写景状物生动活泼,创设了庄严、悲壮的气氛,渲染了悲剧色彩。

3. 第二课时之前,已安排同学进行大树和蚂蚁离别一幕的对话描写,因课前做了充分准备,而且规定了每4~6人的小组只有规定的2~3分钟时间,所以,活动非常紧凑,同学们编写了风格各异的对话内容,大家都有展示的舞台,耗时也不长,20分钟之内的表演时间,绝大多数的同学又都能参与其中,这比那种仅仅是少部分同学参与的课本剧表演能更大限度激发同学们参与的热情,也能极大地调动小组合作的积极性,而其中,同学们的智慧处处在闪耀着夺目的光芒,以下是其中三组对白,供参考:

对话一:

大树:亲爱的蚂蚁们,我的一生就这样过来了,灿烂过,辉煌过,虽然如今落得这样的结局,但是,我不后悔,因为临终前还能有你们的关怀,足够了!

蚂蚁1:大树爷爷,你怎么啦?怎么突然说这种话呢?人类欺负你了吗?

蚂蚁2:谅他们也不敢,小小的人类怎么敢招惹我们的大树爷爷?

大树:人类即将要夺去我的生命,但是我不怕,我是在满足中死去的,因为我的一生作为让我感到无比的骄傲。

蚂蚁1:可恶的人类为什么那么不知好歹,不懂得报恩……

蚂蚁2:就是!人类不是常说要饮水思源吗?当年是谁为他们撑开绿阴供他们乘凉?是谁让空气变得清新适宜?

大树:你们走吧!你们不要白白送了命,要好好活下去,继承我的品德。

蚂蚁2:我们不走!

蚂蚁1:对,不能走,要死一起死!我们是在你的呵护、帮助下长大的啊!

大树:如果你们爱我的话,就应该好好活下去,否则,我死不瞑目!

蚂蚁1、2:既然这样,那我们走了,我们会永远记住你的!将永远以你为荣!

对话二：

大树：蚂蚁朋友，我将要被人类砍伐了，你们快走吧！

蚂蚁1：我们非常感谢你多年的照顾关怀，怎么舍得离开你呢？

大树：你们将要到哪里去呢？

蚂蚁2：我们想要搬到另一棵树那里去！

大树：什么？另一棵树？不可以啊！太危险啦！当人类发展到那里时，那棵树也会遭受和我一样的命运。

蚂蚁1：那我们搬到哪里去呢？

大树：先到遥远的森林里去吧，那里树多人少，还能暂时避一避，远离人类才是万全之策！

蚂蚁2：是啊！那永别啦！亲爱的大树！

大树：永别啦！务必记住：远离人类！

对话三：

大树：你们这些小家伙快走吧！不久之后就有大难降临在我身上！

蚂蚁1：我们经过几十代的繁衍，才建立如此强盛的蚁国，我怎么舍得离去呢！

大树：多年的共同生活，我感到很快乐，但我不想你们和我同遭此劫！蚁国的众民还需要生存啊！

蚂蚁2：我们身为家园的保护者，战斗是战士的使命，我们必须奋战，等待蚁后的命令！

大树：我死了，只是一条生命的离去，而你们蚁国还要远征，开辟新的国土，要保全实力，不要做无谓的牺牲，人类发明了一种叫做DDT的杀虫水，危害极大，一旦喷洒，无论你们的数量多么巨大惊人，都会必死无疑，我不要见到这种尸骸遍野的场面。

蚁后：为了报答大树的恩德，所有蚁民绕树一周，做最后的道别！我族民必须报此大仇，要世代入侵人类的家园，干扰人类的生活，以此来以牙还牙！

【活动效果】

课本片段对白的设计和表演能充分给予学生展示的机会，从对白设计、环节的衔接到角色的语气把握，这些都是由同学们自己完成的。每一个小组的表演都有自己的内容和特点，同学们都在精心表现和用心观看，每一个人都可以同时成为表演者和观众，短小精悍的片断表演不时引起他们的阵阵掌声。通过片断对白的表演，同学们加深了对课文主旨的认识，既锻炼了语言组织能力，同时也发展了合作能力。

【活动评价】

爱因斯坦曾经说过："想像力比知识更重要，因为知识是有限的，而想像力概括着世界上的一切，推动着世界进步，并且是知识的源泉。"想像力是创造能力形成的基础，而创新又是民族发展的源泉与动力，因此，老师在课堂教学中，有意识地培养学生的想像能力是大有裨益的。

通过这一篇课文的教学，我深深感受到学生思想中的闪光点，那种表述贴切而又不失孩子的童真，那种对自然万物由衷的热爱不加矫情，那种试图诠释人与自然关系的尝试难能可贵，那种尚且稚嫩的"演技"却又最能让人发自内心地称赞与微笑。同学们的单纯、率真犹如一泓清泉,荡涤心尘……

　　孩子们尤为可贵的是那不受约束的想像力,新课程的课堂的灵动与鲜活,带来的是知识吸收、智力活动、情感体验、创造能力的提高的"活力"。

【相关链接】

　　1. 绿网：http://www.green-web.org

　　2. 绿色北京：http://gbj.grchina.net

【教材定位】

　　人教版语文九年级下册第十课《那树》。

(深圳市南山区桃源中学　张宇敏)

外国作品

走进音乐巨人贝多芬

【活动目的】

1. 具体、全面了解贝多芬的生平事迹,培养学生高尚的道德情操以及挑战自我、战胜困难的勇气,树立正确的人生观、价值观。
2. 培养学生的口语表达能力、收集筛选信息的能力、小组合作的能力等。

【活动准备】

全班学生阅读《名人传》贝多芬部分,结合网络资源全面了解贝多芬(包括生平事迹、伟大创作及不朽的精神等),为活动做好充分的知识储备。全班学生分成三大组,学生根据自己的兴趣爱好自愿组合。

第一组:几位同学组成导游组,介绍贝多芬的生平故事。推选两个主持人。

第二组:喜欢表演的同学,选出贝多芬经历中最触动人心的部分改编成剧本并排练。

第三组:部分有一定文学、艺术特长的同学,准备好乐器弹奏、舞蹈表演、诗歌创作、人物绘画等,向同学们诠释自己心中的贝多芬形象。

【活动过程】

建议:此次活动安排在七年级(下)进行,结合《名人传》的阅读以及课文《音乐巨人贝多芬》的学习,让巨人能够真正走进学生的心灵,对他们的人生产生一定的影响。

第一站:边走边看——走进贝多芬(5分钟)

二位主持人结合幻灯以导游的身份介绍贝多芬的相关情况,带领大家走进贝多芬的世界。

贝多芬故居

解说词：各位游客，现在我们来到了贝多芬的故乡——德国波恩，这是一个具有浓郁文化气息的小城。在人们心里，它似乎就是用无数的音符构成的，每一阵微风中都飘荡着曼妙的音乐之声，它赋予贝多芬以灵气，成就了一个音乐巨人的辉煌。大家看，这座古老的房子就是贝多芬的出生地，古朴而又典雅，它记录了巨人一生的奋斗与抗争。我们面前的这台钢琴，曾经陪伴贝多芬走过了无数艰难的岁月，钢琴上的乐谱是贝多芬留给世界的最精美的礼物。正对钢琴的这幅画像，是少年时代的贝多芬。炯炯有神的双眼和棕色的鬈发，透露出一种睿智和英气，显示出年少时的贝多芬才华横溢、卓尔

不群的音乐家的气质。右边的是老年时的贝多芬，岁月的沧桑销蚀着他的肉体，却不能毁灭他顽强搏击的精神，他深邃的目光里有着对音乐的执著追求，也有着对命运的不断挑战。虽然贝多芬已经离开我们两个多世纪了，可他不朽的精神却永存世间，烛照宇宙。为了创作，他曾欣然忘食；为了乐曲的完美，他留下了十二次修改的记录；为了民族的尊严，他义气干云，拒绝为侵略者演奏。大家看！这是后人为贝多芬构筑的墓地，黑白的搭配表现了贝多芬一生一清二白、不屈不挠的性格。"我要扼住命运的咽喉，它决不能使我屈服。"这是贝多芬留下的昭示天下的最强音。

第二站：激情表演——再现贝多芬（5分钟）

此剧名为"悲惨的一天"，由六名同学组成，分别扮演贝多芬、贝多芬的侍从John、小提琴师、调酒师、贝多芬的好朋友亚历山大。推荐一名同学做旁白，解说剧情。

旁白：这是贝多芬一生中最不幸的一个早晨……（插入刺耳的噪音声，贝多芬坐在桌子边，用手捂着耳朵。）

贝多芬：喂，John你听见什么了吗？

John：没有啊，贝多芬先生。

贝多芬：没有？（贝多芬用力地拍桌子，看着John。）

贝多芬：有声音吗？

John：有啊!?

（贝多芬走到另一处，在钢琴上用力地弹奏以后，看着John。）

贝多芬：你能听见？

John：能。

贝多芬：什么？

John：（大声地）我说能，先生。

（贝多芬拿纸给John，让他写出来。）

（John拿过纸，把说的话写在纸上，递给贝多芬看。）

（贝多芬惊惧而又惶惑地抓捂着自己的耳朵，看着John。）

旁白：贝多芬开始头痛起来，但他还没有意识到他双耳失聪的事实，他向城镇走去。他走到一个拉小提琴的人旁，毫无声音；走到酒吧里，到处可以看见忙碌的人，为什么一点声音也没有？天气转阴，他慢慢走向了磨房。这时雷电交加，风声大作。（用幻灯表现天气的变化）突然……（音效：炸雷）

（贝多芬好像被雷劈到一样，猛然站了起来。）

贝多芬（用手指着天空，笑）：来吧，雷公！我要和你比赛，我要向你挑战！

旁白：在贝多芬身边的John害怕贝多芬会出什么事，冒着雨跑到了贝多芬的朋友家。

亚历山大：哦，天哪！你这是怎么了？

John：贝多芬先生很不对头，你快去看看他吧！

亚历山大：出了什么事？

John：我也不知道。他从外面回来就没有说过一句话，一直把自己关在房子里，我真担心他会出什么事。

亚历山大：走，我们去看看。（亚历山大抓起一件雨衣，和John一起冲进了暴雨中。）

旁白：当他们走近磨房时，贝多芬正疯狂地敲击着钢琴键盘，一首撼人心魄的乐曲正伴随着暴风雨的轰鸣从他的指间流出。（插入克莱德曼钢琴曲《命运》。）

亚历山大（意味深长地看着John）：有音乐和他做伴，他不会有事的。我看我们还是不要打扰他，让他尽情地去吧！我们明天再来。

旁白：亚历山大和John悄悄离开了磨房，他们身后响起一阵激越的钢琴声，他们知道，又一首著名的乐曲将从此诞生。

第三站：真情演绎——解读贝多芬（10分钟）

建议根据课堂以及学生情况，从以下环节中选取学生最有兴趣并有能力加以完成的开展活动。

1. 乐器弹奏：《月光曲》或《致爱丽斯》

学习乐器的同学，大多能弹奏贝多芬这两首著名的乐曲，准备可提前二至三周进行，建议先查阅资料，在充分了解乐曲创作背景的前提下，完成乐曲的练习、演奏。

2. 舞蹈表演：《命运》或《小步舞曲》

《命运》和《小步舞曲》是两种不同风格的乐曲，《命运》刚劲有力、节奏紧促，《小步舞曲》柔婉轻灵、节奏和缓。《命运》可选择三女两男来表演，注意动作的幅度要大，要有力度。《小步舞曲》可选择四个女同学来表演，注意动作要柔美轻盈，编排中可适当加入交谊舞的动作。

3. 绘画展示：贝多芬的素描、油画或漫画

选择绘画的同学可根据自己的绘画习惯，用素描、油画或漫画的形式来表现自己心中的贝多芬形象。要求在展示绘画作品时，向同学们解说自己绘画的思路和表现的内

容。

4. 诗歌创作：反映贝多芬的人生遭遇、伟大精神或乐曲创作等。

建议在展示诗歌创作时，结合贝多芬的乐曲欣赏同时进行。同学们可选择自己熟悉、喜欢的贝多芬乐曲作为朗诵的背景音乐，烘托气氛，突出主题。（如《月光曲》、《英雄交响曲》等）

推荐两首学生习作供参考：

伴随月光
—— 感受《月光奏鸣曲》

在月光之下，
那柔和的旋律
像是少女迈出的轻盈的脚步，
如同采撷夏日里的一朵菊花，
持久清新。
似乎是瞬间留下的微笑，
使悲哀的心灵暂时得以解脱。
一轮冷月残照高空，
平静而淡漠。
冥想的柔情，
悲伤的吟诵，
也有阴暗的预感，
永久的花魂伴随着月光，
弥久难忘。

惟 一

命运剥夺了我完整的身体，
我却用它来创造命运。
我不相信命运，
哪怕它百般折磨，
但我知道，
命运赋予的苦难不能磨灭坚强。
一具皮囊，
禁锢不了我的灵魂。
我不习惯称臣，屈服，
我用自己的肩膀，
托举起属于我自己的世界。
我会，
学习，聆听，用我的眼睛，
没有什么能征服我，
我就是惟一——贝多芬

【活动效果】

  本次活动的开展,有效地完成并加深了同学们对《名人传》的阅读和理解,提高了学生间的团结、协作精神。学生多方面的才艺展示,增强了活动的多元性、趣味性、知识性。贝多芬的坎坷经历、顽强不屈的精神,在学生心灵中引起了共鸣,对他们树立正确的人生观、价值观产生了一定的影响。

【活动评价】

  本次活动达到了预期目标,只是短剧表演的同学还稍微显得有些拘谨,教师在平时学习中应多注意指导和训练。

【相关链接】

1. [法]罗曼·罗兰著,傅雷译:《名人传》译林出版社2003年版。
2. 赵鑫珊:《贝多芬之魂》,上海音乐出版社1997年版。
3. http://www.xdvod.com(心动影院)。
4. http://www.china.mp3.com(中国古典音乐网)。
5. http://www.fly.julonghk.com(文艺音乐网)。
6. http://www.61.177.60.288/jswy/gxf/index.htm(贝多芬音乐网)。

【教材定位】

  人教版语文七年级下册第十三课《音乐巨人贝多芬》。

(深圳市南山实验学校 马 蓉)

见风使舵的奥楚蔑洛夫

【活动目的】

1. 通过编写剧本，把握人物动作、语言和心理活动的戏剧性特征。
2. 通过话剧演出活动，深入理解作品的内涵及小说的讽刺特色。
3. 通过参与演出和欣赏活动，领悟警官奥楚蔑洛夫的性格特征，探讨他几次"变色"的思想根源。

【活动准备】

1. 引导全班学生认真研读课文，在理解作品的基础上，将小说改编成剧本。经过小组评阅，选择优秀的剧本作为表演的脚本。
2. 自行组织并选择搭档，组织表演团队，分配角色，课下演练，熟悉台词。
3. 搜集或制作与情节有关的图片和音像资料，制作成幻灯片。

【活动过程】

1. 教你写剧本

剧本是表演的前提和基础，没有好的剧本，就演不出好的戏剧来。怎样写好剧本呢？

编剧本与写小说是两码事。简单来说，要写好一个故事，首先要构思好你的故事走向、人物关系、情节高潮、主题思想等。美国好莱坞有一套编剧规律：开端、设置矛盾、解决矛盾、再设置矛盾，直至结局。中国也有自己的编剧规律：起、承、转、合。

写作剧本应该注意两个问题：正确的态度和鲜明的主题。改编小说《变色龙》，先要注意自己对待奥楚蔑洛夫等人的态度如何，考虑好你想要表达的主题思想是什么。比如你在改编时想要突出他见风使舵的性格特征，可以通过人物自己前后矛盾的语言来揭示他见风使舵的特征。

表演时，奥楚蔑洛夫的行为动作和故事情节发生在舞台上，观众是第四面墙，他们在偷听舞台人物的秘密。要用人物自己的语言、动作和神态来表现他见风使舵的性格特征。写作时，注意介绍时间、地点、人物和情节、场景，注意人物对白和动作、神态。演出时，注意语气和表情、动作。

实践：大家动手把《变色龙》改写成剧本。

2. 评选优秀剧本

教师召集同学一起评选优秀剧本。评委成员由课代表、组长等七人组成。

将评选出的优秀剧本作为脚本，由编者本人组织演员，课下排练。

3. 优秀剧本表演

人物：警官奥楚蔑洛夫、巡警、首饰匠赫留金、围观群众、普罗诃尔

时间：1884年9月8日

地点：空无一人的广场上

幕启。音乐声起，低沉地。

商店和饭馆的门无精打采地敞开着，面对着上帝创造的这个世界，就跟许多饥饿的嘴巴一样；店门寂静得连一个乞丐都没有。

市面萧条冷落，死气沉沉。

画外音：19世纪沙皇专制统治黑暗而腐败。

人物出场。

警官奥楚蔑洛夫穿着新的军大衣，提着个小包，得意洋洋地阔步前进。他身后跟着个巡警，火红色头发，端着一个筛子，盛满了没收来的醋栗。

音乐声落。

奥楚蔑洛夫：今天外出巡逻尚有收获，满载而归。

巡警：是的。这些醋栗看上去很新鲜，味道一定也很美，回去可以好好享用了。

赫留金：（哭丧着脸）好哇，你竟敢咬人，该死的东西！伙计们，别放走它！这年月，咬人可不行！抓住它！哎哟，……哎哟！（穿着浆硬的花布衬衫和敞开怀的坎肩。他紧追那条狗，身子往前一探，扑倒在地，抓住那条狗的后腿。）

围观群众：（带着睡意，从商店里探出头来，像是从地底下钻出来的一样）别放走它！

巡警：警官，可能出乱子了。

奥楚蔑洛夫走到木柴场门口。

赫留金：（露出半醉的神情）我要揭你的皮，坏蛋！（举着受伤的血淋淋的手指头，仿佛是一面胜利的旗帜。）

奥楚蔑洛夫：（挤到人群里）这儿到底出了什么事？（面向赫留金）你在这儿干什么？你干嘛竖起手指头？……是谁在嚷？（轻蔑地瞧一眼那狗。）

音乐声起。屏幕上一条小狗在尖叫。一条白毛小猎狗，脸尖尖的，背上有块黄斑，此时正坐在人群中央的地上，前腿劈开，浑身发抖。它那含泪的眼睛里流露出悲苦和恐惧的神情。

画外音：无人豢养，饿得精瘦，变成野狗了。音乐声落。

赫留金：长官，我本来走我的路，没招谁没惹谁，……（赫留金攥着空拳头咳嗽）我正跟密特里·密特里奇谈木柴的事，忽然，这个贱畜生无缘无故就咬了我的手指头一口。……您得原谅我，我是个干活的人。……我做的是细致活儿。这得叫他们赔我一笔钱才成，因为也许我要有一个星期都不能动这根手指头啦。……长官，就连法律上也没有那么一条，说是人受了畜生的害就该忍着。要是人人都这么让畜生乱咬一阵，那活在这个世界上还有什么意义呢……

奥楚蔑洛夫：嗯！……不错，……（严厉地，干咳一声，拧起眉头）不错。……这是谁家的狗？我决不轻易放过这件事！我要拿点颜色出来叫那些放出狗来闯祸的人看看！那些老爷们既然不愿意遵守法令，现在就得管管他们！等到罚了款，他，这个混蛋，才会明白把狗和别的畜生放出来有什么下场！我要给他点厉害瞧瞧……叶尔德林，（对巡警）你去调查一下，这是谁家的狗，打个报告上来！这条狗呢，把它弄死好了，马上去办，别拖！这多半是条疯狗。……（忽然迟疑地，挠着腮帮）请问，这到底是谁家的狗？

围观者：好像是席加洛夫将军家的！

音乐声起。屏幕上。一条名贵的、纯种的狗，很英俊潇洒的模样。一位将军，立在其右。

画外音：遇见所有的阔人都驯良，遇见所有的穷人都狂吠。（媚上欺下，趋炎附势。）

音乐声落。

奥楚蔑洛夫：席加洛夫将军家的？哦！……你，叶尔德林，帮我把大衣脱下来。……真要命，天这么热！看样子多半要下雨了。……（向赫留金）只是有一件事我还不懂：它怎么会咬着你的？难道它够得到你的手指头？它身子矮小，可是你，长得这么魁梧！你这个手指头一定是让小钉子扎破了，后来却异想天开，想得到什么赔偿费了。你这种人啊……是出了名的！我可知道你们这些鬼东西是什么玩意儿！

观众：长官，他本来是开玩笑，把烟卷戳到狗的脸上去；狗呢，当然不肯做傻瓜，就咬了他一口。……他是个荒唐的家伙，长官！

赫留金：胡说，独眼鬼！你什么也没看见，为什么要胡说？长官是明白人，看得出来到底谁胡说，谁像当着上帝的面一样凭良心说话；要是我说了谎，就让调解法官审问我好了。他的法律上写得清清楚楚，现在大家都平等啦。不瞒您说，我弟弟就在当宪兵……

奥楚蔑洛夫：少说废话！

巡警：不对，这不是将军家里的狗，……（深思地）将军家里没有这样的狗。他家的狗，全是大猎狗。……

音乐声起。屏幕上，一条小狗，毛色不好，模样也不中看。

画外音：还不知道我的主人是谁？（见风使舵，不知羞耻。）

音乐声落。

奥楚蔑洛夫：你拿得准吗？

巡警：拿得准，长官……

奥楚蔑洛夫：我也知道。将军家里都是些名贵的狗，纯种的狗；这条狗呢，鬼才知道是什么东西！毛色不好，模样也不中看，……完全是下贱胚子。……居然有人养这种狗！这种人的脑筋上哪儿去了？要是这样的狗在彼得堡或者莫斯科让人碰见，你们猜猜，结果会怎样？那儿的人才不管什么法律不法律，一眨眼的工夫就叫它断了气！你呢，赫留金，受了害,我们决不能放过不管。得好好教训他们一下!是时候了。

巡警:　　不过,也说不定就是将军家的狗……(将信将疑地)它的脸上又没写着。……前几天我在将军家院子里看见过这样一条狗。

观众:　　没错儿,是将军家的!

奥楚蔑洛夫:嗯!……你,叶尔德林老弟,给我穿上大衣吧。……好像起风了,怪冷的。……你把这条狗带到将军家里去,问问清楚。就说这狗是我找着,派你送上的。……告诉他们别再把它放到街上来了。说不定这是条名贵的狗,要是每个猪猡都拿烟卷戳到它脸上去,那它早就毁了。狗是娇嫩的动物嘛。……你这个混蛋,把手放下来!不用把你那根蠢手指头摆出来!这都怪你自己不好!……

巡警:　　将军家的厨师来了,问问他好了。……喂,普罗诃尔!过来吧,老兄!你来看看这条狗,是你们家的吗?

普罗诃尔:　瞎猜!我们那儿从来没有这样的狗!

屏幕上,一条野狗,囚犯一般坐在地上,神情沮丧。

奥楚蔑洛夫:那就用不着白费工夫上那儿去问了。这是条野狗!用不着白费工夫说空话了。……既然普罗诃尔说它是野狗,那它就是野狗。弄死它算了。

普罗诃尔:　这不是我们家的狗,这是将军的哥哥的狗,他哥哥是前几天才到这儿来的。我们将军不喜欢这种小猎狗,他哥哥却喜欢。

奥楚蔑洛夫:他老人家的哥哥来了?乌拉吉米尔·伊凡尼奇吗?(整个脸上洋溢着含笑的温情)哎呀,天!我还不知道呢!他是上这儿来住一阵再走吧?

普罗诃尔:　是来住一阵的。

音乐声再起,戏谑地。屏幕上,一条小狗,聪明伶俐的样子。

警官先生正弯腰学着它的叫声,呜呜……呜呜……(奴颜媚骨,丑态百出。)

奥楚蔑洛夫:哎呀,天!……他是惦记他的兄弟了……可我还不知道呢!这么说,这是他老人家的狗?高兴得很哩……您把它带走吧。这条小狗还不赖,怪伶俐的,一口就咬破了那个家伙的手指头!哈哈哈哈!……咦,你干嘛发抖呀?呜呜,……呜呜。……这坏蛋还生气了呢,……好一条小狗崽子……

普罗诃尔喊一声小狗的名字,带着它离开了木柴场。

那群人就对着赫留金哈哈大笑。

奥楚蔑洛夫:(恐吓地)我早晚要收拾你!

裹紧大衣,穿过广场径直走了。

4. 说说你的演出心得

演员说说自己的演出感受,或者是用一句话对所演角色进行评价。观众自由发表自己的看法,或者指出演出的不足。

【活动效果与评价】

1. 在编写剧本的过程中,学生写作的热情被激发,训练了他们的表达能力。

2. 这种表演和欣赏剧本的过程,拓展了语文学习的领域,改变了语文的学习方式,丰富了学生的情感体验过程,在一定程度上改变着学生的心智结构;戏剧表演活动使学习生活变得更加丰富多彩,更加生动有趣,提高了其美感修养。

3. 通过表演和欣赏,学生对奥楚蔑洛夫这个人物形象有了充分而贴切的把握,提高了语文的鉴赏能力。

4. 通过表演与访谈活动,锻炼了学生的胆量,训练了其语言表达能力。

【相关链接】

1. 中国剧本网:http://www.juben.cn

2. 剧本写作技巧:http://www.ewe.com.cn/article.php/253

【教材定位】

人教版语文九年级下册第二单元第七课《变色龙》。

(深圳市北师大附中 王爱娣)

开发荒岛求生存

【活动目的】

学会生存、学会合作。

【活动准备】

提供资料（借鉴英国语文课程）：

热烈祝贺！你被选为"荒岛生活小组"成员之一。你将和旅伴们在一个无人居住的荒岛上生活一个月，以显示年轻人多么机智、勇敢，多么能适应环境生活。你决定进行一次探险并描述在荒岛上遇到的各种情况。

你可从下列三个岛屿中选定一个，作为你们小组要居住的地方。

（1）仔细研究所有提供的信息。

（2）每个岛都各有两个方面：一是有利条件，另是不利因素。

（3）根据这些条件和你们的条件来决定小组应选哪一个岛。

（4）写一段简短文字，说明你组选择该岛的理由。

（5）想一想你选的岛上的情形，画图说明其主要特点，使用已供信息，并加上你们自己和其他详情。

旅伴们：

高峰：男，13岁。强劲有力，身体好，举止任性，具有独立性，喜欢做事不求助于人，怕蛇。

李岳：男，11岁。不十分强壮，但为人随和，无论参加什么活动都受欢迎，喜爱炊事并善于此道，有哮喘病。

王英：女，12岁。乐于助人，健谈，善于把低落情绪鼓动起来，有点儿杂乱无章，不是当领导的材料，近视眼。

赵玲：女，13岁。活泼，健康，校足球队最佳球员之一，做事善于实践，手工设计制作技艺精巧，怕干家务，只吃便宜食品。

刘芳：女，12岁。能干、理智，工作勤恳，处理问题果敢和有主见，对不同意见的人有时急躁，不吃荤食。

除了上面提到的五人外，你再另外选两名作为同去小岛的伙伴。

（1）作为"荒岛生活"小组成员描述一下他们的长处与不足。

（2）描述一下为什么选这两位的理由。

（3）对你自己做一简要概述：按上述成员介绍的方法，归纳一下自己的长处与不足。

有关三个岛屿的信息：

梦圆岛：

旅游到梦圆岛，你将进入一个热带天堂。

梦圆岛堪称为一个富有野生动物的世界。在这里你将见到的动物包括鸟类和鱼类是在绿色植物世界中从来梦想不到的。但是要注意，岛上的一切不是表面上看起来的那样。许多动物对人类抱有敌意，如毒蛇和凶猛的山猫。许多奇异的果子可为旅游者提供食物，但有些却含有致命的毒素。然而最主要的困难是岛上没有水源。除非你能聪明地想出或找到存储雨水的好办法来，因为岛上几乎天天有雨。

蓬莱岛：

我们在岛上花了十天时间，发现对比之下，这是较好的一个，总的来说气候凉爽宜人，不难找到食用水和食物（但是只有蔬菜类植物可吃，找不到动物来供应肉食，要捉鱼类也是徒劳）。

岛上满披树木，加上常常遍降大雨，人住在岛上为郁郁葱葱的绿色所环围。

夜里很冷，我们不得不锻炼自己的身体，盖上舒适的小棚屋住宿。

椰岛：

岛身较低，涨潮或暴风雨到来时，常处大水淹没的危险之中。一般气候温暖干燥，这就为人类居住生活带来困难。岛上只有一条小溪下雨时有水，否则完全干涸。此岛上植物罕见，惟一能容易找到的食物就是椰子。鱼类很丰富，但要走几百公尺路才能到海滩边去捕捉它们。因为附近水都很浅。

装备

在上岛前允许你选择一些装备：六种必需品和两种奢侈品。提供的物品足够小组每个成员用的。

(1) 说明你选的六种必需品是什么，为什么选它们。

(2) 说明你选的两种奢侈品是什么，为什么选它们。

(3) 每个小组成员必须记日记，记下他们的经历及他们的感受。

上岛那一天，你知道了谁是你的同伴，知道带哪些装备。

知道岛上的许多情况，写下日记始篇，描述你准备去岛上的感受。

现在再写一篇日记，内容描写上岛时发生了什么情况，同时也要描写其他成员到岛上时的感受。尤其是当载你上岛的船只渐渐远去直至看不见时你的感受。

【活动过程】

1. 择岛

学生讨论各岛有利及不利条件，每个学生根据自身情况和需要选择岛屿。

(1) 梦圆岛：利：感受热带雨林生活，增长物候知识，食物充足，有雨水。

不利：无储水点，难以辨别致命毒果，毒蛇、山猫及其他动物对人类怀有敌意。

(2) 蓬莱岛：利：气候宜人，食物充足，有食用水，雨水充足。

不利：冷，缺乏肉类食品。

(3) 椰岛：利：气候温暖干燥，能提供椰子和鱼类食品。

不利：水资源匮乏，岛屿有被大水淹没的危险。

2. 选伴

首先明确荒岛探险,每个小组有几名队员。(八名队员,其中有五名是材料指定的,另有两名由各位学生自选。)

仔细分析材料提供的各位旅伴在小岛生活中的长处和不足,以及在岛上生活中可能发生的状况。

结合对所选岛屿的分析和日常生活情况,在现实学习生活中选择两位同去小岛的伙伴,并说明理由。

参照第二十二课《荒岛余生》的借贷方式,将"长处"、"不足"、"岛上生活中可能出现的状况"列表写出。

参考:	长处	不足	岛上生活可能出现的状况
高峰:	强壮有力,独立	任性,怕蛇	
李岳:	为人随和,善炊事	哮喘病	气候变异或剧烈运动时易发哮喘
王英:	乐观,有鼓动性	处事无序,近视	
赵玲:	健康,动手能力强	怕干家务	
刘芳:	处事果断有主见,理智肯干	处事有时急躁	在与高峰有不同意见时,二人容易交火,需协调员王英出面解决。

梦圆岛宜选身体强壮,有丰富的生物学知识的同学为伴。

蓬莱岛宜选身体强壮(搭建帐篷),会游泳的同学为伴。

椰岛宜选善游泳,有一定通讯设备知识及技能的同学为伴。

3. 装备选择

(1) 必需品:

学生讨论:材料指明是六"种"必需品,而非六件。有学生疏忽此点,教师应注意引导。

通讯设备:如对讲机、手机等,并携带足够的充电电池。

工具:指南针、铁锹、刀、斧、绳、望远镜、镜子、钉子、胶带、储水工具、验毒工具、凹镜或凸镜。

火种:火柴、火机。

急救物品及药品:胃肠类药、感冒发烧类、外伤类药、雄黄(驱蛇用)、止泻药、消炎药、哮喘特种药、维生素、止血类物品、清凉油、风油精等。

压缩食品、罐头及淡水若干。

帐篷及卧具。

(2) 奢侈品

学生讨论:关键在引导学生说出选择这些奢侈品的理由。例如书籍、相册、猎犬等。(书籍、相册为自己提供精神食粮,猎犬提供生活安全保障。)

【活动效果与评价】

这是虚拟性的活动,但学生参与的积极性极高,大家在对岛屿的分析、选择、构想中,在对同伴的分析选择中、在对装备的择用讨论中,获取了很多知识,明白了很多道理。我在组织这堂课的过程中,正逢松岗中学的老师来听课,我们的学生在讨论过程中主动向听课老师请教,获得了该校高三地理鲁老师及其他老师的主动帮助[如铁锹(可作困兽及御兽用)和雄黄(驱蛇用)均为鲁老师建议],并与他们建立了联系,相信学生们能继续从这些老师身上获取教益,这样,语文课堂才能真正地走向生活。

　　语文的积淀不是一蹴而就的,在后续工作中,我布置学生一日一记,虚拟岛上生活。在此过程中,我还隔三差五地在岛屿气候、同伴状况、岛上生活方面给学生设置一些异样的情况,为其岛上虚拟生活增设难度,增添色彩。学生们的想像力被激活了,他们调动一切积累,写出了异彩纷呈的岛上生活。有的学生主动把岛上生活与城市生活、个体生活与团队生活进行比较,写出了较有精神质量和生活质量的文字。

　　这是一次成功的综合性实践活动,虽然没有在现实生活中得以呈现,但学生们定能从此类虚拟生活中获取相当的教益。

【相关链接】

　　1．http：//www.xj4x4.com(4X4越野探险俱乐部)。

　　2．http：//www.teavelbbs.com(中国户外网站网址导航)。

　　3．http：//case.w5.cnunit.net(中国科学探险协会)。

【教材定位】

　　人教版语文七年级下册第五单元综合性实践活动。

(中央教科所南山附属学校　江文莉)

威尼斯商人

【活动目的】

　　1. 初中语文九年级下册的戏剧单元既是一个有趣味的单元,又是一个很多老师不知道该如何教的单元,这个单元中包括话剧剧本、影视剧本,还有课本后与其相关的谈谈戏剧文学。学生第一次接触这种文学样式,还感到有些新鲜,因此,调动他们对戏剧文学的学习兴趣是首要任务。

　　2. 本课的学习目的是:引导学生学习戏剧剧本,了解戏剧文学的一些特点,更好地欣赏戏剧,丰富对生活的艺术感受,进一步培养文学鉴赏能力。

【活动准备】

　　1. 在上课前让学生了解戏剧的基本文学知识,了解戏剧剧本和影视文学的特点还是很有必要的。所以课前要提前几天布置学生做充分预习工作,自读课后附录《谈谈戏剧文学》,并勾画重要的知识点。

　　2. 课前通读课文,了解故事梗概,并看看能否找出戏剧的矛盾冲突(即高潮)的部分。勾画体味富有个性的人物语言。

　　3. 重点在第二课时,要安排一个环节叫做"过把瘾剧场",看看同学们的精彩表演。这需要一个星期的时间进行实践排练,还要准备道具、布景和服装。经过充分的准备、检查、指导、编排,才能上演。

同学们自己租借的服装及制作的头饰

【活动过程】

　　1. 理论训练

　　为了能引导学生学习的兴趣,我把这节课美其名曰"演员培训班"。在课前充分预习的基础上,同学们兴致勃勃地加入了"培训班"的学习。我用幻灯片讲解戏剧文学的基本知识和课文的主要内容及矛盾冲突。主要分为以下部分:

(1) 戏剧知识少不了。

幻灯一:戏剧是一种综合的舞台艺术,它把文学、表演、绘画、雕塑、音乐、舞蹈等多种艺术合成为一种独立的艺术样式。

幻灯二:戏剧文学,即剧本,是舞台艺术的基础,是戏剧的主要组成部分,直接决定着戏剧的思想性和艺术性。

幻灯三:剧本包括:剧作家的舞台提示,如:人物表、时间、地点、布景、服装、道具等;人物自身的台词,如:对话、独白、旁白等。

幻灯四:戏剧文学的特点:第一,剧本的结构必须遵循空间和时间高度集中的原则。第二,剧本必须有集中、尖锐的矛盾冲突。第三,剧本主要靠人物用自己的语言和动作来表现性格。

幻灯五:戏剧可以按不同的标准分类。

(2) 故事情节知多少。

"同学们,刚才我们学习了戏剧文学的基本知识,但光靠这些我们还演不好戏剧。大家都看过电影、电视,演员们精彩的表演都离不开对剧本的深刻解读,所以,各位剧团的年轻演员们,你们在表演前也要先把剧本读深读透。"

"下面请跟着老师的步骤一步步来研究剧本。"

① 全班分为10个组,每组4人,每人讲述一遍课文的大致情节,组员可以补充他讲得不对或不足之处,组长要让每一位组员都能讲得尽善尽美。

② 全班交流,以抽签的形式来决定哪一小组来叙述故事情节,由组长派组员上台来讲述完善后的故事情节。

③ 全班投票评价:几位同学讲述完之后,再由同学们以投票的形式选出最佳讲解人,并颁发小纪念品。

(3) 戏剧冲突在哪里。

"没有冲突,就没有戏剧,戏剧是通过表现矛盾冲突来展开情节和塑造人物的,并且要以矛盾冲突作为情节发展的主要线索。所以,了解每部作品的矛盾冲突也是研读的关键。现在我来看看大家自己找得对不对。"

"上次我抽了四位同学,他们表现得都很认真,其中'最佳讲解人'的获得者朱元明表现得最为出色,希望下面抽到的同学也能有同样的表现。"

形式和上面一样,分4人小组相互交流自己的学习心得,再全班交流,投票评选讲得最好的最佳分析员。

(4) 人物语言多体味。

从课文中找出自己喜欢的角色,并找出最有代表性的语言,结合人物的性格,读给大家听一听,看看模仿得像不像。(这个环节也是为后面的表演作准备。)

"通过分析戏剧的矛盾冲突及体会人物的语言,你也应该对人物的性格特征有所了解了吧,能不能谈谈你的体会呢?如果要你演,你会选哪个角色?"(这时是挑选合适演员的好时机,可以让多一点的同学发表意见。)

(5) 表演技巧帮助你。

"你们的要求我会尽量满足的,下面想向大家介绍一些表演的技巧。学会了下面的技巧,相信你们的表演会更精彩。"
① 表演时尽量保证面对观众。
② 声音要让所有观众能听见。
③ 动作可以夸张一些。
④ 表情可以丰富一些。

2. 表演准备

（1）竞选导演。

请同学自由上台竞选,谈谈自己的构思、安排以及剧团演员的选择搭配,最好能加上自己的创意。由同学们投票来选出最合适的导演。

（2）组建剧团。

由选出的导演来选自己满意的演员,组建自己的剧团,并起一个好听的名字。如"新晨剧团"。被选中的演员都非常兴奋,当然要感谢导演的赏识,所以在排练的时候才能更好地配合导演的安排,这一点也完全表现出了学生的自主合作的精神。

（3）分工合作。

导演制作一份剧团演员表,以及幕后工作人员表,工作人员的安排要做到分工合理,要适合每个人的特长优点,如:把美术好的安排做道具布景化妆等。演员的选择要根据每个人的喜好和表演水平来决定。要求利用课余时间或自习课组织剧团排练。

（4）组织排练。

老师也要随时到"剧团"去走访一下,指导演员们表演,帮助导演协调工作,帮忙解决一些问题。让学生看到老师关心他们的工作,也是他们中的一员,这样可以促使他们更加投入地参加剧团的排练。最后要提醒他们表演戏剧时应该注意各个环节的配合,如:旁白、对白、冲突矛盾、舞台道具等等。

3. 让剧团走进课堂

（1）表演前由"导演"、"监制"完善整个演出过程。

"导演"和"监制"的最后把关很重要,各个环节都准备好了,相互配合才是重要的,这时就需要一个有能力的人来指挥协调各个环节了。

（2）邀请各位任课老师前来观赏我们的"过把瘾剧场"。

尽量多请些老师来观看,毕竟这也是同学们劳动的成果,他们也希望任课老师能够看到他们除了学习以外的另一面。

（3）用幻灯片打上导演、演员及幕后工作人员名字。

让他们值得骄傲的是自己的名字能上大屏幕,就算化了装,别人也能认出他,那才演得神气呢!

（4）老师组织其他同学边观看边学习。

让其他学生在书上勾画出自己印象最深刻的情节,并简单写些体会,等到表演后再谈谈自己的感受。

（5）请老师们来提提意见,并选出一名优秀演员。

让来看表演的老师们对同学们的表演提提看法,这样就不会只听到语文老师一个人的一面之词了,评的面就更广一些。再评出一名表现最优秀的演员,也是给表演能力强的同学一个肯定的评价。

（6）老师们可以自愿退场，同学们互谈体会。

当老师们离开后，同学们又可以畅所欲言了，把刚才的所观所感拿出来和大家一起分享，先分小组相互交流，再代表总结交流结果。演员们还可以谈谈自己的表演感受。

（7）办一期表演图片展。把表演时的图片加以说明，展示出来。

请安排的"摄影师"全程跟踪拍摄，要能抓拍一些精彩的场面。最后负责把照片整理出来，写上一些有趣的说明语言，和宣传委员合作办一期剧团表演图片展。

【活动效果与评价】

兴趣是最好的老师。这堂课演完后，马上就有第二个"剧团"向我提出要排出更好的戏剧《威尼斯商人》。同学们对戏剧表演已产生了浓厚的兴趣。于是我就把这个戏剧单元基本上都按照这个形式走下来，分别又组建了"变脸剧团"、"枣儿剧团"、"音乐之声剧团"，全班大部分同学都加入了自己喜爱的剧团，并且对戏剧表演有了深刻的认识，他们的表演水平也有了飞跃的提高。用同学们自己的话来说：这是他们在初中阶段的最后一次演出，他们一定会全力以赴展示自己的才华的。

【相关链接】

1. http://www.being.org.cn/webquest/play/t-index.htm

2. http://www.zytx.com.cn/novel/wgwx/ssby/wnssr/1.htm

3. http://www.zpebtdc.com/ebook/foreign-literature/novels/shashibiya/wnss/index.html

4. http://www.xyinfo.ha.cn/loca/yingshi/juzhao/2/wns.htm

【教材定位】

人教版语文九年级下册第十三课《威尼斯商人》。

（深圳市桃源中学　李宇梁）

我的叔叔于勒续集

【活动目的】

1. 让同学们尝试着自己编写剧本,给同学们一个开阔想像力的空间。

2. 给同学们创造一个展示自己表演才华的舞台,让同学们粗浅地了解排演剧目的步骤。

【活动准备】

1. 选出两名主持人,男女各一名。

2. 把全班分成8个表演组,分头准备。

3. 每个组都要交一份剧本,表演一个剧目。

【活动过程】

1. 主持人致辞

男:今天我们迎来了又一次的语文综合性活动课,在以前的活动中,我们学到了许许多多课堂之外的知识,在亲身实践中我们也掌握了更多学习的技巧,感受到了更多学习的乐趣。

女:是啊,活动带给了我们欢乐与彼此之间的了解。今天,我们要开展的活动是《我的叔叔于勒》续写兼表演比赛。我想同学们在课后都进行了精心的筹划和准备,那么现在就让我们拉开本次活动的序幕吧。

2. 介绍嘉宾和演员

3. 按顺序表演

在表演过程中,可插进一些活跃气氛的小情节,例如主持人可以随机打断某组的表演,要观众来猜猜情节的发展,答对的将会得到一个小小的奖励,这样更能加强台上台下的互动,也能使观众的积极性和情绪更加高涨。

4. 表演结束后做总结并颁奖

先让嘉宾和老师给演员的表演做出评价,首先要对小演员的表演做出肯定,把演得好的地方和不好的地方指出来,并给予充分的理由,给演员和观众解释清楚。再通过记分来评审。所有人都可以打分,让全部观众都互动起来,观众为一人一票,老师和特邀嘉宾为一人五票,这样可以让同学们选出自己最喜欢的演员。最后由嘉宾颁奖。

也可以准备一些奖品,在活动结束时发给表演优秀的学生。

以上环节由主持人组织,评选出最佳表演奖。奖项可设:最佳"菲利普"、最佳"菲利浦夫人"、最佳"于勒"、最佳"女婿"、最佳"我"以及旁白各两名等。

参考剧本：

人物：菲利浦夫人、女儿、女婿、于勒、菲利浦先生、旁白、各一人。

幕起：一行人走着，露出沮丧的神情。沉默、沉默、沉默。

菲利浦先生：(小声对夫人说)十年来，我们始终如一的希望就这样破灭了！

菲利浦夫人：(怒)就是啊，这个流氓，我早就知道不应该指望他，败家子！

菲利浦先生：话虽如此，但我觉得这样真的对他有些残忍！

菲利浦夫人：残忍？对他残忍，对我们不残忍吗？

菲利浦夫人望了一眼女婿，又望了一眼菲利浦先生，戛然而止。

沉默、沉默、沉默。走到家门口，一个意外的惊喜出现在了菲利浦夫妇的面前。于勒打开门，走了出来。

于勒：哎呀！我已经在这里等了很长时间了，你们去哪里了？还认得我吗？

菲利浦夫妇双双擦了擦眼睛，又互望对方，女儿女婿也相互对望。

于勒：不认识了吗？

菲利浦先生：你，你，于勒？

于勒：是啊！我的亲哥哥，是我呀！我现在是百万富翁了！

菲利浦先生：百万富翁？真的？百万富翁！(声音渐渐变大)百万富翁！百万富翁！百万富翁！……(不断地说)

菲利浦夫人听到后很开心地和女儿拥抱，可是马上看到情况不对。

菲利浦夫人：亲爱的，怎么了？

菲利浦先生还是重复着那句话。

菲利浦夫人抱着菲利浦先生，不断地摇晃他，可是菲利浦先生毫无反应，一直念着"百万富翁"。声音戛然而止，菲利浦先生的眼睛瞪大，一动不动。

菲利浦夫人：菲利浦，你怎么样了？你……

菲利浦夫人摸了摸菲利浦先生的鼻子。

菲利浦夫人：他死了。

所有的人都围了过来，分别叫着菲利浦、哥哥、爸爸、岳父。并掺杂着哭声。

此时撒下钱状小纸片。

女婿和于勒从两个不同的方向走来碰到，于勒拉住女婿。

于勒：喂，你好呀！我们聊聊吧！

女婿：嗯，好的。

于勒：你应该知道关于我的事吧！

女婿：什么事？

于勒：从前我是个败家子啊。你岳父岳母将我赶到美洲去了啊！

女婿：知道一些。

于勒：我现在有钱了，他们就像对待宝贝一样对待我了。那将来我又穷了的话，他们一定还会赶走我的。

女婿：嗯……

于勒：我想你接近我侄女，并不是真的爱她，而是因为那封信吧？我写给我哥哥的那封信!

　　女婿脸色发白,说不出话来。

　　于勒:既然如此,你帮我一个小小的忙,那么你会得到你想要的。怎么样?

　　女婿:你说!

　　于勒:去甩掉我侄女!

　　女婿:做了以后你真的会给我我想要的?

　　于勒:决不食言!

　　女婿:那好吧!等我的消息啊。

　　女儿女婿出场。

　　女婿:我觉得你的家庭状况并不适合我。所以……

　　女儿:你想分手?为什么?我叔叔回来了,我们家很富有了。

　　女婿:你别太小看我了!我不是冲着钱!我们分手吧!

　　女儿:你——

　　女婿:我?我怎么了?你并不是第一天认识我吧!?

　　女儿:分手就分手!你这种人我不稀罕!

　　女婿:既然如此!那分手费你打算什么时候付给我?

　　女儿:无耻!

　　菲利浦夫人和于勒出场。

　　于勒:我哥哥去世了,说到底我还是对不起他啊!

　　菲利浦夫人:你何必这样说呢?这不是你的错!

　　于勒:我决定了一件事,算是我对你们一家的弥补吧!

　　菲利浦夫人:什么事?

　　于勒:我决定送你们去英国那块富饶的土地,并给你们足够的钱。

　　菲利浦夫人:嗯……这不太好吧!

　　于勒:不会呀!我觉得很好,就这样决定了。你们过两天就出发吧!

　　菲利浦夫人:这——

　　于勒:你什么都不用说了,我觉得这一点也不破费,为了你们我愿意。

　　菲利浦夫人:嗯——

　　于勒:没关系的,就这样吧!

　　旁白:在一个风雪交加的夜晚,如果你在伦敦,你会看到一个母亲带着自己的女儿沿街乞讨。没有人知道她们为何会落魄到如此境地。有人曾告诉过我,她们与惟一的亲人失去了联络——

　　眼中只有金钱的人必将得到来自金钱的惩罚!

【活动效果】

　　从表演过程中,可以看出同学们都充分发挥了自己的想像力,每个组所设计的情节几乎都不同,有的组表演了于勒成为富翁以后的故事,有的组表演了菲利普夫妇悲惨的人生,真可谓仁者见仁,智者见智。台下笑声、掌声不断,气氛活跃。同时,活动中也不乏一些完美的小插曲,例如主持人会突然打断某组的表演,要观众来猜猜情节的发展,答对的得到一个小小的奖励,这加强了台上台下的互动,也活跃和高涨了观众的积极性和情绪。同学们在活动体会中这样谈到：以小品的形式开展语文活动，不但增加了我们学习的兴趣，还增加了许多平常课堂上学不到的知识，使我们更加深刻地了解了课文内容，促进了同学之间的友谊，并了解了在活动中团队精神的重要性。

【活动评价】

　　此次活动除了让同学们更深入地了解课文，还锻炼了同学们的创新能力和动手能力，使他们能通过自己查找资料、自我设计、自我创新等来自主地学习，并让他们在玩中巩固知识，学习做人的道理，从而使老师在育学的同时达到育人的目的。而另一方面，同学们不仅在活动中展示了自我，而且加深了他们之间的认识和了解，也增进了师生之间的感情。

【教材定位】

　　人教版语文九年级上册第三单元第十一课《我的叔叔于勒》。

（深圳市南山实验学校　朱家玮）

皇帝的新装

【活动目的】
  1. 通过表演增强学生对文学作品的理解。
  2. 学生在排练过程当中增强合作交往的能力。
【活动准备】
  1. 要求学生提前写好剧本。
  2. 选好演员6个,分别扮演骗子甲、骗子乙、皇帝、老大臣、诚实大臣、小孩。
【活动过程】
  师:为了帮助大家更好地了解课文,我们请班里的同学表演他们自己创作的课本剧。
  (学生以讲台为舞台,六位同学开始表演。)
  骗子甲:听说这儿的皇上为了穿得漂亮,不惜把所有的钱都花在置办衣服上。
  骗子乙:是啊,他既不关心他的军队,也不喜欢去看戏,更不喜欢乘着马车去公园……除非是为了去炫耀一下他的新衣服。他每一天每一点钟都要换一套衣服,一年到头几乎都生活在更衣室里。
  骗子甲:老弟,我看,我们的好运到啦。
  (骗子甲在骗子乙耳边窃窃私语。)
  骗子乙:好主意!好主意!真是个好主意!
  (上场见皇帝。)
  骗子甲:皇帝,我们是织工,可以织出人间最美丽的布。这种布色彩美丽,图案丰富,但有一种奇怪的特性:不称职的人或者愚蠢得不可救药的人,都看不见这衣服。
  皇帝(自言自语):那可真是理想的衣服,我穿了这样的衣服,就可以看出在我的王国里哪些人不称职;就可以辨别出哪些是聪明人,哪些是傻子。是的,我要叫他们马上为我织出这样的布来。
  (皇帝同意了他们的请求。又过了些日子。)
  皇帝(自言自语):我很想知道这衣料究竟织得怎样了。不过要是万一我看不见怎么办?唉,自己无须害怕,还是派个人去看看工作的进展吧。对,派我的老大臣去吧。他最能看出这布料是什么样子,因为他很有理智,就称职这点来说,谁也不及他。
  (大老臣戴着眼镜上,左看右看上看下看。)
  老大臣:愿上帝可怜我吧!我什么东西也没看见!我的老天爷,难道我是愚蠢的吗？我从来没有怀疑过自己。这一点绝不能让任何人知道。难道我是不称职的吗？不成！我绝不能让人知道我看不见布料！

骗子甲：您一点意见也没有吗？

老大臣：哎呀，美极了！真是美极了！（透过眼镜看）多么美的花纹！多么美的色彩！你看这鲜艳的牡丹正迎春开放，这翡翠般的小鸟正展翅飞翔。

骗子甲乙：嗯，我们听了非常高兴。你看我们织的布花纹多么美丽，举世无双，我们织的布图案多么丰富，无与伦比。你一定要说这布料是如何的美，让皇帝高兴高兴。

骗子甲：为了给皇上织出光彩夺目的面料。

骗子乙：为了让皇上穿上稀世奇珍的衣服。

骗子乙：还须多给些生丝和金子。

老大臣：一定给你们送来。

骗子甲乙：您慢慢走。

（诚实大臣上。）

诚实大臣：啊，正像老大臣说的，真是太美丽了！那艳丽的色彩，神奇的花纹，我感到非常满意。

皇帝（紧张又不可抑制）：好吧，请宣布随从名单，我们一起去看看。

老大臣、诚实大臣：皇上，您一定会非常满意的！

皇帝：走吧！

（众人议论纷纷："什么样啊？""一定美极了！"）

官员：皇上驾到！

骗子甲：啊！我们正干得挥汗如雨。

骗子乙：啊！我们正干得热火朝天。

骗子甲乙：皇帝陛下，我们把布料托起来，请您过目。

老大臣：皇上，您看这布料多么华丽啊！

皇帝：嗯！

诚实大臣：陛下请看，多么美的花纹！牡丹盛开，小鸟展翅！瞧，这织锦如天上彩虹一般。

皇帝：这是怎么一回事？我什么也没有看见，这太可怕了，难道我不够资格当皇帝吗？这是我一生遇见的最可怕的事情。不！我不能告诉任何人说我看不见……嗯，对，对，哎呀！真是美极了！

骗子甲乙：敬爱的陛下，我们知道您是世界上最聪明的人。您一定会满意的。

骗子甲：这布料美得无与伦比，你瞧朵朵白云飘动。

骗子乙：你瞧鲜花盛开，争奇斗艳！

骗子甲：你瞧含苞待放，姹紫嫣红！

皇帝：哦，太美了，太美了，我十分满意。

老大臣、诚实大臣：啊！妙不可言，美，美，真是美极了！皇上，我们看……

皇帝：嗯？

老大臣、诚实大臣：用这美妙的布料做成衣服，穿着它参加明天的游行大典，那一定轰动全城，名扬国外！

皇帝：好，就这样决定了！我要穿着这衣料制成的精美服装举行游行大典。

骗子甲乙：万分荣幸！

皇帝：现在我决定给你们每人一个爵士头衔和一枚可以挂在扣眼上的勋章，封你们为"御聘织师"。

骗子甲乙：皇恩浩荡，明天请皇帝试装。

（第二天）

皇帝：今天天气很好，我马上就要穿上不同寻常的美妙衣服去举行大典。

骗子甲乙：敬爱的皇帝陛下，早上好。现在请看，新衣服缝好了。

骗子甲：看，这是裤子。

骗子乙：看，这是上衣。

骗子甲乙：穿的人会觉得好像身上没有什么东西似的，这也正是这套衣服的优点。

大臣、官员、骑士：一点也不错。美极了，合身极了。

（游行大典）

小孩（大声地、惊异不解地）：爸爸，可是他什么衣服也没有穿啊。

父亲：上帝哟！你听这个天真的声音。

群众：哪儿有什么衣服啊，还是小孩子敢说实话。其实他并没有穿什么衣服啊！

群众：是呀，他实在没穿什么衣服呀！

皇帝：我们必须……必须把这游行大典举行完毕。

（老百姓讥笑的声音传来……）

师：全班同学兴趣盎然地观看了他们的表演，感觉如何？

生1：两个骗子演得绘声绘色，而且动作比较夸张，尤其是同学们笑的时候他们一本正经，这样那个皇帝显得愈加愚蠢。

生2：我觉得演小孩子的同学比较到位，天真的声音破天而降，他虽然只有一句台词，可是用童声表演让人有种豁然开朗的感觉。

生3：我觉得第一个大臣不仅演得好，而且增加了台词："你看这鲜艳的牡丹正迎春开放，这翡翠般的小鸟正展翅飞翔。"让我们一起想像那布的美丽。

师：看来同学们的表演已经激起了大家的兴趣，他们演得非常棒，你们从同学演的角色中看出他们是些什么样的人呢？请几位同学到黑板上写，其余同学也在本子上写一写，然后我们互相交流交流。

生1：这个童话讽刺了皇帝和大臣们不可救药的愚蠢，并且虚伪得很。

生2：这个皇帝不仅愚蠢，而且非常奢侈，"每一天每一点钟都要换一套衣服"。

生3：他们分明是自欺欺人，为了保持权力，保住自己的官位，卑鄙地说谎。

生4：我喜欢那个小孩，还没有受成人的污染，天真烂漫，敢于说真话。

师：通过表演，同学们都懂得了安徒生的童话是通过一个昏庸无能而又穷奢极欲的皇帝上当受骗的故事，揭露和讽刺了皇帝和大臣们的虚伪、愚蠢和自欺欺人的丑行。在现实生活当中你有可能是其中的人物吗？

生1：我有可能犯皇帝那样的错误，因为好面子，掩饰自己的无知，结果"无知者无畏"，说出脱离实际的话，被别人当成笑柄。

生2：我有可能是那些大臣，因为自己不是很有主见的人，有时人云亦云，这样看来会鼓励一些同学的错误,而自己也失去了做人的原则。

生3:我觉得那两个骗子很会钻空子,他们能找到别人的"软肋","对症下药",使那么多的人上当,我们平时要练就一副"火眼金睛",不能轻易上当受骗。

生4:我性格比较直爽,有点像那个小孩子,有什么说什么,可是有时虽然揭露了真相,但是却得罪了同学。

师:我想如果你真是为同学好,即使一时得罪了同学,迟早也会得到同学的谅解的。当然对同学也可以适当委婉些。看来大家收获不小,不仅理解了课文的内容,甚至都明白了怎样做人。

【活动效果】

学生通过表演对课文的理解入木三分,而且明白了戏剧的一些常识,他们的表演得到同学们的一致认可,学生在轻松愉快中学到了知识,理解了课文内容,对学习语文的兴趣更浓了。

【活动评价】

这节语文课非常活跃,台上台下学生都专心致志,比老师单纯讲课效果要好得多,表演的学生不仅亲自写剧本,还合作排练,使得写作能力、表演能力、合作能力都有所提高。看表演的学生,在笑声中既理解了课文,又对写作剧本有了兴趣,后来不同的学生又表演了《赫尔墨斯和雕像者》、《蚊子和狮子》等课文。

【教材定位】

人教版语文七年级上册第六单元第二十六课《皇帝的新装》。

(北大附中深圳南山分校 孙晓菊)

我们的文学沙龙

【活动目的】
  1. 用"文学沙龙"的形式激发学生阅读文学名著的兴趣。
  2. 在自主、合作、探究式学习中全面提升学生的语文素养。
【活动准备】
  1. 学生自由结组,每个组不超过6人,选出组长。指定(假设)沙龙活动基地。
  2. 自选文学话题。自编、自导、自演沙龙情景。可模仿《福楼拜家的星期天》,也可以在此基础上通过想像进行再创造。
  3. 要求:(1)旁白介绍出场人物(可运用肖像描写、语言描写、动作描写等表达方法)。(2)可用教室的桌椅布置客厅。(3)"沙龙"话题不超过7分钟。
【活动过程】
  1. 全班8个小组分组表演。每个组先给3分钟的时间进行准备。
  2. 每个组选出一名同学,加上老师组成评委会,当堂打分。
  3. 由学生讨论通过评分标准(见下表)。
  (1) 所选沙龙题目必须是中外文学名家名篇。(10分)
  (2) 参加沙龙表演的小组成员每个人都要发言。(20分,有一个同学没有发言减2分)
  (3) 每位发言的同学声音要洪亮,表达要流畅、准确。(20分)
  (4) 对于所选的名家名篇除了介绍外,还要有自己的评价和赏析。(30分)
  (5) 沙龙情景表演生动活泼,有自己的创意。(20分)

第 组		参与人数:		话题:		时间:
选题(10分)	参与量(20分)	发言(20分)	内容(30分)	创意(20分)	总分(100分)	

  4. 活动实录。
  屏幕打出标题:我们的文学沙龙
  【场景一】申其因家的星期天
  旁白(何梦琳):
  一大清早,申其因就把屋子收拾得干干净净,还在茶几上摆上了水果、瓜子、糖之类

的小吃,然后看看表还不到8点。她拿起了一本《莫泊桑短篇小说集》坐在沙发上看了起来。(申其因表演)

　　大概九点半,有人敲门,申其因赶紧去开门一看,进来的是姚梦悦同学,她一双水灵灵的大眼睛,配着一副浓浓的上挑的眉毛,樱桃似的小嘴还未说话,先笑了起来。

　　申其因:欢迎,欢迎。
　　姚梦悦:大家都到了吗?
　　申其因:你是第一个。请进。来,先吃点水果,边吃边等。
　　旁白:又有人敲门,申其因迎出去一看,原来是蔡梦菁同学,她手里拿着本书,在申其因眼前一晃,然后立刻背到身后,神秘地说:"猜猜是谁的作品?"
　　申其因:(用手指着嘴唇故作沉思地)是《莫泊桑短篇小说集》。
　　蔡梦菁:哇,你怎么一猜就猜对了呢? 真厉害。
　　申其因:那还猜不着,你都嚷嚷了三天了。今天总算买到了……快进屋。
　　旁白:蔡梦菁同学眼睛不大,但很机灵,活泼好动,一说话就爱让人"猜猜看"。
　　三个人到齐,坐定后,开始谈论莫泊桑的小说。
　　生1:我看了两篇他的小说:一篇是《项链》,一篇是《羊脂球》。
　　生2:《项链》我也喜欢,它是以情节取胜的。
　　生1:特别是结尾,太出人意料了,我都想对那个玛蒂尔德哭一场。
　　生3:哭她干什么,完全是她自找的。
　　生1:她太可怜了,为了一副假项链,竟付出了十年的艰辛,人都不成样子了。
　　申其因:《项链》最后一场太精彩了。我们来表演表演好不好? (大家一起响应。)好! 你来扮演罗瓦赛尔太太,(申其因指着姚梦悦说)你具有她高贵典雅的气质。
　　蔡梦菁:我来演玛蒂尔德,我很喜欢她那种直率而天真的性格。
　　【场景二】(表演过程略。)
　　【场景三】表演评价
　　申其因:蔡梦菁,你演玛蒂尔德,说话的口气、表情再夸张一些就更好了。
　　何梦琳:姚梦悦演罗瓦赛尔太太很像,要是抓住玛蒂尔德的手的时候,表演得再激动一些就更好了……
　　我们的沙龙活动到此结束,请同学们多提宝贵意见。
　　(其他小组沙龙活动展示略。)
　　5. 根据当堂打分情况评选出总分一、二、三等奖,另外评出最佳发言奖、最佳表演奖、最佳创意奖。当堂颁发奖品。(每人一本文学名著。)
　　6. 写作练习。
　　(1) 将刚才表演的文学沙龙情景剧写成剧本。小组合作完成。
　　(2) 写一篇题为《沙龙活动带给我的是——》的感想。
　　(3) 选一篇(部)自己在沙龙表演中谈到的文学名著,写一篇赏析文章。
　　后两篇每位同学可任选一篇,字数不得少于500字。

【活动效果】
　　1. 学生积极性高,准备很认真,表演很投入。
　　2. 全体同学在排练中得到了锻炼,上台展示的同学的个性得到了张扬。

3. 旁白积极模仿《福楼拜家的星期天》一文中的人物描写,引来阵阵笑声。因介绍的是自己的同学,都很熟悉,所以旁白还不断得到补充和纠正,台上台下都融入到活动中了。

4. 活动结束后,同学们意犹未尽,要求把这种"沙龙"活动在语文课前5分钟固定下来,继续下去。

5. "沙龙"的内容广泛、健康,使同学们增长了知识,陶冶了情操。

【活动评价】

这次语文综合活动是在《福楼拜家的星期天》教学启发下形成的。当我谈到外国作家经常以"沙龙"的形式聚在一起谈文学创作,这种活动形式有哪些好处时,我班有几个学生建议:"老师,我们也搞'沙龙'活动好不好?""好哇!"我立刻答应了。接下来与他(她)们一起探讨设计了"沙龙"活动的构思及安排。反思这个活动的前前后后,有以下几点值得一谈。

1. 在轻松愉快的活动中,学习、运用语文,实现语文课堂教学的正迁移。

在听说读写演的过程中提高学生的语文综合能力。在活动中学生互相介绍,自我介绍,既介绍外貌特征,又介绍其性格特征,从中培养了观察能力、表达能力。特别是人物描写的各种手法的综合运用(肖像、语言、动作、细节描写等)锻炼了学生的表达能力。初一学生的模仿力极强,他们模仿《福楼拜家的星期天》中的人物描写,把同学的形象生动、传神地描绘出来。在旁白的介绍中,常常会引来全班观众的捧腹大笑。被描写的同学也很开心。整个训练过程洋溢在一片欢笑之中,全然没有了枯燥乏味的技能训练之苦。组与组之间、介绍与介绍之间还展开了竞赛。人还没出场,旁白刚介绍完,大家就一齐喊那个被介绍者的名字。看谁描写得最准,使大家猜出得最快。在轻松愉快的氛围中,学生不知不觉地进行了运用各种语言表达方法的训练,实现了课堂教学的正迁移,取得了较好的学习效果。

2. 在自主、合作的学习中,实现做学习的真正主人。

自由结组,自选沙龙活动主题,自编、自导、自演,整个过程都是在自主、合作中完成的。学生之所以感兴趣,热情高,写作排演不怕苦和难,是因为他们成了学习的真正的主人。不是受命式地被动完成,而是主动地创造性地完成。在活动中,他们的写作、口才及表演等潜能都得到了极大的发挥。思维、想像、创新能力得到了积极的培养,语文素养得到了全面的提高。

3. 在探究式学习中,实现语文素养的提升。

在"沙龙"小组介绍完毕,进入主题"沙龙"活动阶段之后,他(她)们对所选的主题的思考、辩论、阐述、旁征、博引,较之上课发言,其热烈程度是前所未有的。他(她)们无论是对文学作品的探究,还是对某一科学知识的探究,抑或对学习方法的探究,对新闻热点问题的探究,都怀着极大的热情。或偏执,或睿智,或稚气,或深刻,无不来自于真心,发乎于真情。他(她)们在活动中思考着,表达着,想像着,创造着,增长着知识,训练着思维,也碰撞着心灵,升华着情感。各种语文素养得到不同程度的提升。

4. 不足:

(1) 第一次组织,时间上把握不太好,活动的展示面减小了。今后要严格控制时间。

(2) 有个别学生由于平时口语锻炼得少,表达欠佳,支支吾吾、吞吞吐吐,既耽误了别人的时间,又使自己口语表达的自信心受挫。今后要加强活动前的辅导。

(3) 有的"沙龙"小组由于缺乏充分的准备和必要的指导,致使"沙龙"的意义失去了很多。今后在活动过程中,老师应给予必要的指导,以确保活动的成效。

【教材定位】

人教版语文七年级下册《福楼拜家的星期天》。

(深圳市北师大南山附中 米丽英)

像海燕一样自由地翱翔

【活动目的】

1. 由于我们的学生大多数是听、说广东方言长大的孩子,他们用普通话阅读、写作时相当吃力,有的学生因为说不好普通话而拒绝读课文或回答问题。学习本单元这些优美的散文诗,我认为是培养学生开口朗读的好机会。《海燕》是篇经典的老课文,通过课堂朗诵竞赛既可以提高学生朗读水平,又可以加深他们对课文的理解和感悟。

2. 课堂朗诵竞赛是一次学生自主、合作学习的机会,更是一次美妙的生活体验,仅仅让活动止于朗诵竞赛结束是不够的,还应该引导学生学会观察,认真体验,把最真实的感悟记录下来,因此,我又把这次活动当成生活素材,完成一次作文训练。

【活动准备】

1. 在初步理解课文的基础上,按课文内容的三个部分将学生分为三大组,每组选出两位同学合作制作一部分课文朗诵的录音(一人朗诵,一人配乐,教师帮助合成)。

2. 学生组成评议小组,制定评分标准。(每次综合活动也都是一次学生自我评价的过程。)

3. 老师也朗诵全文,录音配乐。

【活动过程】

1. 录音引路,勇敢挑战

(1) 课代表宣布竞赛规则和评分标准。

(2) 播放第一小组第一部分课文的配乐朗诵。(朗诵加5分,配乐加3分)学生听得非常认真,听后讨论评议,认为配乐节奏太慢,不适合海燕勇敢者的形象;朗诵者吐字清楚,情绪饱满,但语速缺少变化,对比度不够强,特别是对海鸥、海鸭类的讥讽没有表达出来。评议后,有3个挑战者现场朗诵这部分,一人胜过朗诵选手,加6分,另2人朗诵水准没超过第一小组朗诵选手各加4分。

(3) 第二部分录音播放后,学生情绪高涨起来,几乎所有学生都参与了评议。有同学认为选手自配的摇滚乐太嘈杂,也有同学说朗诵者表达出了海燕的勇气和力量,但朗诵的力量不应该是喊出来的。应该怎样处理重音和渲染情绪?教师简单点拨,学生交流。到挑战阶段,各组都有2位以上同学要求挑战,点将2位,又有一位胜出,得6分,另一位得4分。此刻学生都很兴奋。

(4) 第三部分录音播放后,一些平时不开口的学生也参与了评议。学生认为这段配音很好,《命运交响曲》非常激昂有力,朗诵者也把海燕对暴风雨的热情渴望表现得很到位。可还是觉得最后那句不够气势。谁来挑战?几乎半数同学都举起了手。点将4

人,第一个挑战者过于紧张,竟然口吃起来,引来一阵笑声。结果有2人胜出。

(5) 朗诵竞赛告一段落,全班试背诵第三部分(可以看书)。结果,几乎全能背诵。到最后的呼唤"让暴风雨来得更猛烈些吧!!"群情激奋。

2. 回顾过程,选举明星

请同学们回忆刚才的过程,说一说你最难忘的是谁?为什么?

请出代表描述"明星"的精彩一瞬——引导学生注意细节观察,注意抓神态、动作、语音语调反映"明星"的特点。描述中使用了一个成语的加3分,使用了比喻、夸张等修辞方法的加5分。

3. 用心思量,好题出场

思考2分钟,如果请你记录这次活动,那么,你会用一个什么标题?想好者写到黑板上,书写标题者加2分。

学生争相涌到台前书写,题目相当有活力,出乎我的意外,例如:

一起喝彩、水火不容、欢乐颂、心动的六分、掌声的呼唤、刚柔交响曲、勇敢者的舞台、瞬间的超越、朗诵的旋律、变幻的课文、海燕的回声、走进搅拌空间、天籁之音、心声如花、声音的魅力、难忘海燕、尴尬的挑战……

4. 老师压轴,录音出场

播放教师朗诵全文录音,参与活动,再把学生拉回课文之中。

5. 意犹未尽,妙笔生花

请学生用自己的标题记录这次活动,各组将好文章编成手抄报展出。入选手抄报的作文加5分,手抄报编辑加5分。

【活动效果】

新课标倡导培养学生主动参与、乐于研究、合作交流的能力,我认为这种能力的培养不仅限于一系列综合性活动,还应该贯穿于整个教学活动过程中。这堂课体现了"自主、探究、合作"的要求,较好地完成了课堂活动的目标。

【活动评价】

实现新课程理念的根本途径就是教学实践活动。经过近两年的课改实验,我感受到了教师也在和学生一道成长。我们一直都在强调学生读写能力差,教改就为我们进行注重学生读写能力的培养提供了广阔的探索空间。古人说:"书读百遍,其义自见",传统教学中我们讲得过多,学生读得过少,缺少了在读中感悟、品味、欣赏语言魅力的过程。诵读是一种能力,无论是过去还是现在,甚至将来,进行诵读训练仍然是提高听说读写能力的有效的途径之一。语文是实践性很强的课程,应注重培养学生的语文实践能力,而培养这种能力的主要途径也是语文实践。这呼唤着我们应该把课堂的主体归还给学生,不能仅仅是口头上的归还,更重要的是教学活动要使学生能够在学习探索中真心感悟,真诚表达,使语文学习成为一种可以读,可以听,可以思,可以写的文字艺术,让师生都能够在课堂里快乐地放开自己,自由翱翔。

【教材定位】

人教版语文八年级下册《海燕》。

(深圳市荔香中学 袁 虹)

专题学习

开心端午节

【活动目的】

1. 了解中国传统节日——端午节的有关知识,激发同学们对节日文化的探究兴趣;培养学生搜集处理信息的能力,训练口语交际能力、制作手工的能力。

2. 培养学生关注民族传统节日,在节日以不同的方式表达对亲友的祝福,懂得生活情趣,学会关爱他人。

【活动准备】

全班学生上网查找资料,寻找有关端午节的文化知识(包括端午节的由来典故、传说、风俗、诗词等)资料,积累储备。全班同学按兴趣爱好分为三个活动小组,自由结合。

第一组:几位同学组成命题小组成员,准备知识竞赛题目。推举两位主持人。

第二组:由喜欢讲故事的同学推选一到三位同学,为同学们表演,讲述端午节来历的故事。

第三组:喜欢手工制作的同学准备好制作贺卡和应节香包所需的彩笔、彩纸、棉花、香料和五彩线。

【活动过程】

建议:此次活动可安排在端午节前进行。活动围绕端午节进行,让学生感受节日的快乐,并将快乐传达给自己的亲朋好友,做一次短暂而又快乐的旅行。

1. 第一站——"开心辞典"端午节(5分钟)

由两位主持人负责知识竞赛,评选优胜者,奖品是同学们制作的香包。

端午知识竞猜

(1) 农历五月五日是端午节,亦称_____、_____,是我国民间传统三大节日之一。

(端五、端阳)

(2) 端午节还有许多别称,如:_____ 等等(三个即可)。

(夏节、浴兰节、女儿节、天中节、地腊、诗人节)

(3) 下面几幅图画反映的是端午节的什么习俗?

（悬艾叶和菖蒲）

（写符念咒）

（吃粽子）

（赛龙舟）

（4）从下面这首诗可以看出陆游生活的南宋时代在端午节这天的生活习俗。从中可以反映出江南端午风俗，既有纪念屈原的意思，又有_____的内容。

乙卯重五诗　陆游

重五山村好，榴花忽已繁。粽包分两髻，艾束著危冠。
旧俗方储药，羸躯亦点丹。日斜吾事毕，一笑向杯盘。

（卫生保健）

（5）下面这首诗作者借端午表达了什么情感？诗中涉及哪位中国古代伟大的诗人？其代表作品是什么？

和端午　张耒

竞渡深悲千载冤，忠魂一去讵能还。国亡身殒今何有，只留离骚在世间。
（借端午龙舟竞渡表达对爱国诗人屈原的敬佩与怀念之情。《离骚》。）

（6）"五月五是端阳。门插艾，香满堂。吃粽子，洒白糖。龙船下水喜洋洋……"这首流传的民谣叙述了端午佳节的传统习俗。请仿照这则端午民谣再写一段描绘现代人端午风俗的歌谣。

（7）端午节人们喜欢用大红纸剪成"五毒"贴在屋内表示镇压，象征性地辟恶除害。你知道是哪五毒吗？

（蜈蚣、蝎子、壁虎、蜘蛛、毒蛇）

（8）雄黄是矿物，成分是硫化砷，其中砷的含量占70%，可入药，能解毒，颜色呈橘红色。在民间故事《_____》中的白娘娘，就是在端午节时，在许仙的劝诱下，喝了几杯雄黄酒才显露原形的。你知道我国四大民间传说故事吗？

(《白蛇传》、《牛郎织女》、《孟姜女哭长城》、《梁山伯与祝英台》)

2. 第二站——"开心故事"端午节(5分钟)

从所熟悉的传说故事中选择一二给同学们表演讲述。

端午故事屈原说

"举世皆醉我独醒,举世皆浊惟我独清"是出自谁的诗句呢?他为何如此忧郁而悲愁?来听听悲情诗人屈原的遭遇吧!

相传战国时,楚襄王宠信奸佞,屈原因仗义执言遭革职放逐。秦国趁机进攻楚国,楚地千里疆域毁于一旦。屈原是有心报国而无力回天,愤然之下,屈原抱巨石投汨罗江而去。当地百姓闻听屈原投江,纷纷前来救助,未寻见屈原的尸体,湖面上舟船往来穿梭百舸争游的场景蔚为壮观。这一日正是阴历五月初五日。后来,每逢这一天,人们就在江河上赛龙舟,意在怀念屈原。人们还把粽子投入水里,只是为了喂饱鱼龙虾蟹,保全屈原的尸身不被吞食。

端午故事白蛇说

有情人终成眷属,恩恩爱爱的许仙与白素贞,为什么会有如此凄美的结局呢?这和驱邪避恶的端午节雄黄酒有何密切的关系?

传说白蛇白素贞为了报答许仙的恩惠,与许仙结为夫妻,端午节当天白蛇误喝雄黄酒现出蛇形,法海趁机镇白蛇拆散了他们的美满姻缘。为维护纯真的爱情,还击法海之流的倒行逆施,白蛇怒显神通,水漫金山,勇斗凶神恶将……

端午故事龙日说

这种说法来自闻一多的《端午考》和《端午的历史教育》。他认为,五月初五是古代吴越地区"龙"的部落举行图腾祭祖的日子。其主要理由是:(1)端午节两个最主要的活动吃粽子和竞渡,都与龙相关。粽子投入水里常被蛟龙所窃,而竞渡则用的是龙舟。(2)竞渡与古代吴越地方的关系尤深,况且吴越百姓还有断发文身"以像龙子"的习俗。(3)古代五月初五日有用"五彩丝系臂"的民间风俗,这应当是"像龙子"的文身习俗的遗迹。

端午故事老外说

除了让外国朋友透过英文了解这个节日的故事外,也让我们学一学有关这个节日的英文说法,或许还可以向你认识的外国朋友介绍一下哩!

Dragon Boat Festival

The Dragon Boat Festival, also called Double Fifth Festival, is celebrated on the fifth day of the fifth moon of the lunar calendar. It is one of the most important Chinese festivals, the other two being the Autumn Moon Festival and Chinese New Year.

The origin of this summer festival centers around a scholarly government official named Chu Yuan. He was a good and respected man, but because of the misdeeds of jealous rivals he eventually fell into disfavor in the emperor's court.

Unable to regain the respect of the emperor, in his sorrow Chu Yuan threw himself into the Mi Lo River. Because of their admiration for Chu Yuan, the local people living adjacent to the Mi Lo River rushed into their boats to search for him while throwing rice into the waters to appease the river dragons.

Although they were unable to find Chu Yuan, their efforts are still commemorated today during the Dragon Boat Festival.

3. 第三站——"开心祝福"端午节(10分钟)

请同学们在以下三项活动中选择自己感兴趣的一项参与活动。

粽子飘香端午节

粽子是端午节必吃的食物。它有不少花样,有红枣、花生、果脯、咸肉等混在糯米中制成的,也有单纯糯米的。小小的粽子,似乎已经成了中国传统的象征,在人们心中占据着一定的位置。今天我们要制作的粽子是不同寻常的,它看得见,吃不着,它是我们的祝福和心意。

"开心粽子"制作配方示例
　　一些健康绿豆
　　　一些开心花生
　　　　一些美丽红豆
　　　　　一点幸运瘦肉
　　再加一点快乐调味料
　　送给你最想送给的人

请以此为例,写下你的"心意粽子"的秘密配方吧!

言语传情端午节

用电脑或手工制作端午贺卡,或发送手机短信,写下祝福的话语,送给自己的亲朋好友。

示例:

✎　端午到,挂香包,吃粽子,家家户户真热闹!艾蒿高高门前舞,驱邪气,防五毒,高高兴兴过端午。

✎　手捧粽子,缅怀离骚,龙舟竞渡,勇往直前!祝端阳节快乐!

千千情结端午节

香包是一种吉祥的避邪物,用各种颜色的绸布做成囊状,里面放置香料,便是香包。以前缝制香包是一项重要的女红,年轻的女孩子都要会缝。现在每逢端午,各地都可见民众在贩卖香包的摊位上选购各式香包,爱不释手。想做一个独一无二的香包吗?这里提供一个简单的香包制作方法。

1. 材料:碎布、棉花、香料粉、丝线。
2. 工具:剪刀、针、缝衣线。
3. 做法:

步骤一:将碎布画上自己喜欢的形状,如圆形、三角形、桃形。

步骤二:剪下相对的两片。

步骤三:用线将三边反面缝合,留下一边。

步骤四：翻过来，塞入沾有香料粉的棉花。

步骤五：将最后一边缝合，再加长绳装饰即完成。

【活动效果】

  这次愉快的旅行，学生表现出较高的热情。学生在搜集、筛选、整理信息方面的能力有所提高，并且动脑与动手相结合，增强了活动的趣味性。更重要的是学会了关爱他人，了解并重视中华民族的优秀传统文化。

【活动评价】

  学生在活动过程中，对于民间故事的讲述还缺乏生动性，教师要在活动准备阶段加强指导。

【相关链接】

1. 盖国梁：《节趣》，学林出版社1999年版。
2. 沈从文：《边城·第一章（端午日）》，北岳文艺出版社2002年版。
2. http://www.chinese56.com（中国民俗网）。
3. http://www.6mj.com（中国民间故事网）。
4. http://www.chinesefolklore.com（中国民俗）。
5. 《清明端午中秋放假？"增节"议案半年内有答案》，载于新华网（http://www.xinhuanet.com）

  内容提要："两会"期间，不少代表委员建议增加除夕、清明、端午、七夕、中秋节为我国法定假日。民俗学家指出：将传统节日定为法定节假日，是民族意识的觉醒，此举势必推动民族文化的繁荣，同时，也能为北京的"人文奥运"增添更多具体的内容。

【教材定位】

  人教版语文八年级下册第十七课《端午的鸭蛋》。

（深圳市南山实验学校　张建伟）

体验南北年俗

【活动目的】

1. 通过对传统节日"春节"民俗的追源及探究,了解蕴藏在背后的丰富的文化内涵,探寻日常生活背后的学问。
2. 关注民俗文化的历史、现状和未来,增强保护民俗文化的意识,培养学生的社会责任感。
3. 培养学生搜集、归纳整理、分析提炼资料的能力,并能创造性地提出个人的观点。
4. 培养学生的合作探究意识。

【活动准备】

1. 全班学生以地域分为南方小组和北方小组,制定活动方案。
2. 以小组为单位查找、收集自己家乡年俗的资料。
3. 准备好表演的道具,如:利是封、八宝粥、照片、VCD、剪纸、年画、自写对联等。

【活动过程】

1. 抛砖引玉

(1) 播放歌曲《恭喜恭喜》和《新春秧歌闹起来》(不出示歌曲名)。

(2) 请学生分辨两首歌分别是哪个地方的歌曲,当地人一般什么时候听。

学生 1:前一首歌曲是广东人新年听的拜年歌曲,叫《恭喜恭喜》。

学生 2:后一首歌是北方人,或者是东北人过年听或唱的歌曲,应该和秧歌有关。

(3) 主持人:(揭晓答案。)春节,按我国的习俗讲,又叫过年,是我国人民最重要的传统节日,又是中华民族各种民俗最集中的体现。中国地大物博,各地的民俗风情各不一样,年俗也各有风味。丰富的民俗文化,凝聚着浓浓的血脉亲情。今天就让我们走近"年俗",来个南北年俗大汇串。

2. 追源探究

(1) 南方小组以广州为代表地,通过实物、图片、视频和小品演出的形式展示广州年俗。

① 团年饭:由学生代表二至三人将事先准备好的自家在过年时拍摄的录像向全班展示,同时加以讲解,如讲述菜肴的名称、来由和意义等。

② 逛花市:由另外的学生代表若干人把过年逛花市的照片和一些家中日常装饰用的花草树木照片在全班展示,同时讲解各种花的意义。

③ 小品表演：拜年、派利是（由学生若干人表演）。

旁白：今天是大年初一，家家户户相互拜年。老张带着儿子来到了老陈家。

老张：老陈，新年好，恭喜发财。儿子，快给叔叔拜年！

小张：陈叔叔新年好！恭喜发财，利是拿来！

老陈：大家新年好，一起发财。来，把利是拿着（把红包送给小张，让座）。来，吃点我家做的年货，有年糕、油角、煎堆、糖冬瓜……利是糖可不能吃哟！

小张：谢谢叔叔！街上人山人海好热闹，等会我们一起去逛街看舞狮表演吧。

④ 学生出示查找的资料做小结。广州人在新年前夕，家家户户为过年而忙碌起来：清扫房屋，除旧布新，采办年货等。除夕（年三十晚）是一家人团圆的日子，家家户户在一起吃团年饭。团年饭的菜式通常都十分丰富，鸡鸭鱼肉，鲜腊荤素，应有尽有。而且多数菜名都含有吉利的意思。吃过团年饭后，人们通常会到年宵市场去逛花市，各区的主要街道上搭起彩楼，扎起花架，四乡花农纷纷涌来，摆开花市，售花赏花，人潮涌动，十里长街，繁花似锦，人海如潮，一直闹到初一凌晨方才散去，这就是广州特有的迎春花市。在花市上一般会买橘子，寓意大吉大利。买些年花回家，平添了不少过年气氛。不少父母都会派"利是"给自己的子女，勉励他们好好做人，努力读书和工作。在人际交往中，必备"利是"。当然，所谓"利是"即为红包，亲朋相见，大人要给小孩"利是"。广州市民中，市民阶层十分讲究，要给双封，而内包多少纸币则不拘，但没有"利是"即为无礼，所以春节期间到广州人家里做客，多带几个红包为好，免得麻烦。甚至商场门口，也会在金橘树上挂满"利是"，任人摘取，以求吉利。

大年初一，人们开始正式庆祝新年，他们开始贴春联（挥春）、年画、舞龙、舞狮等，还会走亲友拜年。此外，还有不少过年食品，如：糖果、年糕（年糕由糯米做成，以谐音取"年年高"之意），还有炸成金黄色的油角、煎堆、蛋散等。

（2）北方小组以北京为代表地，通过照片、图片、实物、视频等展示北方年俗。

① 腊八粥：学生找到小学课文《腊八粥》以及带来八宝粥，讲解北京吃腊八粥的习俗：从腊月初八开始，腊八粥的香味最先使过年的气氛在家家户户呈现出来。富裕人家腊八粥的配料特别丰富：红枣、栗子、苡仁米、花生、芝麻、核桃仁、松子、杏仁、杂豆瓣及五颜六色的各样果脯，远远不止八种。一般的平民百姓搞不起这样的排场，但也要熬上一锅腊八粥表示表示。人们还有相互馈赠腊八粥的习俗，不过一般仅限于至亲好友之间。作为馈赠礼的腊八粥更加别致：粥面上常用核桃、松子堆起个小狮子，用山楂糕插上一小丛香菜，做成个红艳艳的小萝卜，图案精美，别具一格。通常，腊八粥熬得比较多，腊八吃一些，余下的放置室外冷冻起来，随吃随取。有的人家，腊月初八熬的粥，能吃到来年二月初二。现在我们吃的八宝粥和腊八粥"内容"相似，课后请大家品尝。

② 祭灶：表演腊月二十三"小年儿"，民间祭灶的小品。

同学甲：今天是腊月二十三，灶王爷要升天向玉皇大帝禀报我们家人一年的善恶，供玉皇据以赏罚。所以我们家要多准备点糖瓜、清水、料豆、秣草，让灶王爷替我家多说点好话。走，上街买东西去！

同学乙：哎！还没发工资，都不知道是不是要过个穷年了。再穷不能穷了灶王爷，恳请灶王爷多多包涵：小的今年没有落儿，明年请吃关东糖。儿子！快过来祭灶王爷！女儿可不能过来啊。祖宗说"男不拜月，女不祭灶"。

③ 扫房、贴春联等：学生展示自做的春联、剪纸，买的年画。告诉大家贴春联前的腊月二十四日为"扫房日"，各家各户都要认真彻底地进行清扫，做到窗明几净，不见灰迹。扫房之后，贴上春联、门神、窗花、年画，挂上花团锦簇的灯笼。

④ 除夕包饺子：展示电影《过年》除夕包饺子、吃饺子片段。补充讲解：除夕通宵灯火齐明，人们辞岁守岁，尽情娱乐。当新年的钟敲响时，各家的饺子也下锅啦。北京人除夕夜多包饺子吃，以谐音取"更岁交子"的意思。有的在饺子中放糖，祈求来年生活更甜美；有的则在个别饺子中包一枚钱币，谁吃到了谁就会在新的一年里发财。民间还有转勺把占卜的习俗：煮三十夜饺子时，用勺在锅里转几下，继而放开手，任勺自由转动，等转动停止，便按照勺把的指向往外走，听到人说话声即停步转回。据说听到好话一年吉利，听到坏话一年晦气。

⑤ 庙会：学生展示逛庙会的照片，讲解逛庙会的经历。逛庙会是必不可少的节目。过年时的庙会像一道流动的风景，惹人心醉。庙会上悬旗结彩，百货杂陈，戏曲开场，人潮如涌，吸引着成千上万的人。在庙会上逛上一趟，你可以很好地体验当地的民俗风情，还可以领略传统节日的欢快热烈气氛。庙会的优势在于杂而全，吃的、穿的、用的、玩的什么都有，咫尺之间，万物皆备。

3. 主持人或教师小结

【活动效果】

通过这次南北年俗大汇串的活动，学生对民俗特别是年俗有了进一步的了解，对民俗产生了浓厚兴趣，在民俗中感受到生活的充实，进一步激发热爱家乡的情感。学生感悟到民俗文化的深厚，增强了社会责任感。同时也为学生在作文中写出真情实感创设了很好的氛围。学生写起作文来有话可说，水到渠成。

【活动评价】

这次活动既锻炼了学生各种形式的表达能力，又锻炼了学生从纷繁芜杂的资料中收集、筛选、整理资料的能力。这次活动突出学习的自主性，强调参与的实践性，注重活动的合作性。但是在准备的过程中如果考虑得更周到一些，实物收集得更多一些，效果会更好。在活动的过程中个别学生过分注意活动，没有真正探究到某些年俗活动背后的本质，思考不够深入，需要老师加强指导。

【相关链接】

1. 春节掌故 http://www.cctv.com/specials/1999spring/cj/cjzg/cjxs/cjxs.htm
2. 网易旅游频道 http://travel.163.com
3. 故乡 http://www.guxiangcom
4. 东方新旅程 http://lottery.eastday.com
5. 春节网 http://chunjie.net.cn

【教材定位】

人教版语文八年级下册第四单元综合性学习。

(深圳市南山区松坪学校中学部 林 毅)

铸剑为犁应有日

【活动目的】

1. 通过对有关战争的各种信息的搜集、整理、探究，提高对战争的认识，培养热爱和平的情感和社会责任感。

2. 通过文字、图片、表演、辩论等形式展示成果，进而开阔文化视野，增加有关战争的历史知识和文学知识的积累。锻炼口语表达能力和就某一问题阐明自己观点的写作能力。

【活动准备】

1. 教师向学生介绍几本有关战争的图书和提供相关网站，以便学生阅读或查阅。如：战争题材的文学作品《安妮日记》、《钢铁是怎样炼成的》等有关书籍。

2. 让学生根据自己的兴趣爱好，自愿组成五大活动小组，确定小组负责人。

第一组，历史学家：主要通过媒体介绍的方式，让学生在一般意义的了解基础上，侧重于对我国解放战争的重大战役和第二次世界大战的了解。

第二组，军事学家：通过演讲的形式，使学生对战争性质作较为深入的分析，进一步审视战争，培养学生爱国主义感情和人类责任感。

第三组，政治学家：通过辩论的形式，审视当今的国际社会，就美国攻打伊拉克事件发表自己的看法，进一步思考在现代科技的背景下的战争性质。

第四组，文学艺术家：通过不同形式的富有文学、文化色彩的交流活动，如背诵古今诗词、讲故事、赛成语、说名言等，使学生对战争与文学的关系有所感悟，对文学知识有所积累。

第五组，新闻记者小组：采访参加过战争的父辈们，进而"回顾战争，珍惜和平"，增加对战争性质的认识，并担任整个活动的穿线人，写出活动的通讯报道。

3. 教师组织各组成员开会研究活动的具体方式和内容。

【活动过程】

新闻记者小组贯穿四个环节的始终，不仅主持人由记者承担，而且在整个活动中，记者可以随机采访，目的是引发学生对战争的思考、探究。最后由记者小组写出整个活动的通讯报道。并布置全班同学写一篇有关"战争"的话题作文。

1. 第一环节，历史学家小组活动

历史学家小组把搜集来的有关历次重大战役的资料、图片筛选整理后制作成幻灯片，向同学介绍。（5分钟）

日军炸毁南满铁路

日军炮轰奉天北大营

2. 第二环节,军事学家小组活动

军事学家小组以演讲的形式,向同学介绍有关战争军事方面的知识(如各类武器、十大元帅、战争性质等)。(10分钟)

我眼中的战争 （演讲词）

同学们,你们是如何理解战争的呢?下面我谈谈我自己对战争的看法。我认为战争是民族与民族之间,国家与国家之间,阶级与阶级之间或政治集团与政治集团之间的武装斗争。它是有正义和非正义之分,但都是一种灾难。因此,人们渴望和平,反对战争。但在我看来,不管是正义的还是非正义的,战争在我眼里是一门艺术。为什么这样说呢?因为战争是政治因素引起的,没有政治目的,就不会有战争。政治是思想,战争是工具,就好比人在用画笔画画一样,两者缺一不可。只要使用得当,将会构造出精美绝伦的图画。因为战争是正义与邪恶的较量。我认为古往今来最最经典、最有实用意义的战争巨著有两部,一个是孙武著的《孙子兵法》,另一个是克劳塞维茨的《战争论》。《孙子兵法》共十三篇,不仅能在军事上使用,也能在商海、仕途上获得启示。它有一句至理名言,就是"知己知彼,百战不殆"。而《战争论》则是不朽的巨著,它首先向人们揭示了战争的本质:"战争是政治通过另一种手段的继续。"也就是说,如果想要达到政治目的,最直接,最干脆的手段就是发动战争。他还指出:"战争不仅是一种政治行为,而且是一种真正的政治工具,是政治交往的继续,是政治交往通过另一种手段的实现。""政治是头脑,战争只不过是工具,不可能是相反的。"根据克劳塞维茨的论断,我们不难看出,在制定作战计划时,深入了解双方的政治目的,以及他们同其他国家的政治关系等情况,是十分必要的。不然,你是不可能赢得战争的胜利的。

纵观人类历史长河,随着私有制的产生,战争的阴影就从来未离开过地球。从原始的氏族、部落之间使用石、骨、木制冷兵器的武装冲突,到今天世界上国家或地区间的高技术战争,期间发生大战小战,有文字记载的,就数以千计。因此,我们要对战争有清醒的认识。

3. 第三环节,政治学家小组活动

以辩论的形式,分甲方和乙方,对美国攻打伊拉克事件进行主战派和反战派的辩论。(15分钟)

4. 第四环节,文学艺术家小组活动

以丰富多彩的形式,向同学汇报演出。(15分钟)

主持人(在背景音乐中走上讲台):同学们,你们知道正在播放的这首曲子的名字吗?(同学们回答。)对,这就是《最后的战役》。在这凄凉婉转的乐曲中,我们的文学艺术家们的表演拉开了帷幕。今天就请大家听一听,看一看,再评一评他们的表现吧!

提及战争,我们不由得会想到各路豪杰战死沙场的惨烈场面。那种情景让我想起了一首诗,便是王昌龄的《塞下曲》。

【场景一】吟诵有关战争内容的诗词,个人集体均可。

【场景二】情景剧《请把我埋得浅一些》,表演者:学生若干人。

《请把我埋得浅一些》剧本

主持人:在战争中,孩子无疑是最天真无邪而又无辜的。在一座纳粹的集中营里,曾经有这样一个故事。有一个小女孩,她帮助人们在死亡之前找回了人性的尊严和力量。下面我们将为大家表演情景剧《请把我埋得浅一些》。

旁白:二战时期,在一座纳粹集中营中,关押着很多犹太人,他们大多是妇女和儿童。他们遭受着纳粹无情的折磨和杀害,人数在不断减少。有一个天真活泼的小女孩,和她的母亲一起被关押在集中营里……

小女孩:妈妈,给我讲个故事吧!

母亲:好吧。从前呢,有一个……

旁白:就在这时,她的母亲和其他的几位妇女被纳粹士兵带走了。

小女孩:妈妈,记得要回来呦!

旁白:可是她的妈妈,再也没有回到她的身边。人们知道,她们肯定是被杀害了。因为每天都有人被杀害。死亡的阴影笼罩着每一个人。人们谁也不知道自己能否活到第二天。但当小女孩问大人们……

小女孩:我的妈妈到哪里去了?她怎么还不回来?

旁白:大人们沉默着流泪了。后来实在不能不回答时,就对小女孩说……

其他人:你的妈妈去寻找你的爸爸了,不久就会回来的。

旁白:小女孩相信了,她不再哭泣和询问,而是唱起妈妈教给她的许多儿歌,一首接一首地唱着,像清风一样在阴沉的集中营中吹拂。她还不时爬上囚室的小窗,向外张望着,希望看到妈妈从远处走来。小女孩没有等到妈妈回来。就在一天清晨,纳粹士兵用刺刀驱赶着,将她和数万名犹太人逼上了刑场。

旁白:刑场上早就挖好了很大的深坑,他们将一起被活活埋葬在这里。人们沉默着,死亡是如此真实地逼近着每一个生命。面对死亡,人们在恐惧中发不出任何声音。人们一个接一个地被纳粹士兵残酷地推下深坑。当一个纳粹士兵走到小女孩跟前,伸手要将她推进深坑中去的时候,小女孩睁大漂亮的眼睛对纳粹士兵说……

小女孩:刽子手叔叔,请你把我埋得浅一点好吗?要不,等我妈妈来找我的时候,就找不到了。

旁白:纳粹士兵伸出的手僵在了那里,刑场上顿时响起一片抽泣声,接着是一阵愤怒的呼喊……

众人:打倒纳粹!

旁白:人们最后谁也没能逃出纳粹的魔掌,但小女孩纯真无邪的话语却撞痛了人们的心,让人们在死亡之前找回了人性的尊严和力量。暴力真的能摧毁一切?不,在天真无邪的爱和人性面前,暴力让暴力者看到了自己的丑恶和渺小。刽子手们在这颗爱的童心面前颤抖着,因为他们也看到了自己的结局。

主持人讲述对该小品的感想,引入下一话题。

【场景三】分析文学作品的人物形象:《钢铁是怎样炼成的》中的"保尔",《安妮日记》中的"安妮"。

【场景四】有关战争的成语故事和有关战争的名言的竞赛。

例:

根据意思猜成语:

风稍一吹,草就摇动,后来,则用它比喻形式的变化或动荡。(风吹草动)

减缓对方进攻的计策。(缓兵之计)

根据成语讲故事:纸上谈兵、火烧赤壁、草船借箭。

战争名言知多少:攻其不备,出其不意。(春秋·孙武)

得道者多助,失道者寡助。(战国·孟子)

天时不如地利,地利不如人和。(战国·孟子)

用兵之道,攻心为上,攻城为下;心战为上,兵战为下。(三国·诸葛亮)

胜负兵家之常,善用兵者能因败为成。(晋·张方)

惟有死者方可看到战争结束。(希腊·柏拉图)

正义没有武力是无能;武力没有正义是暴政。(法国·巴斯卡)

兵民是胜利之本。(毛泽东)

敌进我退,敌退我追,敌驻我扰,敌疲我打。(毛泽东)

【场景五】文学组成员现场接受新闻记者组的采访,谈自己参与活动的感受。

【活动效果】

在这次活动中,学生们不仅搜集了大量有关战争的图片、资料,开阔了眼界,增长了知识,而且培养了合作、探究的精神。另外在情感、态度、价值观方面都得到了提升,尤其是对战争的性质有了更加深刻的认识。同时锻炼了口语交际能力、社交能力、写作能力。

【活动评价】

教师除了在学生活动前做好参谋外,还须对学生参与整个活动的情况给予督导和评价,当好裁判员。

【相关链接】

1. http://www.china918.net/ 历史不容忘却。

2. http://warstudy.com/theory/ 军事理论研究。

3. http://www.idealwar.com/ 沈伟光与理想战。

4. http://junshi.cis.com.cn/equipment/ 军事,中国军事,世界军事,武器,兵器,军事大观,军事论坛。

5. http://army.tom.com/ 环球军事。

6. http://asp.6to23.com/junyycn/a/index.html 武器网,是以介绍武器知识为主的综合军事站点。

【教材定位】

人教版语文八年级上册第一单元综合性学习《世界何时铸剑为犁》。

(深圳市南山实验学校 王润梅)

众说纷纭话金钱

【活动目的】

1. 引导学生了解有关金钱的历史背景、文化常识,借此增强一些人文素养与文化熏陶。
2. 加强对金钱的全面而理性的认识,树立正确的金钱观。
3. 培养良好的合作学习习惯与意识,综合提高多种语文能力。

【活动准备】

1. 熟悉教材要求,搜集相关资料,创设活动情境,激发学生活动热情。
2. 提前两周让学生自由分成六组,然后自由分工,确立活动方向。
3. 提供资料来源途径指导:网络搜索,文献查阅,问卷调查,摄影录像。

【活动过程】

1. 导入

满身铜臭,锱铢必较,掉到钱眼儿里去了,见钱眼开,有钱能使鬼推磨,人为财死、鸟为食亡,两袖清风……一提起这些说法,似乎谁都耳熟能详。看来,金钱早就与人类的种种品质挂上了钩。漫长的岁月积淀,的确赋予了金钱许许多多的内涵,使看似俗气的金钱竟也有了些许文化意味呢,你愿意去探究一番吗?

2. 钱的过去、现在和未来

比一比:有奖现场知识抢答赛

(1)"探探钱祖宗":你知道人类最早的钱是什么样子的吗?

贝是我国最早的货币。中国最早的货币是一种由天然海贝加工而成的贝类货币,距今约3500年以上。经过加工的天然贝币一面有槽齿,币身光洁美观,小巧玲珑,坚固耐磨,便于携带。到周时青铜货币出现,贝币就逐步退出流通领域。

(2)在漫长的历史长河中,钱发生了哪些变化?

中国货币有五千年的历史,先后出现了贝类币、金属币、铲币、刀币、蚁鼻钱、半两、五铢、交子、铜币、银币、纸币以及今天的电子货币。经历了由自然货币向人工货币,由杂乱形状向规范形状,由金属货币向纸币的演变。每一次的变迁都反映了当时的社会生活及政治变革,可以说钱币那小小的身躯里承载了历史的沧桑,印证了时代的变迁。

(3)中国使用货币的历史有多长?

中国是世界上最早使用货币的国家之一,从夏、商时代最早的贝币开始,使用货币的历史长达五千年之久。

(4) 中国历史上使用时间最长的货币是哪一种？

沿袭几千年的中国货币基本形态是方孔圆形铜钱，公元前210年秦始皇颁布了中国最早的货币法，该形态的铜钱在全国范围内开始通行的。直到清朝后期开始在国外购买造币机器，流通了二千多年的圆形方孔钱才寿终正寝。

(5) 我国货币史上用过的制币材料有哪些？

我国古代货币形制十分复杂，仅用作货币的质材就不下几十种，如铜、铅、铁、金、银、玉、贝、牲畜、皮革、谷帛、纸张等。

(6) 纸币是从什么时候开始出现的？

中国北宋时期的"交子"，是迄今世界上最早的纸币，比欧美发达国家早七百年。

(7) 你知道我国的钱在各个历史时期的一些别称和趣闻吗？

"泉"——钱在战国时期称"泉"。钱与"泉"谐音，我们今天有时也把钱学家称做泉学家。

"邓通"——西汉时期，有人把"邓通"作为钱的别称。著名的明代小说《金瓶梅》就有"功名全伏邓通成"的诗句，其中"邓通"就是钱的别称。

"阿堵物"——在西晋时期，钱又被称为"阿堵物"。

"青蚨"——在唐代"青蚨"一词曾成为钱的代称。据考证，青蚨原是南方的一种昆虫，母子相依为命，抓到子青蚨，母青蚨必然会跟随而来。传说将母青蚨和子青蚨的血分别涂在钱上，用这两种钱的任何一种钱购物，用出去的钱必然会复还。因此从前一些老银号和商家，春节贴春联时常用"青蚨飞入"等字样，祝愿来年财运亨通。

"上清童子"——唐代的郑还古的《博异志》中记载：在唐贞观年间，岑文本在山里避暑。一天来了一个自称"上清童子"的少年，穿着轻飘细软的"上清五铢"衣。一番对话后，童子消逝在墙角。之后岑文本在那儿拣到一枚五铢钱，顿时明白"上清童子"原是钱的化身。因此，唐代以后钱便有了"上清童子"的雅号。

(8) 谁能说出下列英文简写各代表哪国的货币？

RMB <u>人民币</u>　　　　USD <u>美元</u>　　　　JPY <u>日元</u>　　　　EUR <u>欧元</u>
DEM <u>德国马克</u>　　　CHF <u>瑞士法郎</u>　　FRF <u>法国法郎</u>　　GBP <u>英镑</u>

(9) 在发票上或银行存款填写货币金额时要用到汉字大写，你会写0～9的汉字大写吗？请用汉字大写的方式来写出人民币35,680元的金额。

<u>零、壹、贰、叁、肆、伍、陆、柒、捌、玖、拾。人民币叁万伍仟陆佰捌拾元整。</u>

3. 众说纷纭话金钱

(1) 议一议：设想未来的货币形态是什么样子的，金钱给人们的生活带来什么样的变化？

示例一：网络虚拟货币。人们足不出户，所有购物都在网络上完成。

示例二：电子芯片货币。与手机等合为一体。

示例三：指纹货币。但凡交易，用个人手指一触摸电脑屏幕即完成付款。

(2) 辩一辩：组织几个主题辩论赛，"掂掂孔方兄"，多角度探讨金钱的利弊。

① 财富是不是衡量一个人成功与否的标志？

② 金钱"利"大还是"弊"大？

③ "压岁钱"可以自由支配吗？

4. 品品钱币的文化内涵

(1) 说说金钱中的习俗与另类金钱。

① 从前曾出现过厌胜钱,也叫压胜钱,是一种具有避凶取吉含义的钱币,钱上有吉语、符咒、人物、动物、林木花草等各种图案花纹,相当于一种护身符。

② 民间流行过洗儿钱,是贺人生育子女的赠钱。

古时婚礼上分发的赏钱,称为撒帐钱。

(2) 探探金钱里的汉语言文化。

① 汉字:汉字中有不少与钱财有关的文字,大多带有"贝"字的偏旁,如赊购、贩、贷、购、财及贿赂等。

② 成语:一字千金,一钱不值、见利忘义、锱铢必较、惜墨如金、此地无银三百两……

③ 俗语:人为财死,鸟为食亡。有钱能使鬼推磨。

④ 名言:幸福不在于拥有金钱,而在于获得成就时的喜悦以及产生创造力的激情。——罗斯福

(3) 叩问金钱与文学。

① "金钱与文学",两相结合衍生了多少文学素材,褒贬出人间诸多故事。

如莎士比亚笔下的夏洛克,莫里哀笔下的阿巴贡,巴尔扎克笔下的葛朗台,果戈理笔下的泼留希金,甚至《儒林外史》的严监生,世界文学让众多吝啬鬼滋养了万千读者的眼球,而中国的《鱼,我所欲也》让"不食嗟来之食"恢弘了有志之士的骨气。

② 金钱的困扰,却造就了若干风流人物。

英国罗琳靠救济金维持生活,却创作出了风靡全球的《哈利波特》;由盛而衰的巨大变迁,使中国曹雪芹呕心沥血著成红楼名梦;历经穷困潦倒,杜甫愤怒控诉"朱门酒肉臭,路有冻死骨",成就一代诗圣。

5. 百舸争流

最令人大快朵颐的往往就是探究之后的成果了,如果老师点拨得当,学生的展示可以让大家尽享色香味俱佳的一桌满汉全席——

(1) 想进行趣味语文探寻的,可以设计小论文、手抄报、相关图片资料或电脑技术展示会。

(2) 愿意编校园剧、名著小品的,可以学习"鬼才"魏明伦的妙笔,上演一场绝妙好戏。

(3) 愿意集游戏性、娱乐性、模仿性、知识性于一体的,可以设计有奖成语俗语接龙、现场知识抢答赛、各国钱币图谱辨别赛。

(4) 选择主题探究活动的,则可以进行演讲、辩论会,在思维的相互碰撞中学会多角度、辩证地看问题。

【活动效果与评价】

这次活动既活跃了学生的思维,丰富了其人文底蕴,又能拓宽学生的视野,培养其留心观察生活的习惯,更重要的是增强了对金钱的理性认识,有助于他们树立正确的金钱观。活动之后,学生在体会中谈到的收获列举如下:

好像一下子又读了许多书,知道夏洛克似的吝啬鬼原来还有那么多,一经金钱这架

奇妙的显微镜放大之后,人性的所有劣迹暴露无遗。

借金钱又过了一把文学瘾,很有意思。

小小一枚钱,原来有那么多故事。

真是小金钱里有大世界呢。

小组合作让我们学会了很多东西。

【相关链接】

1. 司理:《中国钱币图书纂要》,中国金融出版社 2002 年版。
2. 傅为群:《图说中国钱币》,上海古籍出版社 2000 年版。
3. http://www.world-coin.com(金沙湾世界钱币收藏网)。
4. http://www.cnread.net(中国青少年新世纪读书网)。
5. 中国古代钱币网。

(深圳市南山外国语学校　胡　丹)

雨的心曲,雨的诉说

【活动目的】

1. 从文学和现实两个角度认知"雨"。
2. 学会多角度多手段表达,加强合作学习能力的锻炼。

【活动准备】

上课前要求学生通过各种途径收集有关雨的资料。学生按自愿的原则组合成五个学习小组,展开分工、合作学习。

第一小组:诗歌朗诵组。本组成员收集写雨的诗歌,并准备配乐朗诵,选出朗诵及表演者。

第二小组:天籁之声组。本组成员收集表现雨的影像资料,还可以自己用摄像机或录音机记录下雨时的声响。并为图像资料配文朗诵。

第三小组:文章习作组。本组成员写作关于雨的小短篇,文体不限,最后选出一篇最佳习作来参加全班的活动。

第四小组:灾难报道组。本组成员收集由雨造成的灾难的报道。

第五小组:美丽歌声组。本组成员练唱几首关于雨的歌曲,在全班活动时表演唱。

【活动过程】

1. 第一小组活动:雨的诗意——诗歌朗诵

主持人(语文课代表担任):(深情地)我是快乐而沉静的雨。我从天空中飘落,伴着我欢快的足音,花草荡漾出陶醉的笑意;我和着自然清新的空气,将温柔的胸脯轻轻地贴近土地,在泥土中消融。"我来了,我来了就不再回去。"我用灵动的声音、奇异的形体和清透的心灵向你诉说,不知道你是否读懂了我——雨的心曲?下面请第一小组同学展示合作学习成果。

活动一:配乐,集体朗诵郑愁予《雨说》。

小组主持人:"我是大海的叹息,是天空的泪水,是田野的微笑。"我不但浇灌了禾苗,荡涤了灰尘,也浸润了古今中外文人墨客多情的心。

活动二:男生甲吟诵戴望舒的《雨巷》,徘徊,目光迷离状。

撑着油纸伞,独自

彷徨在悠长、悠长

又寂寥的雨巷

我希望逢着

一个丁香一样的
结着愁怨的姑娘
　　女同学乙上台,撑伞,低首蹙眉,从男生甲面前翩然而过,略一驻足,回眸一瞥,离去。
　　教师发言:第一小组同学精心收集了大量有关雨的诗歌作品。虽然,这些作品的情调不同,但作家们都一致把雨看作是烘托气氛、抒发情感的得力助手。
　　2. 第二小组活动:谛听雨落——天籁之声
　　主持人:你听到的雨声其实就是雨用生命敲击世界的声音,雨滴落在屋檐瓦楞之间,花草树木之中,江河湖海之上。不同的敲击声混合在一起,不也就是一首首最有情味的诗?只是,这首诗对于你未必显得熟悉,因为你可能还没有练就一双善于聆听自然的耳朵,还没有习惯于用心灵去感受自然的天籁之音。所以,请你静下心来,闭上眼睛,在夏日的午后,在凉凉的秋夜,在茂密幽静的竹林,在悠长寂寥的小巷,听我纤细的足音,听我深深的呼吸——
　　活动一:播放自己用录音机录的雨声。
　　活动二:播放电影《骆驼祥子》暴雨的剪辑画面。
　　活动三:给雨的画面配上解说词。
　　播放自己动手制作的多媒体课件画面,学生甲用诗意的语言描述一帧帧画面。
　　画面1:很不幸,雨滴被牢牢地粘住了。它们掉进了一只蜘蛛设的陷阱,成了这个蜘蛛网的第一个俘虏。
　　画面2:玩了这么久,雨滴们也该累了,于是,趴在池塘边的荷叶上甜甜地睡了,不知不觉的。不知道,它们是否在做一个美丽的梦呢?不然,那嘴角泛起的微笑又代表什么呢?
　　画面3:夜幕垂下,雨滴们仿佛变了个人似的,很静、很静。街上弥漫着一种冰冷的氛围,给人们无限的想像空间。
　　画面4:河上架起了一座七色的彩虹。这是雨归去时,留给大地的最后的祝福。
　　画面5:同时,在世界的某个角落,有着一幅如画的画面。这是雨离开时用了一种诗般的语言倾诉着她对大地的眷恋。
　　画面6:这一切的一切,都证明,雨的确来过,并留给了我们天堂般的回忆。
　　教师:第二小组同学很好地利用了多媒体手段展示了自己的学习成果,确实给人耳目一新的感受,拓宽了大家的学习视野。
　　3. 第三小组活动:雨的联想——文章习作
　　女生甲:
　　灰蒙蒙的天!黑压压的云在我头上盘旋着,久久不散去,雨将要来临!
　　我要迎接雨……
　　我来到广阔无垠的原野上,青青小草,生机盎然地扑进我的眼帘,我遇见了它,它说:"神把我留在人间,于是我答应了原野的召唤,来镶嵌绿野大地。我掉落下来,溅起星星点点的光,花草被牵引,昂起了头,挺起了腰,绽开了笑脸。"
　　我又来到了群山当中,苍苍树林,青山巍峨,耸立在我面前,我又遇见了它。它接着说:"即使有百万棵树、千万座山,也阻挡不了根根晶亮的我潜入你的心窝;就算挡得了我的无限温柔,也挡不了我的狂风怒号。于是大自然便拿我去把千山万壑装点。"

　　这次雨来到了美丽的园林,我追随着它。落英缤纷,鲜艳明媚,柳条将舒未舒,柔梢披风。雨落了下来,亲密的舔着花瓣,拥着柳条青枝,整个园林显得更加清润迷人。它自言自语道:"随风潜入夜,润物细无声。"

　　屋檐瓦楞之间的滴滴答答,花草树木之间的窸窸窣窣,江河湖泊之上的淅淅沥沥……混合在一起,便形成了熟悉而有韵味的雨的心曲!

　　4. 第四小组活动:雨的诉说——灾难报道

　　主持人:自古以来,人们说起雨时,心情总是极为复杂的。在干旱少雨的时候,雨是人们热切企盼的天使,希望雨能如期而至;在淫雨霏霏的时候,雨又成了造成洪涝灾害的罪魁。人们怕雨泛滥成灾,冲毁桥梁、农田,所以垒坝筑堤。请听以下的报道。

　　生甲朗读文章消息,生乙播放酸雨、洪水图片。

　　气象上把 pH 小于 5.6 的降水称为"酸雨"。据 1999 年 5 月 26 日《生活环境报》报道,酸雨已向中国大面积飘来,贵州、四川盆地、湖南、湖北、江西以及沿海的福建、广东、台湾等省是我国酸雨的主要分布区,华北地区因降水少,出现酸雨的概率也少一些,我国现在已是仅次于欧洲和北美的第三大酸雨区。

　　酸雨与人类的关系极大,它严重影响着地球上的整个生态系统。第一,它能使河流、湖泊的水逐渐变成酸性,使鱼类等水生生物不能生存。据资料,在瑞典 9 万个湖泊中已有 2 万个深受其害,其中的细菌和微生物使土壤中的有机物分解缓慢,造成土壤板结后影响植物生长。第二,酸雨能损坏植物的生长。据资料,酸雨对美国 32 种主要作物的影响使美国每年的经济损失达 500 亿美元。第三,酸雨对建筑物等会造成损坏,如美国国会大厦、埃及的金字塔等都受到酸雨的腐蚀。第四,酸雨还直接危害人类的健康。据美国科学家估计,矿物燃料燃烧排放的酸性硫酸盐,每年可夺去 7500～12000 人的生命。另外,酸雨使井水的含铜量增加,使土壤的含铜量升高,这都会直接或间接地危害人类健康。

　　据最近报载,"八五"期间广东酸雨呈上升趋势,几乎每降两次雨就有一次是酸雨,全省酸雨覆盖率达 90% 以上。有关资料表明,广东每年因酸雨导致建筑物腐蚀、森林减少、农作物减产和耕地减少所造成的损失达 40 亿元,这还未包括水生生态系统的损失以及对人类健康危害所造成的损失。可以说一场酸雨一场祸。

　　我国幅员辽阔,除沙漠、戈壁和极端干旱区及高寒山区外,大约 2/3 的国土面积存在着不同类型和不同危害程度的洪水灾害。如果沿着 400mm 降雨等值线从东北向西南划一条斜线,将国土分作东西两部分,那么东部地区是我国防洪的重点地区。

　　洪水灾害的形成受气候、下垫面等自然因素与人类活动因素的影响。洪水可分为河流洪水、湖泊洪水和风暴潮洪水等。其中河流洪水依照成因的不同,又可分作以下几种类型……

　　教师:第四小组同学的资料的确给人以巨大震撼。酸雨、洪水给人类造成的灾难触目惊心。爱护环境,就是爱护家园。请珍视我们身边的环境,请关注我们的地球。

　　5. 第五小组活动:雨的心曲——美丽歌声

　　集体歌唱《三月里的小雨》、《流星雨》。

　　主持人:第五组的同学用优美的歌声表达了期盼春雨期盼美丽的心情。让我们再次报以热烈的掌声!

【活动效果与评价】

  本节课活动内容贴近学生生活,资料容易检索和收集,小主题引导明确,学生参与热情高,在课前的准备也较为充分,老师做了相应的督导和检查。学生主持人的串词老师事先作了适当指导和修改,主持人落落大方,流畅地引导了整个活动过程。五小组的课件制作比较用心思,在解说时,解说同学和播放演示同学之间配合较为默契,教师现场适时给以评价,活动效果理想。

【相关链接】

  1. 戴望舒《雨巷》。

  2.《酸雨,人类文明的副产品》,载于新浪网 http://www.nbzhedu.net/~hx/bk-zl/87.htm

  3. 酸雨图片:http://image.baidu.com/i?tn=baiduimage&ct=201326592&lm=-1&cl=2&word=%CB%E1%D3%EA

  4.《我国洪水灾害种类》:http://www.zjol.com.cn

【教材定位】

  人教版语文九年级上册第一单元《写作·口语交际·综合性学习》。

(北大附中深圳南山分校　靳庆国)

走进诗歌天地

【活动目的】

使语文从课堂走向生活,从单一走向多元,搭建学生自主发展的舞台,创设实践活动的情境,让学生在自主、合作、探究中综合运用所学和语文知识,提高听说读写能力,进一步提高语文素养。

【活动准备】

全班同学通过自愿组合,分为六组。每个小组确定一个诗歌朗诵主题,围绕这个主题查找有关资料(包括文字资料、音乐资料和图片资料等),然后准备在班上朗诵。

【活动过程】

师:有位哲人说过:"诗歌是文学殿堂里一颗灿烂的明星。"的确,伴有诗歌的人生是美好的,而失去诗歌的人生将会显得多么乏味。今天,就让充满青春激情的我们用诗歌来歌咏人生,展现诗歌的魅力吧!

主持人:大家好!正如老师所说,诗歌展示着各种各样的人生,诗歌也正因人生的多彩多姿而显出它的魅力。因此,我们精心准备了几首展示人生不同风采的诗歌献给在场的朋友们,我们的主题便是:"多姿多彩的人生"。下面,有请我们组的第一位同学。

生1:郭沫若是我国现代诗史上具有奠基意义的大诗人,他的一生是战斗的一生,他的一生是充满理想的一生,因为他始终执著于他生命中的"心灯"。我给大家带来的正是他的名作《心灯》。(播放背景音乐。)

心　灯

连日不住的狂风,
吹灭了空中的太阳,
吹熄了胸中的灯亮。
炭坑中的炭块呀,凄凉!
空中的太阳,胸中的灯亮,
同是一座公司的电灯一样:
太阳万烛光,我是五烛光,
烛光虽有多少,亮时同时亮。
放学回来我睡在这海岸边的草场上,
海碧天青,浮云灿烂,衰草金黄。

是潮里的声音？是草里的声音？
一声声道：快向光明处伸长！
有几个小巧的纸鸢正在空中飞放，
纸鸢们也好像欢喜太阳：
一个个恐后争先，争先恐后，
不断地努力、飞扬、向上。
更有只雄壮的飞鹰在我头上飞航，
他在闪闪翅儿，又在停停桨，
他从光明中飞来，又向光明中飞往，
我想到我心地里翱翔着的凤凰。

主持人：(全班鼓掌)非常感谢同学们的掌声。其实生命中我们不仅要有崇高的理想，更重要的是我们也应对生命作理性的把握。下面这首诗正是一曲对生命理性的思考。

生2：下面我给大家带来的是大家非常熟悉的郑愁予先生的《生命》。(播放背景音乐。)

生　命

滑落过长空的下坡，我是熄了灯的流星
正乘夜雨的微凉，赶一程赴赌的路
待投掷的生命如雨点，在湖上激起一夜的迷雾
够了，生命如此的短，竟短得如此的华美！

偶然间，我是胜了，造物自迷于锦绣的设局
毕竟是日子如针，曳着先浓后淡的彩线
起落的拾指之间，反绣出我偏傲的明暗
算了，生命如此之速，竟速得如此之宁静！

生3、4：前面两位同学的朗诵带给我们很大的压力，在我们看来，人生不仅有温柔多情的一面，更有激情澎湃的一面。当我们的尊严受到侵犯时，当我们的祖国受到凌辱时，我们就应该勇敢地站起来为和平而战。(播放背景音乐。)

为和平而战

四万万五千万灵魂，凝成一团烈火，
烧断百年来的锁镣，
为中华民族一条血路杀开！
从金沙的大漠，
到常绿的海南，
杀声一片，
战鼓齐鸣：
杀退人间的公敌，

给来世放一线光明!
东西南北,风之所至,都展开正义之旗;
到处是人,
到处是血;
哪个怕死,
四万万五千万国民?
和平若就是屈膝,
和平便等于怯懦无耻;拉起手来,同胞,
打倒敌人才有和平!
今日的挣扎苦战,
是正义与人道的复生!
死者无言,
生者无泪,
咬定牙根,
誓不屈膝!
为正义,为人道,齐喊,我们齐喊:杀上前去!
把天地杀昏,看,
我们头上升起了和平的大星。

主诗人:(全班响起热烈的掌声。)好一首激动人心的《为和平而战》。诗歌的魅力真是无穷的大,不论我们想要表现什么,都能用诗歌这种形式表现出来。而此刻,我们即将离开我们美丽的母校,离开亲爱的老师,这种心情,似乎只有浪漫诗人徐志摩先生体会得最深,下面,就让我们下一个小组的全体同学深情地朗诵一首他的《再别康桥》吧,把它作为献给母校的歌。(播放背景音乐。)

再别康桥

轻轻的我走了,
正如我轻轻的来;
我轻轻的招手,
作别西天的云彩。

那河畔的金柳
是夕阳中的新娘
波光里的艳影,
在我的心头荡漾。

软泥上的青荇,
油油的在水底招摇;
在康河的柔波里,

我甘心做一条水草

那树阴下的一潭，
不是清泉，是天上虹
揉碎在浮藻间，
沉淀着彩虹似的梦。
寻梦？撑一支长篙，
向青草更青处漫溯，
满载一船星辉，
在星辉斑斓里放歌
但我不能放歌，
悄悄是别离的笙箫；
夏虫也为我沉默，
沉默是今晚的康桥！
悄悄的我走了，
正如我悄悄的来；
我挥一挥衣袖，
不带走一片云彩。

师：(全班再次响起热烈的掌声。)同学们表演得怎么样？同学们，你们来评价一下如何？

生1：他们所朗诵的这几首诗内容都不同，风格也不同，背景音乐也非常好听。

师：嗯，这正是他们的优点。点评非常到位。

生2：有一点缺点就是几位同学的声音都偏小，而且太紧张，眼睛都没有坦然注视观众。

师：哦，这位同学观察得非常仔细，看来同学们在今后的朗诵表演中可以从这些方面改进。

【活动效果】

表演的同学提高了朗诵能力、合作能力、查找资料的能力等，其他的同学从表演中不仅欣赏到不同的诗歌作品，而且还增进了对诗歌的了解，加强了对诗歌的感性、理性认识，另外也提高了学生对语文的学习兴趣。

【活动评价】

总的来说此次活动很成功。整个活动都由学生自主合作完成，老师没有过多干涉。"教，是为了不教"，我想如果他们各方面都这样，教师的教育也就达到目的了。

【教材定位】

人教版语文九年级下册第一单元。

(北大附中深圳南山校　郭　敏)

到民间采风去

【活动目的】
　　培养学生对民俗文化的兴趣,激发学生对诗意生活的追求。

【活动准备】
　　学生自由组成三个小组,并邀请家长参与课前准备活动和课堂成果展示活动。
　　第一小组:上网络查询相关民俗知识。
　　第二小组:到民俗文化村采风。
　　第三小组:观看少数民族风情片,如《刘三姐》《阿诗玛》《五朵金花》。

【活动过程】
　　1. 男女对歌
　　(1) 播放刘三姐对歌片段,要求同学们现场学会此段民歌曲调,自创谜语歌词。
歌词:
什么水面打筋斗,什么水面起高楼,什么水面撑阳伞,什么水面共白头。
鸭子水面打筋斗,大船水面起高楼,荷叶水面撑阳伞,鸳鸯水面共白头。
什么结果抱娘颈,什么结果一条心,什么结果抱梳子,什么结果抱鱼鳞。
木瓜结果抱娘颈,芭蕉结果一条心,柚子结果抱梳子,菠萝结果抱鱼鳞。
　　(2) 男女生对唱谜语,对一条加10分。
男问女答:
男:什么高高绿骨儿,长着圆圆金黄脸,生来最爱向太阳,总是盈盈笑不停耶——
女:向日葵高高绿骨儿,长着圆圆金黄脸,生来最爱向太阳,总是盈盈笑不停耶——

男:什么样子像元宝,身上外壳黑又硬,一出生就在水里,每到秋来大采收耶——
女:菱角结得像元宝,身上外壳黑又硬,一出生就在水里,每到秋来大采收耶——

男:人们说它是棵草耶,它却为何有知觉耶,轻轻碰它一下子,它就害羞低下头耶——

女:含羞草来是棵草耶,它却天生有知觉耶,轻轻碰它一下子,它就害羞低下头耶——

男:什么绿叶满棚爬,生来就开紫色花,紫花长出万把刀,又作药用又吃它。
女:扁豆绿叶满棚爬,生来就开紫色花,紫花长出万把刀,又作药用又吃它。

男:什么似鸟又非鸟耶,虽有翅膀却无毛耶,长得一脸丑模样耶,生性专爱夜遨游

161

耶——

女：鸵鸟似鸟又非鸟耶，虽有翅膀却无毛耶，长得一脸丑模样耶，生性专爱夜遨游耶——

女问男答

女：什么个子虽不大耶，但它浑身是武器，一见敌人缩成团，看你拿它怎么样耶——

男：刺猬个子虽不大耶，但它浑身是武器，一见敌人缩成团，看你拿它怎么样耶——

女：什么动物真奇怪，肚皮下面长口袋，孩子袋里吃和睡，跑得不快跳得快。

男：袋鼠生得真奇怪，肚皮下面长口袋，孩子袋里吃和睡，跑得不快跳得快。

女：什么小小诸葛亮耶，独自坐在中军帐耶，屋里摆成八卦阵，元帅专抓飞来将耶——

男：蜘蛛小小诸葛亮耶，独自坐在中军帐耶，屋里摆成八卦阵，元帅专抓飞来将耶——

女：什么像虎不是虎，金钱印在黄袄上，站在山上吼一声，吓跑猴子吓跑狼。

（男生答不出，受到女生的打趣。）

女：对面男生大草包，其实就是金钱豹耶，谁说女子不如男，山歌唱得百花开。

女：什么两撇小胡子耶，油嘴滑舌小牙齿耶，它们贼头又贼脑，而且喜欢偷油吃耶——

男：老鼠两撇小胡子耶，油嘴滑舌小牙齿耶，它们贼头又贼脑，而且喜欢偷油吃耶——

2. 模仿秀

(1) 男女生互相播放少数民族歌舞片段，边观看边模仿，家长作评委，优胜者计10分。男生模仿洗麻片段。

女生模仿印度舞。

（2）播放马三立相声《卖布头》，男女生各派三名代表，分别模仿其中片段。

3．民风民俗知识竞赛

回答课件所显示的问题（家长做智囊团），答对一条加10分。

（1）你知道火把节的来历吗？

参考答案：关于火把节的来历，路南一带彝族传说，古时有个魔王残酷迫害百姓，群众无可忍受，便群起而攻之。但魔王堡垒久攻不克，于是改为用羊群火攻，即在每只羊的双角和后腿绑上火把，驱羊进攻，结果获胜，人们为了纪念这次斗争胜利，乃于每年夏历六月二十四日耍火把相庆，由此形成了火把节。白族传说与此不同，光绪《昆明县志》载："汉之时有夷妇阿南，其夫为人所杀，南誓不从贼，即以是日（六月二十四日）赴火死，国人哀之，因此为会。"

（2）请列举蒙古族的三项传统体育项目。

参考答案：摔跤、射箭、骑马。

（3）上图中的姑娘是哪个民族的？图中的小伙子演奏的是什么乐器？

参考答案：哈萨克族，芦笙。

（4）如果一个姑娘被叫做阿诗玛，这个姑娘是哪个民族的？

参考答案：白族。

（5）哪个民族最擅长孔雀舞？为什么？

参考答案：傣族，因为他们饲养孔雀，模仿孔雀。

(6)端午节有喝雄黄酒的风俗,据说能避邪,你由此联想到哪个民间故事?

参考答案:白蛇传。

(7)云南有个传歌的盛会,这个大会的名字叫什么?

参考答案:金满斗会。

【活动效果】

学生积累了大量的民俗知识,对民歌演唱兴趣盎然,课间常以对歌的形式游戏,生活情趣向诗意化方向发展。他们还写出感情真挚的活动后记《民间采风二三事》。

【活动评价】

此次活动文化品位较高。因有家长的参与,学生积极性空前高涨,准备充分,表演到位,尤其是对歌组同学,十分投入。这种家校互动的学习方式是一种很好的尝试。

【相关链接】

1. http://www.nationculture.com/folk/

2. http://www.lzsc.net/lztour/BigClass.asp?BigClassID=10&BigClassName=连州风情&BigClassType=1

3. http://www.cctv.com/geography/mfms/mfms.html

4. http://www.nn-tourism.gov.cn/ta_cul/ListART.asp?Class_ID=48

5. http://www.cj.gov.cn/gxs/fkzf/mfms/mfms.htm

http://www.cx.yn.cninfo.net/pubnews/doc/read/jsjwy/907470516.85487797/

【教材定位】

人教版语文八年级下册第四单元。

(深圳市南山实验学校 孙文玲)

戏曲大观园

【活动目的】

1. 结合深圳移民城市的特点,组织学生了解自己家乡戏曲的基本知识,提高对祖国传统戏曲艺术的兴趣,同时也可以借此增加学生对自己家乡的了解。

2. 以小组形式开展活动,培养学生的综合语文能力。

【活动准备】

1. 了解学生的家乡所在地,然后按地域分成湖南、湖北、广东、福建、黑龙江等小组,每个小组选出组长,负责布置任务,或出示图片,或用课件展示,总之,想办法使全班同学尽可能多地了解学生自己家乡的地方戏,教师要适时督促,提供指导。

2. 抽签决定上台次序,小组之间竞争,优胜组给予一定的奖励,因此要准备一些小奖品。

【活动过程】

主持人开场白:同学们,中国的戏曲源远流长,有着鲜明的民族风格,是人们喜闻乐见的文艺形式。全国各地都有自己的剧种,真是百花齐放,异彩纷呈。今天,我们班来自五湖四海的同学精心地准备了资料,向大家介绍自己家乡的地方戏,让我们一起来一次戏曲大观园的巡游吧!请第一组来自北京的同学介绍京剧。

组长:我们组介绍的是京剧,我们特别自豪,因为京剧是地地道道的国粹,被誉为东方的"歌剧"。我们组先请大家欣赏一曲《唱脸谱》,歌词在课本 151 页。

组长:这首歌气韵悠长,特别好听,那我们今天的介绍首先就从大家特别感兴趣的脸谱开始,请欣赏课件京剧脸谱,这是我们组的谢斌制作的。

谢斌:脸谱是在人的脸上涂抹颜色以象征这个人的性格和品质、角色和命运,是京剧的一大特点。下面请看这一组红色的脸谱,猜猜它们各自所代表的性格特征。(学生纷纷发表自己的看法,课堂气氛很活跃。)对了,红脸代表忠勇,像关公就是红脸英雄。还有黑脸为中性,代表猛智;蓝脸也是中性,代表草莽英雄;黄脸和白脸含贬义,代表奸诈……看这一副副脸谱是多么鲜活,是不是正如刚才那首歌中所唱的"一张张脸谱美佳佳"呢?

组长:京剧的舞台上,除了脸谱特别,演员的扮相也很特殊,下面由我们组的另一位同学王子豪介绍一下京剧的行当。

王子豪:我请大家欣赏我制作的课件——京剧的扮相。请看这些生、旦、净、末、丑,他们在舞台上分工不同,扮相可谓异彩纷呈,各有各的特色。生是除大花脸和丑角以外男性角色的统称;旦是女性角色的统称;净是花脸,扮演性格等方面特异的男性人物……

组长：最后，我们请大家欣赏一下京剧名家的唱段《苏三起解》和《盗御马》，让我们一起体会一下那婉转铿锵的唱腔，那婀娜多姿的身段，也希望大家能喜欢、欣赏京剧。

　　接下来由其他小组介绍粤剧、湖南花鼓戏、东北二人转、闽剧等剧种，借以开阔学生的眼界，使他们了解更多的关于戏曲的知识。

　　教师小结：中国的戏曲确实博大精深，真是几天几夜也说不完，今天同学们畅游了戏曲大观园，收获一定不少，请记下来。现在喜欢戏曲的人越来越少了，你能不能谈谈你的看法？你的建议？

【活动效果】

　　中国戏曲博大精深，而学生对戏曲的了解又特别的少，这次活动，学生通过朗读、查找资料自己制作课件、猜谜、欣赏唱词等多种方式，对中国戏曲的基本知识有了最初步的了解。大量的图片，精彩唱段的欣赏，开阔了学生的眼界，对于引导学生对舞台艺术产生兴趣，培养学生高雅的艺术情趣，还是有一定的效果的。又因为与家乡戏的介绍相关，学生之间或者说这些小同乡们第一次以家乡人的身份在一起合作完成任务，觉得很新鲜，也很投入，学生的参与情况还是比较理想的，有的提供书面资料，有的提供网络材料，有的忙着整理成课件，互相合作，完成任务，增强了团结合作的意识。上台讲解、台下练笔也提高了学生的综合语文能力。

【活动评价】

　　这样的语文综合活动，功夫全在课外，教师必须参与进去，及时地指导，了解学生的准备情况非常重要，否则效果就不好了。活动过程中，也必然会有学生不感兴趣，不能遵守纪律，课堂有点乱，因此需要事先讲明，纪律也算入小组成绩，各小组展开竞争，优胜组给予一定的奖励。尽管有的小组完成得不尽如人意，但只要学生参与了，他们付出了自己的努力，就会有收获，这些收获可能是知识方面的，也可能是为人处事方面的，而这些都将成为他们人生道路上的宝贵财富。

【相关链接】

　1. 推荐书目：

　（1）上海市政府、华夏文化经济促进会组织编写：《京剧春秋图说》上海出版集团2004年版。

　（2）马强、于巧兰等：《中国戏曲服装图集》，山西教育出版社。

　（3）田有亮：《中国戏曲脸谱丛书》中国画报出版社2003年版。

　2. 推荐网站：戏曲天地：http://grwy.online.ha.cn/chen
　　　　　　　　中华戏曲网：http://www.china-play.com
　　　　　　　　中国旅游网 http://www.cnta.com/29-lyjq/happy/zgxjys.htm
　　　　　　　　中国戏曲：http://www.pep.com.cn/zgxq
　　　　　　　　中国戏曲的摇篮：http://lib.sx.cn/sxcnt/whys/xqyl.htm
　　　　　　　　中国戏曲网：http://drama.rich2000.com.tw

　3. 推荐电视频道：CCTV—11戏曲频道、CCTV—3春节戏曲晚会、CCTV—1综艺大观、CCTV—1曲苑杂谈。

（深圳市荔香中学　何俊婷）

带"月"诗句集萃

【活动目的】

1. 获得搜集材料过程中需要细心、严谨和不厌其烦的基本感受。
2. 吟赏带"月"佳句，感悟诗人用传神之笔塑造的美妙意境。

【活动准备】

搜集《教学大纲》（或《课程标准》）指定或推荐的小学和初中背诵的古诗词中的带"月"句子。《教学大纲》指定的小学生和初中生必背古诗词是130首，《课程标准》推荐的篇目（附录）是118首。这些内容有中国大百科全书出版社和华语教学出版社等多家出版社印刷发行的《小学生必（或云"巧"）背古诗词》和《初中生必（或云"巧"）背古诗文》两种，学生可从图书馆借取，或到书店购买，或从其他资料和书籍中查找到相关篇目亦可。摘录的带"月"诗句要有基本完整的意义。发放"古诗词吟月集句一览"空白表格，要求同学们按表对照、整理誊抄到上面。样表如下：

序号	作者	朝代	篇名	相关句子	主旨或意境

给学生准备的时间在一个星期之内，可个人独自处理，也可两人合作。另要注意区分"月"的意义，表时段的应不在其例，比如"八月湖水平"等。

【活动过程】

1. 导语切入

月儿高高照九州，几家欢乐几家愁。自古文人骚客，或离情别绪，或思亲念旧，或怀春伤心，或遣兴放歌等等，只要是情动于衷，兴之所至，没有不托"月"喻意，对"月"而大发感慨的。"举头望明月"、"把酒问青天"，侧重于精神意识情绪的投射，任她初上横出，还是高挂西沉，或低吟浅唱，或高歌浩叹。于是乎，对月吟咏的诗句古来可谓多矣！今天，将我们一个星期的翻阅积累贡献出来，全班交流共赏，"但愿人长久，千里共婵娟"。

2. 小组交流

以小组为单位围坐，将各自整理的资料交换查验，小组长作好记录。从项目是否完备、摘录是否完整、内容是否完全、格式是否规范、书写是否正确等方面互相给予评议，并及时予以补订和完善。每个小组推选一份代表性资料供全班公开交流和参照。

3. 投影示范

将每个小组的一份代表性资料通过投影一一展示给全班,让同学们自由发言,简单评议。

4. 供表验对

老师出示自己整理过的课件让全班查对,并组织集体诵读和散读,再背诵抢答。

序号	作者	朝代	篇名	相关句子	主旨或意境
1	民歌	汉代	汉乐府·陌上桑	头上倭堕髻,耳中明月珠。	美丽抢眼的妆饰
2	曹操	三国	观沧海	日月之行,若出其中。	景观阔大而雄浑
3	陶潜	东晋	归园田居	晨兴理荒秽,带月荷锄归。	辛苦但是自在逍遥
4	孟浩然	唐朝	宿建德江	野旷天低树,江清月近人。	有点儿寂寞孤独
5	王昌龄	唐朝	出塞	秦时明月汉时关,万里长征人未还。	借古来讽喻责怨现实
6	王维	唐朝	竹里馆	深林人不知,明月来相照。	高雅意境,淡泊情怀
7	李白	唐朝	静夜思	床前明月光,疑是地上霜。	思乡起兴情幽幽
8			古朗月行	小时不识月,呼作白玉盘。	天真未凿,童趣童心
9			闻王昌龄左迁龙标遥有此寄	我寄愁心与明月,随君直到夜郎西。	愁也可以浪漫飘逸
10			渡荆门送别	月下飞天镜,云生结海楼。	想念几丝淡淡愁
11			宣州谢朓楼饯别校书叔云	俱怀逸兴壮思飞,欲上青天览明月。	俊迈超拔豪情在
12			峨眉山月歌	峨眉山月半轮秋,影入平羌江水流。	自然天成的清朗境界
13	张继	唐朝	枫桥夜泊	月落乌啼霜满天,江枫渔火对愁眠。	引来愁情无可排遣
14	刘禹锡	唐朝	望洞庭	湖光秋月两相和,潭面无风镜来磨。	达观坦然心底宽
15	杜牧	唐朝	泊秦淮	烟笼寒水月笼沙,夜泊秦淮近酒家。	朦胧香浓醉迷糊
16	温庭筠	唐朝	商山早行	鸡声茅店月,人迹板桥霜。	凄清的思乡之愁
17	李商隐	唐朝	无题	晓镜但愁云鬓改,夜吟应觉月光寒。	时光易逝的感叹
18	李煜	五代十国	相见欢	无言独上西楼,月如钩,寂寞梧桐,深院锁清秋。	清幽景色,清凄哀思
19	苏轼	宋朝	江城子·密州出猎	会挽雕弓如满月,西北望,射天狼。	高昂豪迈,豪杰胸怀
20			水调歌头	明月几时有?把酒问青天。人有悲欢离合,月有阴晴圆缺。	达观洒脱,超然物外
21	王安石	宋朝	泊船瓜州	春风又绿江南岸,明月何时照我还?	依恋居地,拳拳可鉴
22	陆游	宋朝	游山西村	从今若许闲乘月,拄杖无时夜叩门。	平和淳朴的生活方式

【活动效果】

相当部分同学在认真查阅资料的过程中,明白了查阅资料要有相应具体明确的范围、对象和要求,否则,茫无边际和头绪,不知从何处着手。同时,以此作为范例,由此及彼,拓展迁移,初步引发了一些同学"反三"的思维认识。他们觉得,就查阅内容而言,可以变换对象分别搜集"花"、"草"、"春"、"雪"等等的诗句;如果就查阅范围而言,也可以根据时间的限制和了解深度等要求考虑,或只是搜集某一个作家的,或单独从某种文体里搜集,或划定一个时段,或仅仅以某本经典著作为依据。在这种认真投入的过程中,不少同学很快摸到了一点窍门,提高了处理信息的能力。翻查时,一目十行,专注目标,不及其余,半个上午,需要的资料便能够整理停当。翻查过程就是享受发现之乐的过程,尤其是两个人合作方式的,几乎不自觉地成了眼力是否敏锐的赛事,紧张和愉悦互相交织在一起。

【活动评价】

教师的主导作用必须到位,才能使学习主体的活动效果事半功倍,否则,组织不得力,放任自流,就可能使主体的发展不平衡,自觉的同学当然有所收获,懒散的人则可能敷衍塞责,草草了事,收效甚微。因此,活动前,教师要充分调动学生情绪,激发学生兴趣,用自我的现身说法感染同学,并要提出具体明确的要求,让每个同学高兴参与。活动中,多问讯和了解,对存在理解和认识困惑的同学给予及时的指导和帮助,使之能够顺利完成任务,对随意应付者加以督促鞭策,使之按时完成任务。活动后,要有恰当的评价和总结。

【相关链接】

《千家诗》中带"月"诗句:

五绝

1. 明月随良掾,春潮夜夜深。(王昌龄:《送郭司仓》)
2. 送君还旧府 明月满前川。(杨 炯:《夜送赵纵》)
3. 客心争日月,来往预期程。(张 说:《蜀道后期》)

五律

4. 明月悬高树,长河没晓天。(陈子昂:《春夜别友人》)
5. 星临万户动,月傍九霄多。(杜 甫:《春宿左省》)
6. 星随平野阔,月涌大江流。(杜 甫:《旅夜书怀》)
7. 吴楚东南坼,乾坤日夜浮。(杜 甫:《登岳阳楼》)

七绝

8. 殿上衮衣明日月,砚中旗影动龙蛇。(林 洪:《宫词·其二》)
9. 行尽江南数十程,晓风残月入华清。(王 建:《咏华清宫》)
10. 若非群玉山头见,会向瑶台月下逢。(李 白:《清平调词》)
11. 东风袅袅泛崇光,香雾空蒙月转廊。(苏 轼:《海棠》)
12. 刚被太阳收拾去,却教明月送将来。(苏 轼:《花影》)
13. 清风明月无人管,并作南来一味凉。(王安石:《晚楼闲坐》另说为黄庭坚作)
14. 睡起秋声无觅处,满阶梧叶月明中。(刘武子:《立秋》)
15. 此生此夜不长好,明月明年何处看。(杜 牧:《中秋》)

16. 独上江楼思悄然,月光如水水如天。(赵　嘏:《江楼有感》)
17. 同来玩月人何在,风景依稀似去年。(赵　嘏:《江楼有感》)
18. 寻常一样窗前月,才有梅花便不同。(杜小山:《寒夜》)
19. 青女素娥俱耐冷,月中霜里斗婵娟。(李商隐:《霜夜》)
20. 淡淡著烟浓著月,深深笼水浅笼沙。(白玉蟾:《早春》)
21. 归来饱饭黄昏后,不脱蓑衣卧月明。(吕　岩:《牧童》)
22. 二十五弦弹夜月,不胜清怨却飞来。(钱　起:《归雁》)

七律

23. 雪消华月满仙台,万烛当楼宝扇开。(王　洪:《上元应制》)
24. 梨花院落溶溶月,柳絮池塘淡淡风。(晏　殊:《寓意》)
25. 杜鹃枝上月三更,故园书动经年绝。(崔　涂:《旅怀》)
26. 闻道欲来相问讯,西楼望月几回圆。(杜　甫:《答李儋》)
27. 月坡堤上四徘徊,北有中天百尺台。(程　颢:《游月殿》)
28. 满船明月浸虚空,绿水无痕夜气冲。(戴复古:《月夜舟中》)
29. 蝉声断续悲残月,萤焰高低照暮空。(杜　甫:《新秋》)
30. 砧杵敲残深巷月,梧桐摇落故园秋。(陆　游:《秋思》)
31. 白沙翠竹江村暮,相送柴门月色新。(杜　甫:《与朱山人》)
32. 响遏行云横碧落,清和冷月到帘栊。(赵　嘏:《闻笛响》)
33. 疏影横斜水清浅,暗香浮动月黄昏。(林　逋:《梅花》)
34. 鹁鸰音断人千里,乌鹊巢寒月一枝。(王　中:《干戈》)

【教材定位】

人教版语文八年级上册第六单元综合性学习《怎样搜集材料》。

(深圳市南山区荔香中学　萧明光)

走近酒文化

【活动目的】

1. 培养学生的审美意识,了解诗人的情感及有关酒的丰富的人文内涵。

2. 通过积累感悟和运用,使学生充分感受古诗的意蕴美,并培养学生搜集、归纳资料的能力。

3. 培养学生的记忆、理解、表达等能力,培养其竞争意识和合作探究精神。

【活动准备】

1. 布置学生背诵查找与"酒"有关的诗句,并归纳诗人借酒抒发的情感。

2. 将学生分成六个小组,一学生作主持人,老师负责评定并为优胜组颁奖。

3. 多媒体课件(内有各种竞答题目)。

【活动过程】

1. 激情导入

师:老师知道,同学们的记忆库中已储存了许多古诗,今天,就让我们打开记忆之门,来一场别开生面的古诗擂台赛。"酒逢知己千杯少",今天我们也借"酒"来穿越时空,会一会古代的文人墨客,让我们走进他们的内心世界,了解博大精深的酒文化。首先请参赛的六个代表队队长自报队名。

(报名、助威……)

2. 宣布规则

各代表队的基础分均为 100 分,然后按要求答对一题得 10 分,答错一题扣 10 分,最后按得分高低分别设立金奖、银奖及鼓励奖。

3. 联一联"酒"的诗句

(1) 何以解忧?惟有杜康。(《短歌行》)

(2) 中军置酒饮归客,胡琴琵琶与羌笛。纷纷暮雪下辕门,风掣红旗冻不翻。(《白雪歌送武判官归京》)

(3) 清明时节雨纷纷,路上行人欲断魂。借问酒家何处有?牧童遥指杏花村。(《清明》)

(4) 沉舟侧畔千帆过,病树前头万木春。今日听君歌一曲,暂凭杯酒长精神。(《酬乐天扬州初逢席上见赠》)

(5) 莫笑农家腊酒浑,丰年留客足鸡豚。山重水复疑无路,柳暗花明又一村。(《过山西村》)

(6) 酒困路长惟欲睡,日高人渴漫思茶,敲门试问野人家。(《浣溪沙》)
(7) 茅檐低小,溪上青青草。醉里吴音相媚好,白发谁家翁媪?(《清平乐·村居》)
(8) 渭城朝雨浥轻尘,客舍青青柳色新。劝君更进一杯酒,西出阳关无故人。(《送元二使安西》)
(9) 金樽清酒斗十千,玉盘珍馐值万钱。停杯投箸不能食,拔剑四顾心茫然。(《行路难》)

4. 填一填"酒"的情怀(用诗词原句填空)

(1) 五柳先生"性嗜酒",亲旧"置酒而招之",流露出"造饮辄尽,期在必醉。既醉而退,曾不吝情去留"的率真放达。

(2) 夜幕银辉下,有清月相随、浊酒相伴,李白轻吟"弃我去者,昨日之日不可留。乱我心者,今日之日多烦忧。长风万里送秋雁,对此可以酣高楼",想以酒来淡化个人在现实生活中的落拓失意,然而"抽刀断水水更流,借酒浇愁愁更愁"。

(3) 苏东坡"丙辰中秋,欢饮达旦","把酒问青天",留下了"但愿人长久,千里共婵娟"的佳话。

(4) 辛弃疾"醉里挑灯看剑,梦回吹角连营",抒发"沙场秋点兵"的豪气。

(5) 范仲淹驻守边关,有过"浊酒一杯家万里,燕然未勒归无计"的惆怅。他虽屡遭贬谪,却能"居庙堂之高则忧其民,处江湖之远则忧其君",在岳阳楼上把酒临风,唱出了"先天下之忧而忧,后天下之乐而乐"的名句,并因此而风标千古!

(6) 李清照"常记溪亭日暮,沉醉不知归路,兴尽晚回舟",有"误入藕花深处,争渡,争渡,惊起一滩鸥鹭"的惊喜;而"昨夜风疏雨骤,浓睡不消残酒",她又发出了"知否,知否,应是绿肥红瘦"的伤春之叹。

(7) 丈夫不在,秋风飒飒,菊残人老,闺中少妇独饮闷酒,李清照手中的酒,满是相思之意,"东篱把酒黄昏后,有暗香盈袖,莫道不消魂,帘卷西风,人比黄花瘦"李清照南渡之后,国破家亡,流离失所,"寻寻觅觅,冷冷清清,凄凄惨惨戚戚,三杯两盏淡酒,怎敌他晚来风急"道出人生的凄凉。

(8) 晏殊闲适之时轻吟"一曲新词酒一杯",但"去年天气旧亭台,夕阳西下几时回?"又道出时光易逝的怅惘。

(9) 境界最高的还是"饮少辄醉"的欧阳修,他是"醉翁之意不在酒,在乎山水之间","得之心而寓之酒",使天下真嗜酒者为之倾倒!

5. 品一品"酒"的内涵(说说其人文亮点)

"酒"的诗句	人文亮点
短歌行 曹操:对酒当歌,人生几何? 譬如朝露,去日无多。	踌躇满志方显英雄本色
凉州词 王翰:葡萄美酒夜光杯,欲饮琵琶马上催。 醉卧沙场君莫笑,古来征战几人回?	豪放之情,从军报国之志
缓歌行 李颀:男儿立身须自强,十年闭户颍水阳。 业成功就见明主,击钟鼎食坐华堂。 二八蛾眉梳堕马,美酒清歌曲房下。	为国出征之雄壮激情
将进酒 李白:	

君不见黄河之水天上来,奔流到海不复回。
君不见高堂明镜悲白发,朝如青丝暮成雪。
人生得意须尽欢,莫使金樽空对月。　　失意又渴望用世之矛盾
天生我材必有用,千金散尽还复来。

饮中八仙　杜甫:李白斗酒诗百篇,长安市上酒家眠,
　　　　　　　天子呼来不上船,自称臣是酒中仙。　　蔑视权贵之豪气与洒脱

过故人庄　孟浩然:开轩面场圃,把酒话桑麻。
　　　　　　　待到重阳日,还来就菊花。　　淳朴诚挚之友情

月下独酌:李白:
　　花间一壶酒,独酌无相亲。举杯邀明月,
　　对影成三人。月既不解饮,影徒随我身。　　旷达但不免孤独凄凉之感

雨霖铃　柳永:今宵酒醒何处?杨柳岸、晓风残月。　　离情别绪之苦

闻官军收河南河北　杜甫:
　　却看妻子愁何在,漫卷诗书喜欲狂。
　　白日放歌须纵酒,青春做伴好还乡。　　惊喜至极,爱国情深

登高　杜甫:万里悲秋常做客,百年多病独登台。
　　　　　艰难苦恨繁霜鬓,潦倒新停浊酒杯。　　忧国忧民之痛

江城子·密州出猎　苏轼:
　　酒酣胸胆尚开张,鬓微霜,又何妨!
　　持节云中,何日遣冯唐?　　报国立功豪兴傲气之盛
　　会挽雕弓如满月,西北望,射天狼。

破阵子　辛弃疾:
　　醉里挑灯看剑,梦回吹角连营。
　　八百里分麾下炙,五十弦翻塞外声。沙场秋点兵。
　　　　　　　　　　　　　欲报国却壮志难酬之悲

念奴娇·赤壁怀古　苏轼:
　　故国神游,多情应笑我,早生华发。
　　人生如梦,一尊还酹江月。　　韶华易逝壮志难酬之悲

渔家傲　范仲淹:
　　浊酒一杯家万里,燕然未勒归无计。　　浓重乡思,爱国激情
　　羌管悠悠霜满地,人不寐,将军白发征夫泪。

【活动效果】
　　这次活动,以擂台赛的形式,通过联、填、品等活动,将背诵理解、思维表达等综合能力的培养结合起来,使学生积极参与,兴致盎然,使其主体意识、行为能力、情感态度得到综合发展,使学生潜移默化地受到古典诗歌的教育,积累了更多的经典名句,明白了"酒"特定的内涵,加深了学生的审美意识,了解了众多诗人的博大胸怀,从而提高了学生的人文素养。

【活动评价】
　　这是培养学生积累运用、思维表达能力的有效实例。上课伊始,联诗句的抢答犹如

一石激起千层浪,立刻吸引了学生的注意,开动了学生思维的机器。接下来的活动,把学生带进了与诗人对话,探索诗人内心世界,了解人格人情人性美的世界中,而深层次的思考激烈的辩论,又使学生在兴趣盎然中走进更加神奇的人文世界。所有这些,像磁石,深深地吸引了学生的注意;像钥匙,悄悄开启了学生的心扉;像序幕,预示后面的高潮和结局。擂台赛中,学生的抢答使记忆之花不断开放,学生的急中生智使如珠妙语汩汩而出,真正地熟记运用理解了古典诗句,增长了知识,发展了思维能力。

我认为这次活动设计体现了以下特点:

1. 目标综合化

语文活动突出地表现为语文学习在活动中进行,让学生在活动中学到活的知识。为此,在设计活动目标时,我既要将学生背诵运用、理解表达等能力的培养目标有机整合,又要重视学生收集归纳信息能力的训练,还要关注学生的合作和创新精神、竞争意识的培养情感的熏陶等,要注意发挥活动的多重功能,使每项活动都能真正促进学生的全面发展。

2. 设计主题化

语文活动课虽然没有具体的教学大纲和教材,但绝不是放任自流,随心所欲,为此我根据初三学生的年龄特点、知识水平和课程计划,在品"酒"文化的主题统率下,设计了联、填、品等一系列由浅入深的活动,使之精彩纷呈,富有成效。

3. 内容开放化

丰富多彩的语文活动课是教学多样性、开放性的重要体现,也是学生学习积累语言的有效途径之一。《走近"酒"文化》就是结合课后要求学生了解诗人借酒抒发的情感这一问题而设计的,要求学生多方面回忆并查找有关酒的诗句,体现了大语文观。

4. 过程自主化

语文活动强调在活动中培养学生的自主意识和学习能力,充分发挥学生的主体作用和创造性。活动中,我主要是点拨、协调和帮助,学生始终是主体,表现在以下环节:活动前自我回忆查找、归纳概括诗句;活动中,自我设计、自我表现、自我创造。以前我上活动课觉得较累,要准备的东西太多,现在放手让学生去做,既解放了自我,又培养锻炼了学生,激发了学生的积极性。

【相关链接】

1. 中华酒文化大观 http://www.chinavista.com/experience/poetry-w
2. 专题——酒文化 http://www.gdoverseas.com/wenh/zhuanti/jiu

【教材定位】

人教版语文九年级上册第二十五课。

(深圳市南山外国语学校 左卫群)

诗画扇拍卖会

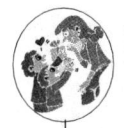

【活动目的】

1. 关注学生兴趣与实际生活,让古代诗歌展现出其现代价值。
2. 诗画书法一体,让学生充分感受到这种综合艺术所带来的美。

【活动准备】

1. 每位学生备空白扇一把,折扇、团扇、干树叶等均可,形态不限,或下载的扇子图片亦可。
2. 从课本中的五首诗中任选其一,根据内容、意境在扇面上画图。(注意:不要指明是哪一首。)
3. 课前将学生座位划定成五个区域。

【活动过程】

1. 以画会友

师:每位同学拿出自己的扇子"找朋友"。看看其他同学手中的扇子,根据所画内容,确定他(她)选的是哪一首诗,如与自己所选诗题相同,便作为自己的朋友,站到一起。动作迅速,注意保持安静。

(生迅速站成五组。)

师:请每组同学坐在一起。

2. 锦上添花

师:每位同学在自己的扇面上将此诗认真书写下来。(投影示范。)大家可以依照古代书写习惯,从上至下写,从右向左排列,并题上自己的名字。(3分钟)

3. 争奇斗艳

师:五个大组,每组选出一件最精美的诗画扇,并推选出本组代言人,设计好"推销词"。(2分钟)

(生热烈商讨。)

4. 精品拍卖

师:请各组代言人轮流上台推销本组精品,将诗画扇展示出来(投影)。推销结束后,由其他几组各自协商,每组派一代表报出愿意出的价钱,价格定在10至100元间。推销方不参与竞价。

生(第一组《观沧海》):诗乃通悟,所以追求最好。以雄心壮志,配优雅之画,此乃观沧海之壮观也。完美就是这样!天热时有你,地晒时有你,这样,生活才叫完美。优质的材料,精美的工艺,选"天热时的挚友",我们是最好的选择!底价70元。

各组商议后,第二组报价80元,第三组报价71元,第四组报价72元,第五组报价77元。

生(第二组《次北固山下》):大家好!我们首先来看看这把扇子的材料。这可是选用上等的柳州檀香木,经过中国著名的雕刻家精心雕刻而成的。大家请看,它做工精细,每个小孔都高雅不夸张,每条刻痕都实用不庸俗。下面请大家看有画的那一面,这幅画简明,又能充分地体现出诗人的思乡之情。色彩虽淡,但能透露出浓浓的情;笔画虽简,但能表现出诗人复杂的心情。背面的诗由咱班著名的书法家李德佳亲笔书写,笔画刚劲,又不失柔情。希望有意者高价购买,它可是绝无仅有的哦!

第二组报价76元,第三组报价100元,第四组报价89元,第五组报价82元。

生(第三组《钱塘湖春行》):美丽的初春图,朦胧而意境深远,几只莺儿在争那一棵阳光沐浴下的树,活泼俏皮,初出的燕子啄着春泥,清新又温馨。这样的美景,谁会忍心说它不美?钱塘湖已不仅是诗中的景了,而是景中的画,画中的心,心中的情。春天,总是这样的清新雅致,有一种令人惊叹的美,那一瞥,充满了温情。它不像夏天,令人酷热难耐;也不像秋天,让人多愁善感;更不像冬天,让人寒心。它总是轻轻地就近了。这是扇上的画,你动心了吗?

第二组报价82元,第三组报价79元,第四组报价93元,第五组报价86元。

生(第四组《西江月》):如果时间可以倒流,你是否愿意回到过去?如果你可以旧地重游,你能否有似曾相识之感?这把优雅的折扇,是不是已让你怀旧的心怦然心动?明月,清风,稻花,蛙声,这样美丽;天外,山前,茅店,溪头,这般迷人。这样的"人间仙境",你不想把它带回家吗?

第二组报价68元,第三组报价82元,第四组报价75元,第五组报价75元。

生(第五组《天净沙·秋思》):朋友们,大家同是天涯断肠人,与七夕佳节相聚在断肠崖,本聚会入场券乃是一把桑叶扇,此扇质地轻巧易折,所以持本扇者,只需对着扇子摇动自己的头,用完此扇者,头晕目眩,双目闪闪发光,让人欲罢不能。如有意者,速与天涯断肠扇厂联系。

第二组报价78元,第三组报价91元,第四组报价90元,第五组报价83元。

5. 水落石出

师:下面请我们的公证员宣布结果。

生:根据各组报价,我们算出每组推介精品的平均价格,第一组最后价格为75元,第二组最后价格为87元,第三组最后价格为85元,第四组最后价格为75元,第五组最后价格为86元。本次拍卖的顶级精品是——第二组的檀香扇!

【活动效果】

学生对这项语文活动兴趣盎然,积极参与,不仅展示了他们的审美能力,也考察了他们的书法、口才、对诗歌的理解,尤其让人欣喜的是不少学生开始了自己的诗书画一体的创作。

【活动评价】

有些细节上的操作尚有待改进,如在折扇上作画不容易,有画功欠佳的学生提出能否用现成的画剪贴;在"争奇斗艳"时,对最好的作品的选择有争议。

【相关链接】

以下网站均有十分精美的工艺扇展示。

1. http：//www.cnshan.com/
2. http：//www.hongdafan.com/
3. http：//www.szfan.com/
4. http：//www.shunda-craft.com/
5. http：//www.eptang.com/szml/gystp/gys1.htm

【教材定位】

人教版语文七年级上册《古代诗歌五首》。

(深圳市南山外国语学校 周 燕)

让世界充满爱

【活动目的】
 1. 让学生感悟到"爱"这种博大的感情,尤其是对弱者的关爱,从而陶冶自己的情操。
 2. 培养搜集、组织材料,用生动具体的语言进行表达的能力。

【活动准备】
 1. 开展一次以搜集"爱心故事"为目的的定向性阅读活动。
 2. 整理所搜集的资料,每人写一篇爱心故事。
 3. 每人至少写一则故事,四人一组,课前交流,每组选一则最能打动人的。

【活动过程】
 1. 导入
 (以郭峰的《让世界充满爱》为音乐背景讲述故事。)暴风雨后的一个早晨,一个男子到海边散步,他注意到在沙滩的浅水洼里,有许多被昨夜暴风雨冲卷上岸的小鱼。当太阳升起后,水会被蒸发,鱼儿只有死路一条。一个小男孩正一条条地将小鱼捡起来,扔进大海。他一边做一边对旁边惊异的男子说:"这条鱼在乎!这条也在乎!还有这一条这一条……"是的,靠一个孩子的力量,不可能改变海滩上所有小鱼的命运,但是,他挽救了自己身边的小鱼的生命。小男孩的爱心令人肃然起敬。爱是一种博大的感情,她就像一股涓涓的细流,流淌在人们的心间,你只有用心去体会才能在内心深处引起震撼。(也可由"爱"的繁体字写法分析来导入。)
 2. 方法指导
 投影显示讲故事的方法与技巧:
 (1) 要以口语为主,语气要亲切,可根据故事内容,恰当运用停顿、轻重音、语速、语调的变化来表达感情,感染听众,以求取得最佳的表达效果。
 (2) 可借助表情、手势、姿态、动作等形体语言表情达意,增强表达的生动性。
 (3) 要根据现场反应,随时调整自己所讲述的内容和方式。
 3. 讲爱心故事
 要求:
 (1) 主题"爱心",故事必须是真实的,要有连贯性,富于吸引力,能感染人。
 (2) 内容要集中鲜明,所讲故事要能给同学留下深刻的印象。
 (3) 灵活运用讲故事的方法与技巧。

4. 谈爱的感受

学生漫谈或分组讨论或个别发言。

人生命运存在着难以预测的因素，生活中会有意想不到的不幸降临，每个人都可能会遇到需要他人同情、理解和关怀的事。当你面临困难、忧伤的时候，你是否接受过别人的爱心和帮助？请你谈谈自己的经历和当时的感受。

5. 小结

以下是参考言论，可结合学生讲的故事内容来具体发挥。

（1）热爱他人从热爱父母做起，父母是我们生活和学习的最直接依赖者，我们要体谅父母的辛苦，关心父母的健康，分担父母的忧愁。关心的范围逐步扩大，从关心父母到关心他人、社会、自然。（生活中你做得怎么样？）

（2）欺侮弱者集中体现了人性中的弱点，这种情况在我们生活的世界上普遍存在着。例如大国欺侮小国，富人欺压穷人，健全人歧视残疾人，高年级同学欺负低年级同学等等。强者对于弱者的优越感及这优越感引发的霸道行为既是普遍的，又是丑恶的。（你是怎么看待这个问题的？）

（3）从"人"的写法来分析，"人"字的结构是一撇一捺相互支撑，彼此扶持。马克思说："人是社会关系的总和。"生活在世界上的人都是互相关联的，因此环境优越的人不该漠视人类生活中存在着的苦难和不幸，尤其不该漠视处于苦难和不幸中的儿童。（当有困难的人需要帮助甚至是需要捐款的时候，你持什么样的态度？）

（4）我们不能对他人的苦难持无动于衷的冷漠态度或居高临下的怜悯姿态。我们应尊重被同情人的人格，以平等的态度去爱他们。（请把目光转向街头墙角，看看那些捡破烂的，耍把戏的……他们的外表怎样，说什么话，做什么事？不妨与他们交谈，甚至有一些交往，让彼此心灵沟通。）

6. 拓展

（1）让每个同学在纸片上写一句和爱有关的话，表达自己上完这节课的感悟和体会。（可以用多种形式展示，如朗读、投影。）

（2）写作：

① 命题：《这就是爱》或《这也是爱》。

② 话题：博大的爱。

【活动效果与评价】

形象感人的故事，为学生们树立了榜样，让学生感悟到"爱"这种博大的感情，尤其是对弱者的关爱，从而陶冶自己的情操。小故事，看似简单，但却蕴含着点点滴滴做人的道理。通过爱的故事的潜移默化的影响，孩子们会懂得奉献爱心，学会和社会沟通，这样能够培养他们的社会责任心。本活动有助于学生们学会交往，懂得爱，懂得宽容，懂得怎样热爱生活。

定向性阅读活动培养了学生搜集、组织材料的能力，讲故事过程培养了学生用生动具体的语言进行表达的能力。

【相关链接】
　　1. 歌曲：郭峰《让世界充满爱》、韦唯《爱的奉献》、周华健或臧天朔《朋友》。
　　2. 书籍：亚米契斯等：《爱的教育》、《泰戈尔诗选》。
【教材定位】
　　人教版语文八年级上册第二单元综合性活动。

（深圳市南山区华侨城中学　张延青）

青春之约

【活动目的】

通过这次活动培养学生主动探究、团结合作、勇于创新的精神,提高学生对语文学习的兴趣。

【活动准备】

提前两周布置任务,分配人员,以模拟招聘的方式选拔主持人两名,其余学生按一定比例分为"青春展示"、"青春文学"、"青春宣言"、"青春误区"、"青春诊所"、"青春知识讲座"、"青春有梦"等几个组别,以小组合作、自由设计为原则准备节目,要求既能切合主题又能吸引观众。由被选定的两名主持人检查排练进度及安排节目顺序,并定期向教师汇报情况。

把这次活动视作一次测验,并按照不同的难度给予不同的难度系数。主持人的难度系数最高,分值也最大,属于"高层人员"了,因此要求有意者必须到教师那里面试,谈谈自己的设想,展现一下自己的青春活力。其余各项则分别到科代表、小组长处报名,各项分配好恰当人数。

【活动过程】

1. 表演开始

主持人宣布舞台表演正式开始。主持人负责串连介绍各小组节目,教师负责给各小组评分。事前老师一再叮嘱各组负责人员要以观众为主体,谁的项目吸引的观众最多,就最容易拿高分。为此,同学们各施奇技,百花争放。

先是主持人幽默的台词,女主持人问男主持人道:"知道老师为什么会选上你来主持这一节目吗?"男生回答说是因为他的自信与活力。女生接着说:"更重要的一点老师没说,我替她说吧!不仅仅你内心焕发着青春活力,就连外在也散发着青春的气息——不信,请大家瞧瞧他脸上那'青春'的印记吧!"全班哄堂大笑起来,"青春之约"在愉快轻松的气氛下开始了。

2. 小组依次表演

各小组为了能够成为小组之冠,都各施奇技,精心设计小组的表演方式。"青春展示"以小品的方式表现青春的快乐;"青春宣言"小组采用了悠扬的音乐配合朗诵,还加上精心制作的FLASH动画作背景;"青春误区"也以小品方式来展示负面的表现;"青春诊所"小组设了一名"医生",给"病人"诊病并给出疗方;"青春知识讲座"比较多元化,先是以简单的小品形式切入,再用幻灯片给同学们讲解,最后送上一段有趣的FLASH

音乐作结;"青春有梦"则自编歌词歌颂青春。

3. 独具特色的"青春文学"

首先,组长提问全班学生:"青春最重要的是什么?"有人回答:"突破!"于是小组长邀请这位回答的同学上台跟着同组成员一起朗诵一篇精美散文,主题当然是"青春"。在朗读之前,小组长要求在场同学细心聆听,听完后要给文章起一个标题,说得好的会有奖品赠送。

话音刚落,这一组的一个组员拿起口琴,吹起悠扬的歌曲来了!其余组员便拿着手中的文稿,配合音乐有感情地朗诵起来。刚才还是热闹非常的场面突然变得那样的安静,是为完成小组长布置的任务而安静了吧,也许是被那现场的配乐演绎、声情并茂的朗读吸引了。

一曲终了,全班争相回答题目。最后有一个学生的回答比较接近,小组长便把一张由组员精心制作的卡片送给这位同学,上面还写有刚朗读过的那篇文章。

一台展示青春的节目就这样圆满地结束了。

【活动效果】

活动课后学生写下课后的感想,不少学生对这节活动课回味无穷。有学生写道:"通过'青春误区'的小品表演,我知道了青春应该是无悔的,我们应把握青春,不可虚度光阴。"有的学生通过这次活动体会到小组合作的乐趣,并首次"突破自己",在全班面前朗诵文章,收获很大。

【活动评价】

活动课应充分相信学生的创新能力及组织能力,应让他们成为活动课的主人,只有这样才能让他们自主投入到课堂中去。另外,教师的引导也很重要,课前应密切关注学生的准备情况,对一些稍有偏颇的构思及时纠正,让活动的主题鲜明、突出。

【相关链接】

无怨的青春·引子
席慕容

在年轻的时候,如果你爱上了一个人,请你,请你一定要温柔地对待他。

不管你们相爱的时间有多长或多短,若你们能始终温柔地相待,那么,所有的时刻都将是一种无瑕的美丽。

若不得不分离,也要好好地说声再见,也要在心里存着感谢,感谢他给了你一份记忆。

长大了以后,你才会知道,在蓦然回首的刹那,没有怨恨的青春才会了无遗憾,如山冈上那轮静静的满月。

青春不朽
——摘自秦朔《青春,作为一种语言——〈挪威的森林〉随感》

青春不朽。不朽在于挣扎。青春的命运由此谱成了人类命运中最让人刻骨铭心的乐章。人的生物性与超越性,必然性与偶然性,古老永恒的生命河岸与倏忽即变的生命河流,存在与文化,无数深刻的张力运动塑造了青春。青春对人生意义的追问,青春作为一种语言,对人的存在之意义的呈现,成了确立人类定义的最伟大的尝试。在这种尝试里,世界以一种合理的姿态征服了许多年轻的生命,迫使他们在死亡面前跪伏。然而,他们双膝弯成的直角,赋予了这个世界更为全新的尺度。青春的玫瑰在现实里会很快消失,带着热血,困惑和无解的谜语,但它将在任何视线里留下最凄楚的美丽。

青春的诗行
包新宇

　　青春的诗行因奉献而优美。青春的歌声因拼搏而动听。在抗击非典的战斗中,有青春的足迹在闪光;在攀登珠峰的队伍中,有青春的身影在搏击;在千里边防线上,有青春的绿色在巡逻;在志愿者的大军中,有青春的汗水在挥洒……请用青春的智慧写一首人生的诗行。请用青春的汗水唱一首难忘的颂歌。请用青春的激情点燃理想的灯光。请用青春的篝火照亮远方的征途。你来自江南,我来自塞北;你来自大漠,我来自平原。在人生的旅途中,请写下一首青春的诗行。愿你青春的风采在人生的长河中更加绚丽,愿你青春的脚步在前进的道路上更加坚定,愿你青春的竹笛在理想的彼岸吹响……啊,朋友!请你写下一首青春的诗行。

【教材定位】
　　人教版语文九年级上册第三单元《青春随想》综合性学习。

(深圳市荔香中学　雷诗慧)

实话实说谈明星

【活动目的】

给正处于明星崇拜期的少男少女以正确的引导,使他们明确真正应该追随的明星和追随的内容。

【活动准备】

1. 凭学生各自的兴趣爱好,分成 6 个不同的小组,如"文学家小组"、"科学家小组"、"影视歌星小组"等。以小组为单位搜集有关名人的资料。

2. 在全班做"追星"问卷调查,了解排名前三位的明星,他们是 J·K·罗琳、周杰伦和玛丽·居里。

3. 个别同学自愿深入研究 J·K·罗琳、周杰伦和玛丽·居里等人的资料和传记,为饰演明星访谈做好准备。

4. 同学自愿饰演主持人王小丫(王小丫既是众多同学最喜爱的主持人,又是该同学的偶像)。

【活动过程】

1. 明星嘉宾谈"星路"

王小丫:亲爱的观众朋友们,大家好!欢迎各位来到我们"实话实说"节目现场!我是王小丫,今天崔永元大哥身体不适,由我来主持本期节目。今天来到我们节目现场的嘉宾是大家最最喜爱的几位明星,他们是——J·K·罗琳、周杰伦、玛丽·居里,还有我们的客串嘉宾——黄老师!

(三位同学和老师在热烈的掌声中依次上场就座,老师的最后出现掀起了一个小高潮。)

王小丫:俗话说:"棍棒底下出人才。"杰伦,据说你是被打成才的,是这样吗?

周杰伦:是的。我小的时候常被打,小学时考试成绩没到标准就会被打手心。记得有一次还被老师捏耳朵,直到上初中才稍好,所以小时候被打都成习惯了。让我印象最深的就是我的钢琴老师,他很严厉,只要一弹错、不专心或是我回家没练琴他都看得出来,我比较害怕上他的课,但现在想想,如果没有这位音乐老师,我也不会有现在的音乐底子,所以我真的很感谢这位钢琴老师。

王小丫:罗琳小姐,您的《哈里波特》风靡全球,您现在是全英国酬金最高的作家,但六年前您还是生活没有着落的单亲妈妈,您是如何在逆境中获得如此巨大的成功的呢?

J·K·罗琳：确实如你所说，在写《哈里波特》这本书的时候，我是个得靠政府救济来生活的单亲妈妈。我总是一只手摇着女儿的摇篮，一只手握着笔写作。在那个寒冷的二月里，我等来的总是一封封的退稿信，那期间里约有十二家出版社拒绝出版。这确实是件很受打击的事，但幸而有亲朋好友的支持，更重要的是自己心中毫不放弃的信念——这让我最终等到了好运的降临。

王小丫：居里夫人，一提起您，我们首先会想到您在科学上的杰出贡献，想到您两度获得诺贝尔奖的卓越成就。您能给我们讲讲你获奖前的生活吗？

居里夫人：那时我住在顶层的阁楼里。巴黎的冬天特别冷，我取暖的炉子又小，屋里根本暖和不起来，有时还常常缺煤。一切家务琐事都是我一个人亲自做，没有任何人帮助，为了取暖用煤，我得亲自把煤背到六楼。这种生活在某些人看来也许过于艰苦，但我却仍然自得其乐，整日欢悦地沉浸于学习之中，这一经历也使我充分体味到自由和独立精神的宝贵。在巴黎这个大城市里，我是一个不被任何人注意的无名小卒，独自一人生活在自己的空间里。虽然孤居独处、孑然一身和无依无靠，但我并没有萎靡消沉，也没有感到黯淡凄惨之情。有时，孤独也会在不知不觉中袭来，但我的情绪通常都十分平稳，精神上有极大的满足感。

王小丫：黄老师，能不能谈谈您的"星路历程"呢？

黄老师：非常遗憾——黄老师不是明星，很希望将来能成为明星们的老师，所以每次眺望星空的时候，我也会有一丝感伤：我是这其中的哪一颗呢？我也与大家一样，想成为一颗耀眼的星星——一个"明星教师"，大家愿意支持我吗？（同学们回答"愿意"的声音和热烈的掌声同时响起。）

2．同学对话众明星

王小丫：下面是我们"实话实说"的现场访谈，同学们可以就各位嘉宾的星路历程、性格爱好、人生格言等任何你感兴趣的方面提问，我们几位嘉宾实话实说。

同学甲：我想提问周杰伦，我们非常喜欢你的歌，但也有很多人不喜欢你演唱的风格，你怎么看？

周杰伦：在荧屏前本来就有人喜欢你，有人会讨厌你，我不可能做到让所有的人都喜欢，因为我不是神，音乐人并不是在做偶像。我想，好的音乐人，应该要有一意孤行的态度，不随波逐流的坚持，不走别人走过的路的勇气。因为就算路远了点，你还是比其他人都快，比原来的你快。

同学乙：居里夫人，你们夫妇发现镭的伟大功绩像一声春雷轰动了整个世界。当时您的生活条件仍旧清贫，当成功、荣誉、金钱像潮水般涌来的时候，为什么要做出在一些人眼中那么"傻"的决定：放弃申请生产镭的专利权，而不选择能获得巨额利益的途径呢？

居里夫人：当我还是一个默默无闻的穷学生时，饥饿、寒冷和冷眼包围着我，我对这一切曾做出响铮铮的回答：决不屈服！刻苦学习！至今我的心中仍存着一股意念："在科学上重要的是研究出来的'东西'，不是研究者的'个人'。"我便代表丈夫作出了决定："这是违背科学精神的。科学家的研究成果应该公开发表，不受任何限制。——如果我们的发现可以获利，这只是一件偶然的事情，在这上面我们不应该有什么优先权。何况镭是对于病人有好处的……依我看，我们不应当借此来谋利。"皮埃尔逝世以后，我把镭赠送给了一个研究治癌的实验室。我想：只要能治好病，甚至只要能够使病人减轻一些痛苦，那么我们的工作就不算是徒劳的了。

同学丙：请问黄老师，你有没有追过"星"？

黄老师：十三四岁，正是从稚嫩走向成熟的花季，在这个斑斓的季节里，我们开始睁大眼睛来看这个缤纷的世界，眺望头顶上广袤的天宇，追逐那些闪耀的星星，这是每个花季少年都必经的成长历程，黄老师也不例外。我那时追的"星"还不止一个：刘德华、钟楚红、三毛……其中我最喜欢影星翁美玲，爱她爱到连她每一张贴纸画都要收集起来，对她的每一个小细节都如数家珍，还专门为她做了一本手抄的小册子——费了很多心思，谁阻止我追星，我就跟他急。她的自杀，还让我很长一段时间陷入了苦恼之中，甚至影响到我的学习、生活。后来长大了，突然有一天明白过来：我为什么要"追"她？是她内在的精神品质吸引我吗？——答案是否定的。我又想：她的生活与我有什么关系？为什么要让这些与我无关的东西影响我的学习、生活？从前只知道盲目追星，到过了这个追星的年龄，现在让我追星，我还不乐意呢——只可惜，逝去的时光永不回头喽！

3. 嘉宾寄语意味长

王小丫：节目的最后，请各位嘉宾用一句话来表达你们最深的感受。

周杰伦：如果你吃了一个很好吃的鸡蛋，莫非你一定要去看那只下蛋的母鸡吗？

J·K·罗琳：喜欢哈里波特的孩子，你们想玩从丑小鸭到白天鹅的魔法吗？秘诀就是：在黑暗中不断地拍打翅膀。

居里夫人：你们今日的追寻体现出国民的素质，也决定着国家的未来。

黄老师：送大家一首小诗——《明明白白去追星》：不追流星追恒星，慕而不拜有分寸，品味内涵促发展，明日我是天上星。

（多媒体显示嘉宾寄语，进一步从视觉上强化。）

【活动效果与评价】

这是一个校内公开课上的片段，这一模仿中央电视台"实话实说"的师生同台的"访谈节目"，竟成为整堂课的高潮，赢得了师生的一致好评。活动的内容和形式紧紧抓住了学生的心，在活动准备中同学们非常认真与投入，在活动的过程中气氛很活跃，师生互动也相当成功。对同学们来说，这次活动不仅是特定情景中口语交际的训练，更是思想的碰撞、情感的交流和情感、态度、价值观的提升。课后同学们还围绕这次语文综合活动写下了一篇篇颇有思想的随笔，发表在校园文学网"听海·白马非马·青春流动站"上。

【教材定位】

人教版语文八年级上册语文综合性学习"我也追星"中的一个环节。

（深圳市南山区育才二中 黄辉霞）

春泥护幼花

【活动目的】

1. 熟练地运用快读的方法，整体感知文章，筛选自己所需要的信息。在快读的基础上采用精读，对自己喜欢或要提出反驳意见的语句加以鉴赏、分析，写出自己的心得体会。

2. 课堂上进行学生、家长、老师的三维交流，让学生在对美文主题内容的讨论中，在与家长老师的真情互递中体会"春泥护幼花"的那种平凡无私而又伟大的力量。

【活动准备】

1. 布置学生阅读央校自主开发的《春之声》高年级文化读本《踏歌春行》的第七编内容。篇目有：《纯棉的母亲》、《父亲的歌》、《培养一名科学家》、《第一千个球》、《贝多芬的吻》、《谁使她变美》，这样就突破了传统阅读教学单篇解读的限制，课堂的容量顿时丰盈起来。

2. 选出自己喜欢或者让自己有疑惑的一篇文章，写写心得体会。要求：要结合自己的切身经历或结合历史时事来发表自己的见解、观点，忌空谈；在赞赏之余请多用一些怀疑的眼光，多质疑，多批判，多运用发散思维、逆向思维、创造性思维等等。

在这个步骤中，我安排全体学生去阅读这些文章，先采用快读的方法来整体感知这些文章的大意，筛选自己所需要的信息，在快读的基础上采用精读，对自己喜欢或要提出反驳意见的语句观点加以鉴赏、分析、综合，写出自己的心得体会或者提出质疑。

通过批阅同学们的读书笔记，搜集了以下问题：

《纯棉的母亲》

(1) 为什么说母亲是百分之百的纯棉？

(2) 时代在变化，母亲的性质是否也发生了变化？

(3) 你认为你的母亲是什么材料的？

《父亲的歌》

(1) 父亲给予"我"的最大的鼓励是什么？他是采用什么方式来教育"我"的？

(2) "我"是否受到了父亲的感染？

《培养一名科学家》

(1) "我"的父亲有哪些地方与众不同？

(2) "我"成功的原因是什么？

(3) 结合我们中国的教育现状，你产生了哪些思考？

《贝多芬的吻》
(1) 贝多芬的吻现在还有吗？
(2) 为什么贝多芬的吻能产生那么巨大的力量？
(3) 在生活中你能感受到"贝多芬的吻"吗？

《第一千个球》
(1) 这篇文章写了球王贝利人生的两个精彩瞬间，你觉得它们之间有必然的联系吗？
(2) 贝利并不希望他的第一千个球是通过点球得到的，为什么他不放弃这次机会呢？
(3) 如果贝利的父亲看到他吸烟后采用的是打骂而不是开导，会产生什么样的后果呢？

《谁使她变美》
(1) 心理学家为什么能让艾米丽变美呢？
(2) 你认为自己美吗？或者说你认为什么才是美的？

以上撷取的是同学们提出的一些典型问题，他们还写出富有见地的思想和富有灵性写意的心得体会，比如说郑尧同学在阅读了《贝多芬的吻》后写道：

"贝多芬的吻，一个怎样的吻！

一个年轻学生因这种力量超越了自己原有水平，一个孩子因这种力量感到幸福感到骄傲，一个16岁少年因这种力量成为了一位钢琴家……这种力量就叫做'贝多芬的吻'，也叫做赞扬、鼓励。

一部由细微而由衷的吻所谱写成的精彩动人的乐章，一代一代地被演奏、传颂，以最平凡的方式直贯伟大。这部乐章不仅为贝多芬、李斯特、冯萨乐所有，更属于一切善良的人，大师们的演奏只是更加宏伟，更加隆重。

这个吻被泛化，在贝多芬给予李斯特的时候被泛化，也在母亲给予孩子的时候被泛化，于是，平凡中蕴含着伟大，伟大中感觉到亲切，两种形式的"贝多芬的吻"重叠在一起，加深了深度，变幻着形式，却仍保持着质量。"

3. 根据学生的喜好及文章所涉及的内容，把他们分成若干小组，每组都选出组长，这样主要是便于在课堂上讨论时更富有层次和条理。采用"导生制"（贝尔-兰喀斯特制）——由老师来直接辅导班上阅读能力、表达能力强的学生，再由这些学生去辅导其他较差的学生，这样既可以让所有的学生都有不同程度的提高，而且也让这种辅导成为一种现实。

4. 要求家长和学生一起阅读，盛情邀请不同职业、不同层次、不同年龄段的家长一起来参与读书活动，让家长的学识、人生经历、个人体验能够多角度地展示在学生面前，同时因为有了家长的参与，在两代人之间搭起了理解与信任的桥梁。

5. 注意事项：在整个阅读过程中，要充分让学生自主地阅读，让他们体验有字阅读那种沉思冥想和耕读式的田园体验，切忌把自己的观点强加给阅读者，哪怕学生的观点看法是稚嫩的、粗糙的、浅显的，要珍视学生心灵最真实的体验。

【活动过程】

1. 导入

（1）先介绍列席的嘉宾——家长和老师。

（2）台湾天下文化出版公司创办人高希均曾倡导"新读书主义"："自己再忙也要读书；收入再少也要买书；住处再挤也要藏书；交情再浅也要送书。"可见读书在他心目中有着至高无上的地位。而我们学校策划的文化系列读本的目的就是让大家在较短的时间里读到更多更好的名篇佳作。

（3）我认为读书需要静心，读书需要思考，读书还需要碰撞，真的很希望这次尝试性的读书会能成为大家静心阅读、潜心思考之后的一种思想的碰撞。

2. 整体感知

师：今天我们的读书会是围绕"春之声"高年级文化读书第七编的内容展开的。课前有一些同学问我，为什么要把这几篇文章编在一起，它们和"春之声"这个主题有什么关系？我把这个皮球先抛给大家，听听你们的理解。

大家讨论后发言

教师小结：我认为这几篇文章都是表现父母、师长对子女、晚辈的爱与教育的，这种爱犹如春风化作细雨，润物却悄无声息，也好比那落花化作春泥后仍然呵护着幼花。所以我给这一编定的题目就是"春风化细雨，春泥护幼花"。

3. 我们的感受、我们的交流、共同的碰撞

师：这一编的文章都是写爱与教育的，但是体裁、语言的风格、表现的事件和体现的情感等等又各有特色，下面就请大家来谈谈你们自己对这些文章的感受，在发言的过程中，其他的同学、家长、老师有什么看法，都可以说一说，当有你喜欢的语句时，还可以深情地朗读出来。

下面是读书会中一些精彩的片断：

学生信超说："《培养一名科学家》一文的作者在没有接触过正规教育前，就已经掌握了'微积分'，这对我的触动很大，所以我迫切地渴望中国的教育改革和社会对人能有正确评价。"

唐建新老师是这样回答的："怎么学会做人，是21世纪全世界教育讲座的重点话题。我觉得无论这个人是做科学家、艺术家还是一个清洁工，都要快乐一生，认真对待自己的工作。就是扫地也要扫出韵味和情趣来，他不会因为是领导对下就欺压，也不因是普通工人就自卑，我想这就是21世纪所期待的人。"

学生吴强说："父母和子女是一种利益关系，认为父母养儿是为了防老，没有什么真情可言。"

江文丽老师说出了她的感受："当她怀孕后得知是一个女孩时，她痛哭了一场。不是因为别的原因，而是想到这个女孩将要经历所有做女人要经历的痛苦后痛楚不已。可是当生下这个孩子后，她第一眼就深深地爱上了这个孩子。她说可以为这个孩子付出自己的一切，这里面没有任何杂质，没有任何私心，没有任何利益——因为爱所以爱。"

林佩红同学说："读完《父亲的歌》后，最有体会的地方是它教会了我听自己的歌。以前，我听的是别人的歌，别人的感受，我只是一个盲目的跟随者，天真地以为他们讲述

的也是我的心情。只是我一直都没有发现,这世上没有一样的人,也当然不会有一样的心境。自己的感受只有自己才能领悟。我们并非已经对所有情感都已麻木,我们只是缺少一阵风,吹走笼罩在我们身上厚厚的阴霾,或许《父亲的歌》已经为我开启了这道门。"

当许多同学认为母爱是一种细腻、琐碎、外显的爱,父爱则是一种粗犷、大气、内敛的爱时,郑尧同学对此做了精辟的总结,他说:"母爱和父爱让我想起了中国的山水画,母爱是江水边缭绕的渔歌,时常在你的身旁耳畔响起;而父爱则是回旋在大山之中的山歌,你必须一路攀爬,才能听得真切。"

在读书沙龙接近尾声时,窦贵梅老师向同学们提出了一个问题:"同学们,读书是为了什么? 不是为了一张文凭,也不是为了考个博士,而是为了使自己高贵起来。书中描写了那么多的男男女女,那么多可歌可泣的故事,让我们在那些故事中走一趟,我们的人格就在那些可歌可泣的故事中建立起来。同学们,多读好书吧,让好书伺候自己,使我们自己高贵起来,有气质有文化起来! 让男的像男的,女的像女的! 读书是一天都不能断的潺潺小溪,它延续着我们思想的流脉,支撑着我们人格的大山。罗曼罗兰说得好:从来没有人读书,只有人从书中发现自己,提醒自己,联想自己,升华自己,改变自己。"

教师小结:我觉得这些文章里的很多语句,像《纯棉的母亲》中说母亲"经过千百次的洗涤熨烫/百孔千疮/她依然是100%的/纯棉";《父亲的歌》说"宇宙间的一切都有音乐";《贝多芬的吻》说"赞扬是一股强劲的力量,是黑暗屋子里的蜡烛";《谁使她变美》青春导航中说:"当你试着去关注、欣赏别人,你就开始变得美丽"等等,就好像是一缕缕的清泉,让人顿生清凉之意。这让我们真正体会到读一篇文章或是一本好书就是一次和高尚者的对话。

4. 自由的声音——推荐自己喜欢的报纸、杂志、书籍、文章

师:我曾经不止一次地听人说"深圳是文化沙漠",她经济的繁荣掩盖不了整个城市的浅薄,可是我却有不同的观点,因为我在这座城市里发现了许多很有特色的书店,比如书城、海天书店、2+1书店、堂和书店等等,里面总是涌动着许多爱读书的人,我想深圳有这样一个热爱阅读的群体,就算是沙漠也会蔓延出一片绿洲。我还经常想:不同的年代、不同的年龄、不同的阅历等等都有可能会影响到我们的阅读,下面就请大家说说自己喜欢的一些报纸、杂志、书籍、文章,让我们在这种交流中互通有无和互相的借鉴。

大家推荐自己喜欢的读物。

5. 小结

师:在这次短短的读书会上,大家畅所欲言,各抒己见,但可能还有许多意犹未尽的话,可能还会有一些遗憾,但我想这次尝试是第一次,但绝不是最后一次。我也很庆幸能够成为第一个吃螃蟹的人,同时希望我们每一个同学能多一些时间去读书,多一些机会去碰撞。最后我化用台湾作家林清玄的一句话表达我对读书的一种理解:读书使我们今天比昨天更智慧,今天比昨天更慈悲,今天比昨天更懂得爱,今天比昨天更懂得宽容,今天比昨天更懂得生活美。感谢大家的积极投入与热情参与,再见。

【活动效果与活动评价】

我觉得这次读书会最有创意之处在于——三维读书情景的创设。一般的阅读课,

教师多为课堂的主宰,奉教参为圭臬,而学生经常处于被动地位,只能在教师限定的思维中去接受,不敢有自己的声音,不敢有自己的见解,这严重地禁锢了学生的思维和自主创造性。接受美学认为,任何文本都具有未确定性,都不是决定性或封闭性的存在,同一文本可以有不同的解读,作品的意义只有通过读者的阅读才能建构,读者在其中的作用具有不可替代性。我们目前的阅读教学恰恰忽视了学生作为读者的主体性和作品作为阅读文本的多解性,普遍存在讲有余而读不足,析有余而悟不足的问题,剥夺了学生作为读者本该享有的权利。他们没有充分的机会去体悟,去想像,去创造,因而也就不会有主动阅读的欲望,长此以往,自然而然就对阅读没有了兴趣。这正应了顾德希先生的一句话:"文学作品的阅读,讲得越多,学生越没兴趣。"

这次读书会的成功之处归纳起来有三点:

1. 让"人人有事做,事事有人做",让所有的学生不论是在前期的阅读准备中还是在分组进行讨论时更或者是在读书会上都处于"主体"地位,真正体现了读书会的魅力——来自于内心主动学习的喜悦。

2. 让所有听课的专家、老师、家长不作壁上观,而是积极地参与到讨论中来。

3. 教师退出"讲"坛,只做穿针引线人,引出话题,抛出问题,及时"画龙点睛",有点类似相声里的"捧哏"。

这样所有人的知识、阅历、视野、人生观、世界观、价值观纷沓而至:每个人言己之心声,诉己之衷肠,谈己之观点,是与非,美与丑,爱与恨,拨动着每个人的心弦,震撼着每个人的心灵……

所以整个课堂有张有弛:既有释放天性的欢笑,又有真情流露的泪水,既有慷慨激昂的奋激之辞,又有涓涓细流般的潺湲之语。许多师生、家长口吐莲花、妙语连珠,真可谓精彩纷呈。

在本活动中,学生的经验在读书活动中不断展现,但有时尚显幼稚和粗浅,家长和老师则应站在一个更高的角度去点醒学生,让他们重新审视重新思考重新判断,所以对家长和老师的要求较高。

另外,深圳的学生有着勇敢发言的优点,但比起内地的学生在朗读方面尚有不足,这样就会削弱对文章巨大美感的体验,所以还要不断提高学生的朗读能力。

【教材定位】

人教版语文九年级上册第四单元综合性活动《读好书,好读书》。

(中央教育科学研究所南山附属学校 王军宁)

"装修"社区

【活动目的】

1. 树立大语文观念,让学生在生活中学习语文,运用语文。
2. 在活动中培养学生的交际能力,树立社会责任感,进行情感、态度、价值观教育。

【活动准备】

1. 把学生分成三大组:看看我们的社区(包括调查社区人口状况、考察社区环保状况)、我为社区做贡献(包括制定文明公约、发表一次演说)、积极参加社区公益活动(包括在社区活动站义务服务、绿化社区)。
2. 每组选出一个负责人,组织好本组同学进行综合性活动。先依据本组负责的项目制定好计划;再组织同学深入社区,进行问卷调查,考察居民生活环境,为社区义务服务等;最后整理好资料,以备课堂汇报、交流。

【活动过程】

主持人(由学生担任):近期我校的关爱教育提出了关爱我们的社区的主题,恰巧我们这单元的综合性活动就是关注我们的社区。我们每个人都生活在一定的社区之中,社区的自然状况、人文环境和我们的生活息息相关。关注社区、建设社区,是我们应尽的责任与义务。自从老师两周前给我们分组布置了活动任务以来,我看我们班各组的同学都非常踊跃,付出了很多行动,今天就让我们一起来分享大家的成功与喜悦。首先是第一组的同学。

第一组:我们组进行的活动是"看看我们的社区"。接受任务以来,我们组的成员选取了松坪村这个社区进行了调查研究,请看幻灯片(显示幻灯片)。

松坪村社区的家庭人口状况调查

调查时间:2004 年 4 月 10 日至 2004 年 4 月 17 日

调查人数:156 人

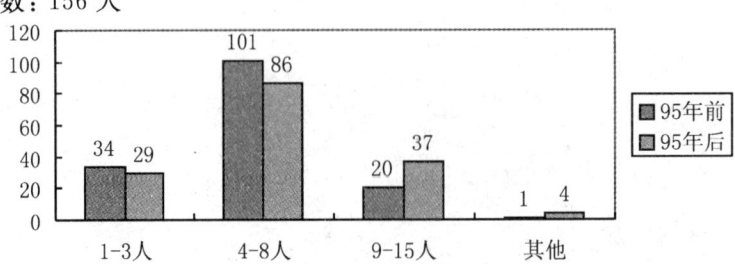

第一组：从幻灯片中可以看出，随着深圳经济的发展，松坪村社区的人口密集度越来越大，人口问题已经逐渐成为我们社区的一个大问题。人口的增多带来的后果就是环境保护受到一定影响，在此，我们也呼吁"保护社区环境卫生，人人有责"！下面是我们组起草的一份倡议书（幻灯片显示）。

倡议书

我们生活在一个社区，社区就是我们的家园。社区的自然状况、人文环境与我们的生活息息相关。但是，由于我们有些住户不太注意保护我们的社区，致使一些环境受到了破坏，尤其是生活垃圾的随意堆放造成了污染。为了更好地保护我们的社区，让我们的生活环境变得更加美好，我们倡议大家一同来保护我们的环境。正所谓："保护环境，人人有责！"我们不要再随意堆放垃圾，不要再乱扔果皮纸屑，不要再做破坏社区环境的事。从我做起，从小事做起，共同来营造我们美好的社区家园。

倡议人：松坪学校九(7)班
2004年4月20日

主持人：很感谢第一组的同学，通过他们的努力，我们可以看到我们松坪村社区的一些现状，相信有助于大家增强环保意识。下面是第二组的同学。

第二组：我们组进行的活动是"我为社区做贡献"。接受任务以来，我们设计了几张采访表格，去征询那些住户对自己社区状况的评价，主要是指出有哪些不足，该如何改进。刚开始时我们选取一些门口、路面作为采访点，没想到到处碰钉子，那些行人们几乎不理睬我们，有的也只是随口应付几句就匆匆离去。后来，我们学乖了，选取了一些休闲娱乐场所进行采访，果然效果很好，尤其是一些老人，对社区存在的一些不良现状提出了严厉的批评，并提出了很多中肯的建议，现摘录一些给大家看看（幻灯片显示）。

对社会上一些不良行为的感想	应该树立或增加哪些文明公约
坑、拐、骗太多，说实话、真话的人少。	讲文明，讲道德，树立正确人生观。
他们没有文明的道德，没有认识到自己对社会的危害。	以个人修养为本，以身作则，做一个守法、用法的公民。
见义勇为，敢于正面与坏人斗争的人太少。不注意社会公德，盗取公共财物的人，应严加制止。	大力表彰敢于与坏人作斗争的人。大力宣传社会公德，做文明市民，同时严惩犯罪分子！
从产生的原因上看，一部分人受教育的程度较低，对社会的责任感不强，自我约束、控制力较差。另一方面由于经济落后，贫困、穷苦使一部分人的行为得不到有效的约束。从危害上看，使社会风气变得较坏，互相影响较大。	文明公约固然要制定，但人们自觉遵守才是关键，提高人们的道德素质，全面改良社会风气，必须从每个环节入手，包括政府、企业、个人等。对违反公约的行为应有公共舆论或组织的一定制约才行。
我认为主要还是国家的综合实力的问题，温饱都没解决，又如何解决人的素质呢？当物质生活逐渐提高的同时，还要注重精神生活的提高。	道德规范其实都有，只是没有实施到位，关键还是自觉，也就是提高个人道德修养。

第二组：根据我们所做的调查，结合上网所查到的一些资料，我们组拟定如下的文明公约（幻灯片显示）。

文明公约

遵守法纪,崇尚科学;睦邻友好,扶弱助残;社区卫生,人人有责;公共设施,人人爱护;公益活动,积极参与;践行公约,我定做到。

第二组:下面有请同学们观看我们组编的一个小短剧。

旁白:在一个社区里,一户人家住着两兄弟。一天,隔壁房子搬来了一对夫妇。

弟弟(轻声地):哥,隔壁搬来了一对夫妇,我们去打个招呼吧。

哥哥(不耐烦地):要去你自己去,我又没什么要他们帮助的。

旁白:一天夜里,有一个小偷溜进了兄弟家,恰巧被那个妻子发现了。

(小偷弯着腰,鬼鬼祟祟地出场,朝着兄弟俩走去。)

妻子(悄悄地说):老公,隔壁屋好像进了小偷啊。

丈夫:是吗?什么时候看到的,快,报警!(说完顺手拿了根棍子就准备出去。)

妻子(拦住丈夫,急道):干嘛去啊,那么危险,又不是偷我们家的。

丈夫(气愤地):什么?这次不是偷我们家的,如果我们不互相帮助,下次就轮到我们了。(说完冲了出去,妻子报完警也拿起一根棍子跟了出去。)

(在大家的齐心合力下,终于把小偷抓住,并送交了赶来的警察同志。兄弟俩向那对夫妇表示感谢。)

第二组:这个短剧就是想告诉大家,邻里之间要互相帮助,正所谓"远亲不如近邻"。而且要有团结互助精神,不要"事不关己,高高挂起"。

主持人:很感谢我们第二组的同学,他们让我们明白了"社区优劣,人人有责"的道理。从他们的活动中我们也可以看出他们的付出与收获,相信他们的能力也得到了很好的锻炼。

接着是第三组的同学展示他们的一些活动照片,汇报进行义务活动的情况及收获与感受。同学们纷纷表示,通过这次义务为社区居民服务,深切地体会到自己在社区这个大家庭中的责任。

【活动效果】

通过这次综合性活动,学生不仅在活动中学习了语文,在活动中运用了语文,而且还树立了一种社区责任感,推而广之,相信能够对他们在情感、态度、价值观上产生一些积极的影响。

【活动评价】

本活动总体上不错,通过活动,学生的交际能力、调查能力、概括能力、表达能力等都得到了锻炼,而且在思想、情感上也得到了有益的提升。但不足的是活动主要停留在语文学科上,跟其他学科的交融还不够。其次,对生活中的社区居民影响也不够。条件容许的话,可选择在社区中开展此次综合性活动。

【相关链接】

1. www.lcqz.com/mz/zzjc/16.htm
2. www.fjshaxian.gov.cn/sq/sqcl/sqwh.htm

【教材定位】

人教版语文九年级下册第三单元综合性活动《关注我们的社区》。

(深圳市松坪学校 何海辉)

乘着音乐的翅膀飞翔

【活动目的】
1. 初浅地了解音乐的相关知识。
2. 在优美的旋律里陶冶情操,培养热爱音乐的情感。
3. 提高收集信息、筛选信息的能力,提高条理清晰地表达观点的口语交际能力。

【活动准备】
围绕主题,按自愿的原则将学生分为中国古典音乐和乐器组、外国经典音乐组、音乐故事组、原创歌曲组、老歌回望组。安排他们提前一周时间通过各种途径查找与本组主题相关的各种资料,并整理出来制作成课件。准备在活动课上正式表演唱的歌曲。

【活动过程】
主持人(学生担任)语:
音乐响起的时候,你会想起什么?
也许是瞬间穿过时光隧道飞驰而来的旧日情节。
也许是缓缓蒸发蔓延开的朦胧心情。
也许,只是沉浸在音乐里,咀嚼每一个字每一个音符的深意。
好想好想,恢复成单纯的孩子,一往情深地爱上一个人,像一只奋不顾身的飞蛾。
好想好想,为了一个眼神哭了又笑,为了一句话守住一辈子。
在音乐里,我沉重的躯壳脱落,浑浊的灵魂出窍,生出透明的双翼,飞向无尽的天空。
多么美的时刻,多么美的幻觉。
有些事,只能隔着音乐回望。
有些梦,只能借着音乐痴狂。
现在就让我们乘着音乐的翅膀,感受音乐给我们带来的愉悦。

第一组:中国古典音乐和乐器
组长:你是否听到来自中国古代的呼唤?你是否用心去感受过来自中国古代的声音?中国古代的音乐好比一泓清泉,滋润着我们的心田。
1. 资料介绍(配以屏幕展示)
殷商时代,宗教迷信最盛,巫以歌舞娱神。音乐已成了仪式中极为重要的部分。到了周代,早期音乐发展到了顶峰,以打击乐和管乐为主,如编钟(播放展示编钟图片及编钟音乐)。汉代,拉弦乐器从东亚传到中国,流传至今的优美乐曲是琵琶演奏的《孔雀东南飞》。唐代音乐因吸收了邻近中亚诸小国音乐的特色而大放异彩。宋代,中国音乐进入了成熟时期。

2. 乐器展示及乐曲播放

琴:已有三千多年的历史,被列为"琴棋书画"四艺之首。也是孔子办学的六艺之一。古琴长3尺6寸5分,代表一年有365天;琴面是弧形的,代表着天,琴底是平的,象征着地,又为"天圆地方"之说;古琴有13个徽,代表着一年有12个月及闰月;古琴最初有5根弦,象征着金、木、水、火、土。周文王为了悼念他死去的儿子伯邑考,增加了一根弦。武王伐纣时,为了增加士气,又增添了一根弦,所以古琴又称"文武七弦琴"。(播放《潇湘水云》。)

笙:殷代的甲骨文中已有"和"(小笙)的名称。春秋战国时期,笙与竽并存,不仅是声乐伴奏的主要乐器,也有独奏、合奏的形式。(播放《孔雀东南飞》。)

琵琶:"琵琶"二字是从秦代筑长城的时候起,由模拟弹乐器上所发的音而得的状音字。在竖放或斜放的乐器的同一位置上,"琵"是模拟向左弹所得的音,"琶"是模拟向右弹所得的音。所以,在那个时候,"琵琶"是多种乐器的总名。琵琶在唐代被视为主要乐器。(播放《阳春白雪》。)

筝:又叫古筝,是我国最古老的弹拨乐器之一。历代筝的形制无大变化,但弦数不等。(播放《渔舟唱晚》。)

二胡:又名"胡琴",唐代已出现,它既适宜表现深沉、悲凄的内容,也能描写气势壮观的意境。其演奏手法十分丰富。(播放《江河水》。)

唢呐:俗称"喇叭",发音高亢嘹亮。唢呐最初是流传于波斯、阿拉伯一带的乐器,大约在公元3世纪在中国出现,新疆拜城克孜尔石窟第三十八窟中的伎乐壁画已有吹奏唢呐的形象。金、元时代传到我国中原地区。(播放《百鸟朝凤》。)

第二组:外国经典音乐组

组长:音乐为我们打开了国门,让我们感受到了外国经典音乐的高雅,或激昂,或幽怨,种种滋味让我们留恋忘返。提起外国经典音乐,就不能不提到维也纳新年音乐会,在这举世瞩目的音乐会上必不可少的曲目是施特劳斯的家族音乐。

1. 资料介绍

《蓝色多瑙河》为小约翰·施特劳斯创作于1867年,是他最有名的代表作。它是世界最著名的圆舞曲,也是每年维也纳新年音乐会的保留曲目之一,被称为奥地利的第二国歌。乐曲好像在描绘多瑙河流经地区两岸的美丽景色,有时可以看到峭壁上的雄伟古城,有时则出现了阿尔卑斯山麓农村姑娘的优美舞姿。这些舞曲时而如河上黎明那样绚丽清秀;时而又如怒涛击岸那般激越有力;时而像爱情的絮语那样优美妩媚;时而又如急飞舞步那样轻盈飘逸。

《拉德茨基进行曲》是老约翰·施特劳斯最广为人知的作品,也是每年维也纳音乐会最后的返场曲目。乐曲采用复三部曲式。开始是庄重而热烈的主题A,它节奏鲜明,威武有力,仿佛军容整齐的队伍迎面开过来。接着是主题B,它情绪热烈、高昂,就像众人瞩目的统帅出现在人们面前。音乐再现主题A,结束第一部分。音乐风格突然转变,进入轻快活泼的境地。

2. 乐曲播放

播放《蓝色多瑙河》《拉德茨基进行曲》，一个精通音乐的学生于关键处点拨。

第三组：音乐故事

学生们讲了三个跟音乐有关的故事：《一曲悲歌救了自己一命》《杨贵妃与"山在虚无缥缈间"》《余音绕梁，三日不绝》。除了这些音乐故事，还有大家熟悉的表现英雄的侠义之气的《广陵散》(《笑傲江湖》的主题曲)，表现歧路分离的儿女情长的《十八里相送》，表现凄苦悲凉生活的《二泉映月》等。这些音乐作品的背后都有着一段感人的故事。

第四组：原创歌曲组

组长：诗言志，歌咏情，文学与音乐是不可分割的。宋有词，元有曲，都是文学与音乐结合的结果。人的灵感来自自然，人的灵感来自忧伤，人的灵感来自喜悦，把种种灵感汇集，就形成首首优美的歌。

学生表演：

希腊神话
张智楠

雅典娜对我微笑 发布温柔的预告
只想找一座小庙 和她背对背依靠
阿芙洛蒂把我嘲笑 我没危机预兆
猜她马上就要逃 逃到天涯海角
爱琴文明消失之后 宙斯找不到
奥林匹斯山后的小岛 只剩一人在那祈祷
站在爱琴海的外滩 回避了喧嚣
怎么那时候的人们 都在半夜睡不着觉

希腊神话太过悲哀 作者不懂得真爱
总是把人想得太坏 荷马史诗好奇怪
总让人充满期待 却又不能在一块
只能等到流星再来 让她不再离开

改自周杰伦的《你听得到》

东风破（周杰伦）
曾梓依

山高路远 千里迢迢难回首
哀怨惆怅 苦痛萦绕在心头
风儿也落寞 孤星怎么揉
陨落在冰封的苍老茶树的身后
沧海桑田 梦醒楼空独自愁
四寂如灰 无奈哽咽在喉头
心被偷走 笑该怎么留
梦已被丢在身后 一切依旧
黄昏的溪水无语 柳枝尽消瘦
时间在地上散落 难分清先后
找不到哪年才是我们的年幼
只剩下苦痛今朝 一支长箫还在颤抖
黄昏的溪水无语 柳枝尽消瘦
年轮随树干长大 想见你白头
为梦中亦真亦假你跟着我走
惨白无力的季节 所有纷扰都很沉默

<table>
<tr><td>

泪儿飞
江伟龙

天上的星儿破碎
心中的梦儿摧毁
泪儿飞 泪儿飞
为何要落泪

破碎的星儿相随
黄色的玫瑰枯萎
心儿碎 心儿碎
你在等着谁

泪儿飞 泪儿飞
心碎却无人抚慰
不怕心碎
只怕泪飞
不管你等谁
泪儿永远不再飞
　配郑伊健的《虫儿飞》

</td><td>

三年
杨美仪

回首当初 还是童稚
天真烂漫不懂事
只知零食最好吃
体育课得意
最爱下课钟声 却总要回头寻觅老师踪影
付出了尝试过 还得了什么
日日学 做功课 上课只盼下课
分数不理想却总被原谅
匆匆三年如歌 拼搏过努力过
谁人付出汗水最多
时间不再等待 最后还得到什么……

（待谱曲）

</td></tr>
</table>

第五组：老歌回望组

组长：老歌曲很老,也很年轻,它不仅指过去产生今天仍流传的老歌,也指那些今天产生决定要传下去的新歌。老歌曲就是经典。世纪初的民谣,二三十年代的电影歌曲,三四十年代的创作金曲,五六十年代的流行歌曲,七八十年代的群众歌曲,都具有巨大的美感。优美的老歌会带给人无尽的享受,老歌曲同样也表达了词曲家深刻的人生观、价值观、世界观与审美观,他们独特的视角与生活感悟,深邃的思想与卓越的风范,给人带来了巨大的教益与启发。

歌曲播放：

1.《达坂城的姑娘》

王洛宾的那首优美动听的《达坂城的姑娘》,使新疆小镇达坂城名扬天下。那美妙的歌声吸引着一批又一批的远方游客不远万里踏歌而来。如今,只有万人的达坂城每年接待40万海内外的游客,服务业成为当地的支柱产业。

2.《我的未来不是梦》

流行音乐中优秀的"劳动之歌"也不乏经典之作。我们口口传唱的《我的未来不是梦》,除了旋律好听上口外,更阳光砺志,努力奋斗的情绪也感染了一代年轻人。

3.《酒干倘卖无》

20世纪80年代中期,《酒干倘卖无》曾在一夜之间风靡全国。它是一部颇具醒世意味的社会伦理电影《搭错车》的主题曲。一个人称"哑叔"的退役的台湾老兵以收购空酒瓶和捡破烂为生。1958年冬天的一个清晨,哑叔在高级住宅区的巷道里捡回一个被遗弃的女婴,取名阿美。哑叔父女二人从此相依为命,在艰辛贫困的日子中挣扎。阿美为帮哑叔摆脱贫困,在不知情的情况下,与余广泰签定了赴东南亚演出的合约。不想一纸合同,却断送了自己的自由。演出归来,她已成为红歌星,但却身不由己,不能同年迈的父亲见面。哑叔因思念爱女,卧病在床。风雨交加之夜,阿美饱含不能奉养老父的辛酸,在台上唱出了怀念的心声:"没有你,哪有我,假如你不曾养育我,给我温暖的生活,假如你不曾保护我,我的命运会是什么!"气息奄奄的哑叔,从收音机里听着女儿熟悉的歌声,怀着思念、悲愤的心情,离开了人世。

4.《恋曲1990》

20世纪80年代罗大佑的歌曲,也曾在歌坛上红极一时。

主持人:

人的一生,如果没有音乐,那是缺陷;

人的一生,如果放弃音乐,那是愚钝;

人的一生,如果失去音乐,那是悲哀。

我们用耳朵,去聆听音乐的美,

我们用眼睛,去领略音乐的精彩,

我们用心,去感受音乐的爱……

我生怕暴风雨破碎了我音乐的梦,

我害怕灾难带走我人生的期待,

我守护上天赐予的最珍贵的财富,

我用我的体温去温暖人生的精彩——音乐。

【活动效果与评价】

本活动课使学生熟悉了很多乐器,了解了很多名曲,收获很大。尤其是学生自创的歌曲,再由同学演唱出来,受到了一致的好评。创作的同学得到一个很好的锻炼机会,欣赏的同学也得到了很好的享受,当时真是群情激奋,掌声如雷啊。

【教材定位】

人教版语文九年级下册第四单元综合性活动《乘着音乐的翅膀》。

(北大附中深圳南山分校　潘晓红)

北京大学出版社
教育出版中心 精品图书

21世纪特殊教育创新教材·理论与基础系列

书名	作者	价格
特殊教育的哲学基础	方俊明 主编	29元
特殊教育的医学基础	张 婷 主编	32元
融合教育导论	雷江华 主编	28元
特殊教育学	雷江华 方俊明 主编	33元
特殊儿童心理学	方俊明 雷江华 主编	31元
特殊教育史	朱宗顺 主编	36元
特殊教育研究方法（第二版）	杜晓新 宋永宁 等主编	39元
特殊教育发展模式	任颂羔 主编	33元
特殊儿童心理与教育	张巧明 杨广学 主编	36元

21世纪特殊教育创新教材·发展与教育系列

书名	作者	价格
视觉障碍儿童的发展与教育	邓 猛 编著	33元
听觉障碍儿童的发展与教育	贺荟中 编著	29元
智力障碍儿童的发展与教育	刘春玲 马红英 编著	32元
学习困难儿童的发展与教育	赵 微 编著	32元
自闭症谱系障碍儿童的发展与教育	周念丽 编著	32元
情绪与行为障碍儿童的发展与教育	李闻戈 编著	32元
超常儿童的发展与教育	苏雪云 张 旭 编著	31元

21世纪特殊教育创新教材·康复与训练系列

特殊儿童应用行为分析	李 芳 李 丹 编著	29元
特殊儿童的游戏治疗	周念丽 编著	30元
特殊儿童的美术治疗	孙 霞 编著	38元
特殊儿童的音乐治疗	胡世红 编著	32元
特殊儿童的心理治疗	杨广学 编著	32元
特殊教育的辅具与康复	蒋建荣 编著	29元
特殊儿童的感觉统合训练	王和平 编著	45元
孤独症儿童课程与教学设计	王 梅 著	37元

自闭谱系障碍儿童早期干预丛书

书名	作者	价格
如何发展自闭谱系障碍儿童的沟通能力	朱晓晨 苏雪云	29.00元
如何理解自闭谱系障碍和早期干预	苏雪云	32.00元
如何发展自闭谱系障碍儿童的社会交往能力	吕 梦 杨广学	33.00元
如何发展自闭谱系障碍儿童的自我照料能力	倪萍萍 周 波	32.00元
如何在游戏中干预自闭谱系障碍儿童	朱 瑞 周念丽	32.00元
如何发展自闭谱系障碍儿童的感知和运动能力	韩文娟 徐芳 王和平	32.00元
如何发展自闭谱系障碍儿童的认知能力	潘前前 杨福义	39.00元
自闭症谱系障碍儿童的发展与教育	周念丽	32.00元
如何通过音乐干预自闭谱系障碍儿童	张正琴	36.00元
如何通过画画干预自闭谱系障碍儿童	张正琴	36.00元
如何运用ACC促进自闭谱系障碍儿童的发展	苏雪云	36.00元
孤独症儿童的关键性技能训练法	李 丹	45.00元
自闭症儿童家长辅导手册	雷江华	35.00元
孤独症儿童课程与教学设计	王 梅	37.00元
融合教育理论反思与本土化探索	邓 猛	58.00元
自闭症谱系障碍儿童家庭支持系统	孙玉梅	36.00元

特殊学样教育·康复·职业训练丛书（黄建行 雷江华 主编）

信息技术在特殊教育中的应用	55.00元
智障学生职业教育模式	36.00元
特殊教育学校学生康复与训练	59.00元
特殊教育学校校本课程开发	45.00元
特殊教育学校特奥运动项目建设	49.00元

21世纪学前教育规划教材

学前教育管理学	王 雯	45元
幼儿园歌曲钢琴伴奏教程	果旭伟	39元
幼儿园舞蹈教学活动设计与指导	董 丽	36元

书名	作者	价格
实用乐理与视唱	代苗	35元
学前儿童美术教育	冯婉贞	45元
学前儿童科学教育	洪秀敏	36元
学前儿童游戏	范明丽	36元
学前教育研究方法	郑福明	39元
外国学前教育史	郭法奇	36元
学前教育政策与法规	魏真	36元
学前心理学	涂艳国、蔡艳	36元
学前现代教育技术	吴忠良	36元
学前教育理论与实践教程	王维 王维娅 孙岩	39.00元
学前儿童数学教育	赵振国	39.00元

大学之道丛书

书名	作者	价格
哈佛：谁说了算	[美]理查德·布瑞德利 著	48元
麻省理工学院如何追求卓越	[美]查尔斯·维斯特 著	35元
大学与市场的悖论	[美]罗杰·盖格 著	48元
现代大学及其图新	[美]谢尔顿·罗斯布莱特 著	60元
美国文理学院的兴衰——凯尼恩学院纪实	[美]P.F.克鲁格 著	42元
教育的终结：大学何以放弃了对人生意义的追求	[美]安东尼·T.克龙曼 著	35元
大学的逻辑（第三版）	张维迎 著	38元
我的科大十年（续集）	孔宪铎 著	35元
高等教育理念	[英]罗纳德·巴尼特 著	45元
美国现代大学的崛起	[美]劳伦斯·维赛 著	66元
美国大学时代的学术自由	[美]沃特·梅兹格 著	39元
美国高等教育通史	[美]亚瑟·科恩 著	59元
美国高等教育史	[美]约翰·塞林 著	69元
哈佛通识教育红皮书	哈佛委员会撰	38元
高等教育何以为"高"——牛津导师制教学反思	[英]大卫·帕尔菲曼 著	39元
印度理工学院的精英们	[印度]桑迪潘·德布 著	39元
知识社会中的大学	[英]杰勒德·德兰迪 著	32元
高等教育的未来：浮言、现实与市场风险	[美]弗兰克·纽曼等 著	39元
后现代大学来临？	[英]安东尼·史密斯等 主编	32元
美国大学之魂	[美]乔治·M.马斯登 著	58元
大学理念重审：与纽曼对话	[美]雅罗斯拉夫·帕利坎 著	35元
学术部落及其领地——知识探索与学科文化	[英]托尼·比彻 保罗·特罗勒尔 著	33元
德国古典大学观及其对中国大学的影响	陈洪捷 著	22元
大学校长遴选：理念与实务	黄俊杰 主编	28元
转变中的大学：传统、议题与前景	郭为藩 著	23元
学术资本主义：政治、政策和创业型大学	[美]希拉·斯劳特 拉里·莱斯利 著	36元
什么是世界一流大学	丁学良 著	23元
21世纪的大学	[美]詹姆斯·杜德斯达 著	38元
公司文化中的大学	[美]埃里克·古尔德 著	23元
美国公立大学的未来	[美]詹姆斯·杜德斯达 弗瑞斯·沃马克 著	30元
高等教育公司：营利性大学的崛起	[美]理查德·鲁克 著	24元
东西象牙塔	孔宪铎 著	32元

学术规范与研究方法系列

书名	作者	价格
社会科学研究方法100问	[美]萨子金德 著	38元
如何利用互联网做研究	[爱尔兰]杜恰泰 著	38元
如何为学术刊物撰稿：写作技能与规范（英文影印版）	[英]罗薇娜·莫 编著	26元
如何撰写和发表科技论文（英文影印版）	[美]罗伯特·戴 等著	39元
如何撰写与发表社会科学论文：国际刊物指南	蔡今忠 著	35元
如何查找文献	[英]萨莉拉·姆齐 著	35元
给研究生的学术建议	[英]戈登·鲁格 等著	26元
科技论文写作快速入门	[瑞典]比约·古斯塔维 著	19元
社会科学研究的基本规则（第四版）	[英]朱迪斯·贝尔 著	32元
做好社会研究的10个关键	[英]马丁·丹斯考姆 著	20元

如何写好科研项目申请书	[美]安德鲁·弗里德兰德 等著 28元	基础教育哲学	陈建华 著 35元
教育研究方法：实用指南	[美]乔伊斯·高尔 等著 98元	当代教育行政原理	龚怡祖 编著 37元
高等教育研究：进展与方法	[英]马尔科姆·泰特 著 25元	教育心理学	李晓东 主编 34元
如何成为论文写作高手	华莱士 著 32元	教育计量学	岳昌君 著 26元
参加国际学术会议必须要做的那些事	华莱士 著 32元	教育经济学	刘志民 著 39元
如何成为卓越的博士生	布卢姆 著 32元	现代教学论基础	徐继存 赵昌木 主编 35元
		现代教育评价教程	吴钢 著 32元
		心理与教育测量	顾海根 主编 28元

21世纪高校职业发展读本

		高等教育的社会经济学	金子元久 著 32元
如何成为卓越的大学教师	肯·贝恩 著 32元	信息技术在学科教学中的应用	陈勇 等编著 33元
给大学新教员的建议	罗伯特·博伊斯 著 35元	网络调查研究方法概论（第二版）	赵国栋 45元
如何提高学生学习质量	[英]迈克尔·普洛瑟 等著 35元		
学术界的生存智慧	[美]约翰·达利 等主编 35元	**教师资格认定及师范类毕业生上岗考试辅导教材**	
给研究生导师的建议（第2版）		教育学	余文森 王晞 主编 26元
	[英]萨拉·德拉蒙特 等著 30元	教育心理学概论	连榕 罗丽芳 主编 42元

21世纪教师教育系列教材·物理教育系列

21世纪教师教育系列教材·学科教学论系列

中学物理微格教学教程（第二版）		新理念化学教学论（第二版）	王后雄 主编 45元
	张军朋 詹伟琴 王恬 编著 32元	新理念科学教学论（第二版）	崔鸿 张海珠 主编 36元
中学物理科学探究学习评价与案例		新理念生物教学论	崔鸿 郑晓慧 主编 36元
	张军朋 许桂清 编著 32元	新理念地理教学论（第二版）	李家清 主编 45元
		新理念历史教学论（第二版）	杜芳 主编 33元

21世纪教育科学系列教材·学科学习心理学系列

		新理念思想政治（品德）教学论（第二版）	
数学学习心理学	孔凡哲 曾峥 编著 29元		胡田庚 主编 36元
语文学习心理学	李广 主编 29元	新理念信息技术教学论（第二版）	吴军其 主编 32元
化学学习心理学	王后雄 主编 29元	新理念数学教学论	冯虹 主编 36元

21世纪教育科学系列教材

21教师教育系列教材·学科教学技能训练系列

现代教育技术——信息技术走进新课堂		新理念生物教学技能训练（第二版）	崔鸿 33元
	冯玲玉 主编 39元	新理念思想政治（品德）教学技能训练（第二版）	
教育学学程——模块化理念的教师行动与体验			胡田庚 赵海山 29元
	闫祯 主编 45元	新理念地理教学技能训练	李家清 32元
教师教育技术——从理论到实践	王以宁 主编 36元	新理念化学教学技能训练	王后雄 28元
教师教育概论	李进 主编 75元	新理念数学教学技能训练	王光明 36元